基于学科大概念的中学物理教学研究

Research on Physics Teaching in Middle School
Based on the Big Concept of Discipline

任虎虎　孙春成　著

中国科学技术大学出版社

内容简介

本书是江苏省教育科学“十四五”重点规划课题“指向深度学习的高中物理单元逆向设计与实施”的阶段研究成果之一。是笔者在《指向深度学习的高中物理教学研究》基础上的持续探索，主要探讨了学科大概念、单元整体教学和逆向教学设计在中学物理实践中的应用问题。

本书适合中学物理教师阅读。

图书在版编目(CIP)数据

基于学科大概念的中学物理教学研究/任虎虎，孙春成著.—合肥：中国科学技术大学出版社，2022.6

ISBN 978-7-312-05434-1

Ⅰ. 基…　Ⅱ. ①任…②孙…　Ⅲ. 中学物理课—教学研究　Ⅳ. G633.72

中国版本图书馆 CIP 数据核字(2022)第 058654 号

基于学科大概念的中学物理教学研究

JIYU XUEKE DA GAINIAN DE ZHONGXUE WULI JIAOXUE YANJIU

出版　中国科学技术大学出版社
安徽省合肥市金寨路 96 号，230026
http://press.ustc.edu.cn
https://zgkxjsdxcbs.tmall.com

印刷　合肥华苑印刷包装有限公司

发行　中国科学技术大学出版社

开本　710 mm×1000 mm　1/16

印张　13

字数　258 千

版次　2022 年 6 月第 1 版

印次　2022 年 6 月第 1 次印刷

定价　65.00 元

序

以学科大概念为引领进行教学设计与实施是落实学科核心素养一条行之有效的路径,《普通高中物理课程标准(2017 年版)》明确指出"重视以学科大概念为核心,使课程内容结构化,以主题为引领,使课程内容情境化,促进学科核心素养的落实。"

任虎虎老师在出版《指向深度学习的高中物理教学研究》的基础上,对深度学习的对象和内容做了明确的回答——学科大概念,所以本书是对前面研究的进一步深化,并凝结了任虎虎和孙春成老师多年来的实践经验和教学智慧。

学科大概念是在事实基础上抽象出来的深层次、网络状和可迁移的聚合概念,是一个学科领域中最有价值的内容,居于学科结构的中心,能反映学科的本质,具有广泛的概括性、适用性和解释力,发挥着小概念"文件夹"和"透镜"的作用,学科大概念通常表现为一个原理、思想或问题等。

从知识层面看,学科大概念能将零散的事实、概念、经验和问题等有机整合在一起,并建立紧密的联系,是知识组织的核心,而有机组织的知识是知识结构化和认知结构形成的基础。首先学科大概念的进阶过程是基于事实抽象出一些零散小概念,然后对这些小概念进行概括总结上升为学科大概念,对学科大概念的理解过程就是对一类知识的内化过程。学科大概念是学科结构的中心,对其的揭示也就是对学科本质的外显,对学科大概念的内化获得就是深度学习的过程。

从思维层面看,概念是思维发展的载体,一方面概念本身的获得过程就要经历分析、归纳和综合等思维过程,另一方面概念是学生进行思维的基本单位,思维发展就是不同概念之间建立联系和相互影响的过程。由于学科大概念是在众多小概念相互关联整合基础上形成的,必然应用到抽象、评价和批判性反思等高阶思维,这也是专家思维的具体体现。所以学科大概念是高阶思维发展和思维品质提升的载体与保障。

从实践迁移层面看,促进学科大概念理解的教学首先从包容性的学科事实等情境出发；其次通过体验、持续的探究与整合形成内化的抽象原理（学科大概念）；最后迁移到陌生情境解决新问题。所以，学科大概念是实现高通路灵活迁移（远迁移）的基础。

由于大概念的抽象性、网络状等特征，单元整体教学是促进学科大概念理解的基本教学样态，以克服课时主义的弊端，进行单元整体建构，解决思维发展低阶性、课时之间零散性和单元之间割裂性等现实问题。本书中对这些问题都进行了很好的回答。

本书的出版，不仅能从学理的角度帮助研究者、中学物理教师和教研工作者理性地认识基于学科大概念的中学物理教学设计与实施等相关问题，而且书中大量的实际教学案例也非常值得一线物理教师借鉴和参考。

任虎虎老师任教虽然不到十年时间，但一直潜心钻研中学物理教学，频有较高质量研究成果面世，6 篇论文被《中学物理教与学》全文转载，还被评为《物理教师》创刊 40 周年 120 篇优秀论文作者。近些年来，他着力于中学物理教学中学科大概念的研究，这部力作就是他多年研究的结晶。我相信，这将会是该研究领域的一部较有影响力的专著。特向大家推荐！

潘苏东
华东师范大学教授、博士生导师
2021 年 11 月

前　言

2018年1月教育部颁布了20个学科的普通高中课程标准，明确指出："重视以学科大概念为核心，使课程内容结构化，以主题为引领，使课程内容情境化，促进学科核心素养的落实。"在平时教学实践中，一线教师较多关注课时层面的设计与实施，较少从学科大概念整体出发进行教学设计与实施，即关注局部忽视整体，这样很难深度理解学科大概念和培育学科核心素养。学科大概念是目前国内外教育界研究的热点话题，起源于布鲁纳的学科结构运动，克拉克基于布鲁纳等人的研究，认为学科大概念能理解和联结小概念；怀特利强调学科大概念是理解的建筑材料，用以使人们能够联结其他零散的知识点。埃里克森认为学科大概念是学科中的核心概念；威金斯和麦克泰格指出学科大概念能够将多种知识有意义地联结起来。哈伦等人提出了14个科学教育的大概念。

本书对高中物理学科大概念及其统领下的小概念进行了梳理，并提出了单元整体教学是学科大概念视阈下的教学样态。基于学科大概念的教学设计本书倡导采用知名课程与教学专家威金斯和麦克泰格提出的逆向设计法。

逆向设计倡导"以终为始"进行教学规划，即从教学最终输出倒推输入内容和输入方式，寻求达成学习目标的最佳进阶路径与实施方案。逆向设计作为一种重要的教学思维方式，回答了"我要带领学生去哪里，我的学生现在到哪里了，接下来怎么走"三个基本问题。逆向设计将目标及对目标的评估同时先于活动而设计，其强调整体性、评估性和观念性的特点，有助于对核心知识的意义理解和迁移应用，促进深度学习真实发生。

基于学科大概念的教学设计实施，本书倡导大情境链接、大问题指引、大任务驱动、概念性理解和灵活性迁移五个基本环节。

1. 大情境链接

大情境是在简化、剪辑与凝练学生生活体验的基础上，设置适合学生文化背景、具有较大程度综合性、较强程度包容性的情境。通过大情境将学生已有的知识、经验、学科现象等与单元学习内容有机链接，需要学生回顾与联想，教师创设的大情境从不同角度思考会获得不同的问题和知识。大情境在单元教学过程中可以反复出现，整合单元知识，促进对学科大概念的深度理解。

2. 大问题指引

大问题是指向学科大概念并对大任务的进一步聚焦。大问题是超越知识本身、阐明知识本质、能够指引对某一特定主题内容的理解、激发知识间联系和迁移的综合性问题。大问题可以分解为若干小问题，通过对一个个小问题的分析，实现对大问题的理解，在这个过程中需要教师的互动引导和学生的协作讨论。

3. 大任务驱动

大任务是单元教学的核心任务，其指向单元核心知识，对大任务的探究将帮助学生实现对学科大概念的理解，在单元教学中起着定位与导航的作用。在这个环节中教师提供有限的指导和学习支架，学生则在深度思考的基础上体验探究，团队合作探寻完成任务的方案，大任务可以分解为几个小任务。

4. 概念性理解

概念性理解是超越概念表层的理解，即对学科大概念的理解，是对概念进行纵横联系、深度理解形成持久性的认知网络的过程。概念性理解是学习能够转移到新情境的前提条件，是通往深度学习的必由之路。在单元知识本质理解的基础上，通过对小概念进行抽象概括形成基本原理、建立物理观念和发展高阶思维。它是单元教学的核心，发挥着承上启下的作用，大情境链接、大问题指引和大任务驱动就是为了促进概念性理解，而概念性理解是实现远迁移的基础和保障，在这个环节中需要教师的点拨升华和学生的收敛内化。

5. 灵活性迁移

在单元教学的过程中或结束后，引导学生对自己学习的内容、方式和结果等进行反思与评价，促进学生厘清知识内在的逻辑结构，理解知识背后蕴藏的意义和价值，实现对学科大概念的进一步理解，然后灵活性、高通路地迁移到新情境，解决实际问题。在这个环节教师要做好点拨，发挥引领作用，让学生拥有带得走的能力。

本书共八章。第1章大概念的内涵及基本特征，主要介绍了学科大概念的内涵及其对落实学科核心素养的作用和价值。第2章高中物理学科大概念分析，主要对高中物理学习涉及的学科大概念进行了梳理，得出其统领下的概念体系。第3章基于物理学科大概念的逆向设计与实施，对逆向设计的内涵和基本流程做了说明，并结合具体教学案例对基于学科大概念的逆向设计流程与实施策略做了阐述，对指向学科大概念的基本问题做了分析。第4章基于物理学科大概念的教学设计与策略，提出基于基本问题进行"1+X"问题群设计，基于核心任务进行探究整合设计，基于微型专题的进阶融通设计三种方式实现知识到观念的超越。第5章基于学习进阶的学科大概念教学和对学科大概念的进阶路径进行层进式的探究，通过两个教学案例提出了相应的教学策略。第6章基于学科大概念促进深度学习，是本书的重点内容，对学科大概念和深度学习的关系做了分析，提出了基于学科大概念的深度教学设计范式和促进深度学习的高中物理大概念揭示教学策略等。第7章基于学科思想方法促进学科大概念的教学，主要阐述了对称破缺思想对物理学发展的革命性影响和基于倍增法的高中物理教学。第8章指向学科大概念的课堂教学研究，提出了基于观念建构的教学策略和基于体验反思促进物理观念建构的教学实践。

由于作者水平有限，书中难免存在不妥之处，恳请读者批评斧正。

著　者

2021年12月

目　　录

第1章 大概念的内涵及基本特征

大概念(big ideas),也有学者将其译为大观念。在教育领域,有关大概念的研究至少可以追溯到布鲁纳(J. S. Bruner)对于教育过程的研究。布鲁纳强调,无论教师教授哪类学科,一定要使学生理解该学科的基本结构,帮助学生解决课堂内外所遇到的各类问题。在围绕“大概念”进行课程教学实践时,教师必须深入了解什么是“大概念”,然后安排教学顺序以促进对大概念的学习,进而落实学科核心素养。因此,全面阐述大概念的概念内涵与特征属性是必要的,也是必须的。

1.1 大概念的提出

有研究者从认知发展的角度阐述大概念。克拉克(E. Cark)基于布鲁纳等人的研究,在定义观念时提到,观念是理解和联结小观念的大概念,并将观念与大概念等同起来,认为它们提供了构建自己理解的认知框架或结构;怀特利(M. Whiteley)强调大概念是理解的建筑材料,可以被认为是有意义的模式,用以使人们能够联结其他零散的知识点。也有研究者从课程内容的角度强调大概念是学科中的重要构成部分。埃里克森(H. L. Erickson)认为,大概念是指向学科中的核心概念,是基于事实基础上抽象出来的深层次的、可迁移的概念。威金斯(Wiggins)和麦格泰格(Mctighe)提到,大概念是处于课程学习中心位置的观念、主题、辩论、悖论、问题、理论或者是原则等,能够将多种知识有意义地连结起来,是不同环境中应用这些知识的关键。

还有研究者从学科教育的角度分析大概念。在数学教育和科学教育的研究中尤其重视大概念的问题,查尔斯(R. L. Charles)将大概念定义为对数学学习至关重要的观念的陈述,是数学学习的核心,能够把各种数学理解联系成一个连贯的整体,大概念使我们将数学看作一个连贯的大概念集合。哈伦(W. Harlen)从科学教育角度提出了14项科学教育的大概念,其认为大概念是能够用于解释和预测较大范围内物体和现象的概念,概念有大有小,大概念只是一个相对的概念。查莫斯(C. Chalmers)在研究STEM的大概念时,认为其可以分为两种类别:内容大概念和过程大概念。内容大概念主要是原理、理论或者模型,如加减法、原子理论、概率模型等；过程大概念是与获取和有效使用知识有关的技能，如观察、实验、解释等。关于大概念具有代表性的观点如表 1.1 所示。

表 1.1　关于大概念的主要观点

代表学者	主要观点
查尔斯	一个大概念是对一个观念的陈述、这个观念是学习数学的核心，且能把各种数学理解联结为一个连贯的整体。大概念之所以重要是因为它们能让我们把一个学科看成是一系列连贯的观念，能调动积极性，促进深层次的理解，提高迁移、记忆能力以及减少记忆性的知识等。
克拉克	概念是能帮助我们弄清楚或者联结各种小观念的“大观念”。概念如同认知文件夹，它们提供一个框架或结构。其中我们可以归档无限数量的信息，这些概念文件夹的其中一个独特特征是它们具有交叉引用的功能。
格兰特、格雷迪	大概念是一个问题或概括，用来帮助教师决定教什么，通过把教学内容聚焦于复杂问题上来决定如何教，学生对问题的解决是开放的，可以从多角度进行多方面的论释。
威金斯	大概念帮助我们弄清许多令人困惑的经验和看上去孤立的事实。它像一副由点联结而成的画或者是复杂领域的一个简单的经验法则，强调聚合概念的一般特征；是一个简洁的陈述、原则、或概括；促进深度理解，可以在跨学科中使用。
奥尔森	大概念被称为“能带回家的信息”，它是具体的经验和事实都已忘记之后还能长久保持的中心概念。
埃里克森	抽象概括是持久理解力，即“大观念”。它们是在事实基础上产生的深层次的、可迁移的观念；是对概念之间的关系的表述；与概念具有类似的特征：具有概括性、抽象性、永恒性(抽象概括的真理性必须不断被验证)、普遍性；例子随不同的情境变化，但都支持抽象概括的真理性。
威金斯、麦克泰格	大概念是重要的、持久的。“大概念”是理解的基础素材，可以被想成是有意义的模式。这些模式使我们将若不联结就会分散的点状知识连结起来。这样的概念超越了个别的知识和技能，以聚焦更大的概念、原理或过程，这些概念可以应用到学科之内或以外的新情境。

可见，大概念是一个具有复杂内涵的教育理念，无论是在宏观层面的认知框架，还是在中观层面的课程线索，以及在微观层面的教学设计，大概念都显示出独特的贡献。深入把握大概念在教育领域中的价值，将有效推进我国的教育改革进程。

综合前人的研究,笔者认为:大概念是一个学科领域中最精华、最有价值的内容,是在事实基础上抽象出来的深层次、有意义、结构化和可迁移的聚合概念,在学科中发挥着概念"文件夹"和"透镜"的作用,大概念通常表现为一个有用的理论、主题、问题和原则等,需要学生经历持续探究与反思才能获得其意义。

1.2　大概念的特征属性

1.2.1　大概念是一种联结,且居于学科核心

这种建立联系的观念和舒尔曼(L. Schulman)在讨论知识增长时所提到"结构"比较相似,舒尔曼认为,"大量的结构作为组织学科的基本概念和原则的方式,其包含了所有的事实"。这些结构可以被看作大概念的联系与联结,"结构"这一概念也很容易让我们联想到美国心理学家布鲁纳的学科基本结构的概念,这种学科基本结构由学科知识中的基本概念、基本原理以及它们之间的相互规律和联系组成。他认为任何学科都有其基本结构,即具有其内在的规律性,这种规律性反映了事物之间的联系。它表现为各种定义、原理和经验法则。

从舒尔曼和布鲁纳的"结构"对比中发现:首先,大概念不是基本概念,而是一个上层聚合概念,是概念的概念,居于学科的核心位置,学生需要进行深入挖掘才能到达核心;相对的,基本概念只是进一步学习的基础。例如,布鲁纳学科结构中提到的定义、基本原理和经验法则。然而,居于核心的概念是通过探究和思考而努力获得的结果,这些方法都属于专家的范围,它们不是显而易见的,是抽象的、反直觉的、能够引起错误理解的,需要学生通过反复地探究问题来澄清以揭示其意义。其次,大概念的"大"未必表明内容广泛,"大"体现核心性和生活性,大概念可以是跨学科的大概念,也可以是一个学科的大概念,或者是一个学科单元的大概念。布鲁纳的结构通常是指一个学科的基本结构。

1.2.2　大概念是持久的,可迁移到其他的情境脉络

大概念是持久的,它们是5年或10年之后当所有的具体的事实性知识全部忘记后仍然在头脑中剩下的东西,并能用其来解决实际生活中遇到的真实问题。相对于永恒不变的概念,如责任感、冲突,系统大概念的真理性需要不断验证。在大概念关系中存在着相互依赖的变量,当关系中的任何变量的环境发生改变时,大概念就会随时间而改变。比如,对于当今社会环境来说,比较恰当的一个大概念是"均衡的饮食有利于形成健康的生活方式"。但是,当我们的饮食受到严重污染时,

它的永恒性就会终止。因此,大概念的永恒效度需要受到当下事实性知识的不断验证。

大概念有很大的学习迁移价值,因为它们包含了可以迁移的概念,在一段时间之内,可以应用到其他主题、其他的探究、其他的情境脉络,以及其他的议题和问题上。所以,大概念必须能使学习者理解过去发生的事并且有助于熟悉新的、不熟悉的事物。大概念不仅是抽象概念,还是概念工具,它能帮助学生加深思考,联结各项知识,并且能为迁移的应用做好准备。我们不可能把所有的知识都涵盖在某个主题之下,所以聚焦大概念有助于处理当下课程存在的信息超载现象。

1.2.3 大概念是抽象的,习得是逐渐深化的过程

大概念是抽象的,因而要避免使用具体的专有名词和人称代词,比如"日本贸易影响美国经济"就不是个大概念,因为它陈述了具体的例子,即日本和美国。要使其成为大概念,可以这样表述:贸易影响经济。这个陈述对学生而言通常是抽象的、无生命的、令人困惑的,因此一般只在课程中涵盖,无法确保学生理解。而覆盖内容的教学不可能产生真实的洞见,埃里克森指出,"教学覆盖的内容需要聚焦和限定,让大概念来决定教学的方向和深度"。课程不需要覆盖所有内容,而是通过抽象具体的内容来形成大概念。对大概念的理解需要从学生的努力中获取。因此,大概念需要被发现,在教师的辅助下,由学习者发现、建构或推论其意义,这个习得过程往往不是一蹴而就的,而是缓慢的、逐渐深化的。随着课程内容深度呈螺旋上升,大概念会在新的主题中不断得到拓展,学生也会不断获得增长的概念深度和概念性理解。

1.2.4 大概念可用多种方式来表达

大概念不是一个狭隘的概念、一个知识、一个目标、一个活动或一种技能,它以各种各样的抽象的形式来呈现,比如概念(如平等)、主题(如善良战胜邪恶)、持续的论辩和观点(如保守对自由)、自相矛盾之说(如离家以找寻自我)、理论(如经由天择的演化)、背后的假定(如市场机制是理性的)、一再出现的问题(如我们能证明吗),以及理解或原理(如形式随功能而定)。因此,核心概念、主要问题以及正式理论等都是所谓的大概念,只是会以不同的方式来表达。另外,它还可以以各种形式,如单词、句子或问句来显示。

综上研究得出,大概念具有抽象性、中心性、意义性、结构性、发展性和迁移性六大基本特征,这六个特征是相互关联的一个整体,具体关系如图 1.1 所示。

(1) 抽象性。大概念是更加上位的概念,是经过几代人、甚至几十代人凝练的结果。

(2) 中心性。大概念反映了学科的核心知识、核心思想和价值,学科大概念是学习本学科的基本出发点和归宿。

(3) 意义性。大概念能组织和解释大量的现象和数据,是连接学科与实践、学科与生活的纽带。

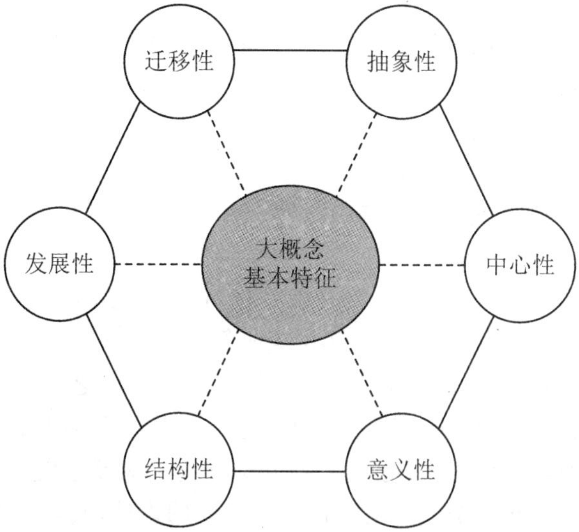

图 1.1　大概念的六个基本特征

(4) 结构性。大概念反映了本学科的基本知识结构和思维结构,能统整零散的概念,揭示和学习大概念就能掌握学科结构。

(5) 发展性。大概念不是暂时保存的记忆,是将学校所学事实性知识忘记之后留下的东西,大概念的形成需要学习者一生不断体会和完善,所以在不同学段、不同时期可以反复出现。

(6) 迁移性。是其核心特征,大概念能纵向统领学科内核心内容,横向联结学科间知识,有助于使新的、不熟悉的概念看起来更熟悉,掌握大概念就能使学生具备迁移应用解决实际问题的能力。

1.3　大概念在落实学科核心素养中的价值

2018 年 1 月,我国教育部发布了 20 个学科的普通高中课程标准,凝练了各个学科核心素养,如物理学科的物理观念、科学思维、科学探究、科学念度与责任四个方面,并以此为依据,更新了课程内容与评价体系。值得注意的是,新课程标准首次提出"大概念统整各学科课程内容,引领课程与教学改革",《普通高中物理课程标准(2017 年版)》明确指出"重视以学科大概念为核心,使课程内容结构化,以主题为引领,使课程内容情境化,促进学科核心素养的落实”。可见,理解和应用学科大概念已经成为培育学科核心素养、落实新课改理念的重要路径。大概念在学科核心素养的落实中体现出重要的价值。当前,大概念内涵及其价值在我国并未得到深入研究,基于大概念的课程设计也呈空白状态,因此,从大概念的角度探索学科核心素养落实的可能路径具有现实意义。

大概念作为引领新时期课程改革中学科核心素养落实的关键,已成为当前教育领域的热点话题。教师若掌握学科的基本概念架构,有助于学生对学科知识的记忆保留,并促进学习的迁移。

1.3.1　大概念是学科核心素养指向学科内容的固定锚点

大概念居于学科的中心位置,具有中心性特征,是学科核心素养的具体化表征。学生对于大概念的理解和运用,让学生把握了该学科内容的基本结构与关键脉络。指向学习内容的大概念、学生、学科核心素养,三者之间的联结互动有效促进了学科核心素养在课程中的落实。大概念能够让教师和学生沿着清晰明确的线索进行教学和学习,具有重要的指导意义,可以作为学科核心素养融入学科内容的固定锚点。学科核心素养是核心素养在学科层面的表达,其目的在于使学生通过特定知识内容的学习,习得有价值的思想方法,最终具备面对自我、社会与自然的观念能力。大概念锚定了学科内容的基本框架,让学科核心素养不再是停留在理论层面的分析论述,而是明确地嵌入整个课程与教学过程,提供了教师教的支撑以及学生学的理路,让学生沿着大概念的引导方向,从而能够像科学家那样思考。

1.3.2　大概念是学科核心素养指向学科情境的生成单体

学科核心素养同核心素养有相似之处,两者均不是孤立的单一素养,而是综合的整体素养,各个素养之间相互联系、相互补充、相互促进,在不同的情境中整体发挥作用。一般情况下,学科核心素养处于静默状态,当个体在与自我、社会以及自然互动的过程中才显现出来,统整知识、能力与态度,最终促成个体的行为表现。学科核心素养的情境化是对学生迁移能力的必然诉求、是学生面对复杂问题时进行适应性转化的前提条件。学科核心素养是学生生存和发展所需的基本素养,这些素养既具有广泛性,又具有适用性,可以从一种情境迁移到另一种情境,因此使用大概念作为形成这种广泛适用性结构的基本单位则是再合适不过了。

大概念能够有效组织零碎的知识与技能,并将其应用到具体的情境中,改变以往僵硬固化的知识形态,有助于能力的情境化迁移。一直以来,研究人员对培养学生迁移能力进行了广泛探索,美国学者罗耶(J. MRoyer)基于信息加工视角提出了认知迁移理论,认为迁移的可能性取决于在记忆搜寻过程中遇到相关信息或技能的可能性,搜寻可能性越大,则迁移可能性越大,任何增加信息间交互联结的方法都有助于提升迁移的可能性。教师使用大概念进行教学,能够帮助学生理解知识间的相互联系,增加知识结构内各单元交互联结的数量,提高学生应用所学知识解决实际问题的能力。

学科核心素养虽然指向可迁移性,但其本身并不具备形成可迁移性的操作性策略。而大概念的网络状特性及其可迁移性特征恰到好处地使学科核心素养在具体实践中落地生根。学科核心素养以大概念作为结构组成单体,将帮助学生更好地建立素养内与素养间的网络结构,根据所遇到的问题情境,触发大概念的联结机制,最终使问题得到妥善解决。

1.3.3 大概念是学科核心素养指向课程单元的设计核心

大概念可以帮助学生综合地理解学科概念,可以作为课程单元设计的基础。依据大概念设计的课程能够让学生逐一学习的概念具有一定的相关性,同时能够帮助学生从整体上把握课程结构。比尔(Bill)和古斯(Goos)在研究澳大利亚数学课程时指出:虽然按照传统课程将知识内容安排在教学大纲中是非常方便的,但这一做法不适用于处理经常需要跨学科方法的现实世界。使用大概念进行概念联结是有效解决问题的关键。沃克(S. Wker)在参与美国五年实验计划"透过艺术改造教育"的研究中深刻体会到大概念在课程设计中的重要地位,并提出了围绕大概念进行课程建构的要领和基本步骤;韩国天主教大学的邦(D. Banu)则利用"知识金字塔"整合大概念的内容进行STEM课程单元设计。

大概念为学生提供了一个组织信息的蓝图,减少了必须记住的知识点数量,强化了学生的迁移能力。希伯特(Hiebert)指出:如果学生能够了解所学的内容同已知的其他内容的关联,学生就能很好地理解,并且这种关联的数量和强度越大,学生理解得越透彻。学生依据大概念可以有序组织其在学习期间遇到的事实、概念、过程和方法,建立学习单元之间的以及其他相关学习领域之间的联系,使学生感觉到自己所做的一切都与大概念这个中心有关。大概念为教师提供了一个有效的方式来组织教学单元的内容。教师围绕大概念组织教学时,可以更容易地从必要的内容中分离出不必要的细节。"选择合适有趣的活动,并将其组织成一个整体",美国数学教师理事会(NCT)在其支持的"共同核心国家标准"的学校数学原则和标准中指出,教师需要了解数学的大概念,才能够将数学视为一个连贯的整体。

第2章　高中物理学科大概念分析

2.1　物理观念与物理学科大概念的关系

物理观念是《普通高中物理课程标准(2017年版)》提出的物理学科核心素养之一,它与科学思维、科学探究和科学态度与责任组成高中物理学科的核心素养体系。形成与发展学生的物理观念是高中物理课程的目标和重要任务,也是课程改革中物理教学的重点。因此,厘清物理学科大概念教学与物理观念的关系十分必要。

物理观念是指从物理学视角形成的关于物质、运动与相互作用、能量等的基本认识。它是物理概念和规律等在头脑中的提炼和升华,是从物理学视角解释自然现象和解决实际问题的基础。物理观念有两种基本类型:

(1) 对事物性质的概括所形成的概念。例如,当物体本身的大小对研究的问题几乎没有影响时,可以把物体看成质点;力的作用是相互的;力可以使物体运动状态发生改变或使物体发生形变;物质由大量分子组成,分子做无规则的热运动;电场线的疏密程度可表示电场强度;电阻是由材料属性、导线长度、导线横截面积和温度等因素决定的;光具有波粒二象性等。

(2) 对一些现象的归纳所形成的规律。例如,温度越高,分子运动越剧烈;通过导体的电流与导体两端的电压成正比,与导体本身的电阻成反比;物体运动的加速度与所受的合外力成正比,与物体本身的质量成反比;穿过闭合回路中的磁通量发生变化,回路中就会产生感应电流;如果某一区域内的磁通量发生变化,其周围就会形成感应电动势等。

当然,这两类观念之间也没有非常明晰的界线。例如,通过一系列实验得出"穿过闭合回路中的磁通量发生变化,回路中就会产生感应电流"这个结论,显然应该是规律层次的,但对于一个早已熟悉这个规律的人来说,这就应该属于概念层面的内容。

学生头脑中形成的物理观念并不完全等同于马扎诺知识系统中的概括和原

理,即不会与学习的物理概念与规律完全相同。例如,我们发现地面上的物体有力拉它,它就会运动,力停止作用后物体便静止了,于是我们可能会认为"力是维持物体运动的原因",这种认识是我们对生活中大量相似现象观察后形成的概括,这就是观念。当然,这个观念是错的,原因是我们没有对现象本质做深度分析,而是从表象得出结论。所以,形成什么样的观念不仅与学习者掌握的经验材料有关,还与学习者对这些材料的心理加工形式、加工过程、加工水平有关。

学生从课本上学习的概念和规律应该是以优质的学习过程支持的,学习过程的经验或经历越丰富,就越能促进概念形成和对规律的正确认识。概念应该是在大量的经验事实的基础上形成的,如果教学过程是"速成"的,是教师以"简捷"的方式告知的,没有必要的学习经历支持,即使学生知道了某物理概念或规律,也不可能形成正确、全面且有深度的观念,也不可能将获得的观念自觉应用于相关的物理现象和物理问题。物理概念的学习是物理观念形成的重要组成部分,也是物理学习的基础与核心。

对物理概念的学习应该重视概念的本质属性、概念之间的关联,重视物理概念的深度理解与在实际情境中的解释性应用。大概念教育是教学中强化概念的本质属性、拓展概念之间联系的一种重要的手段和方法,它能让学习者在更大的视域内认识问题,从宽泛的角度形成物理观念,提升学生的物理观念水平,发展学生的学科素养。所以物理学科大概念是物理观念的子集,物理学科的大概念的数量比物理观念的多。

2.2 高中物理观念和大概念体系

物理观念是从物理学视角形成的关于物质、运动、相互作用、能量等的基本认识。

(1) 物质观。化学认为物质世界是由分子、原子和离子等微观粒子构成的,而在物理学中,不仅要告诉学生物质的宏观观念和微观观念,更重要的是告诉学生并非所有物质都是看得见、摸得着的,比如"电场""磁场"等,它们既看不见,也摸不着,然而是大自然中客观存在的物质;而且这类物质并非实物,但是依然具有和普通物体一样的共通属性。

(2) 运动观。"世界上一切的物质都处于相对运动或相对静止之中,没有绝对的静止。"理解相对运动才能理解相对速度、位移等基本物理量的计算,才能真正学懂运动学和动力学。"运动"是一种现象,然而要形成一种观念,不仅要对宏观和微观上的物理现象加以细心分析，而且还要时刻运用动力学的基本思想来指导自己的方法论，最终形成“没有任何事物是静止的、孤立存在的”或者“事物的静止都是相对的”这样的辩证哲学观点。

(3) 相互作用观。当一部分物质对另一部分物质发生作用(直接接触或通过场)时，必然要受到另一部分物质对它的反作用。自然界中物质之间的相互作用可归纳为强相互作用、电磁相互作用、弱相互作用以及万有引力相互作用。

(4) 能量观。能量是物理学中描写一个系统或一个过程的一个量，就是使物体运动的力所做的功。能量既不会无中生有，也不会自行消失，而只可由一种形态变成另一种形态，即宇宙中的总能量保持不变。

我们应当培养学生能量守恒的观念，从而让学生真正懂得珍惜能源，生成节约意识，增强循环利用意识等价值观。其中运动观和相互作用观也可合二为一，即运动与相互作用观，构成物质观、运动与相互作用观、能量观。笔者尝试从上面四个基本观念出发构建高中物理概念体系，如表 2.1 所示。

表 2.1　高中物理概念体系

<table>
<tr><th>物理观念</th><th>大概念</th><th colspan="5">一般概念</th></tr>
<tr><td rowspan="13">物质观</td><td rowspan="6">物质存在</td><td rowspan="2">固体</td><td colspan="4">晶体</td></tr>
<tr><td colspan="4">非晶体</td></tr>
<tr><td>液体</td><td colspan="4">表面张力</td></tr>
<tr><td>气体</td><td>气体定律</td><td colspan="3">统计解释</td></tr>
<tr><td rowspan="2">电磁场</td><td>电场</td><td colspan="3">电场强度</td></tr>
<tr><td>磁场</td><td colspan="3">磁感应强度</td></tr>
<tr><td rowspan="7">物质属性</td><td rowspan="2">原子</td><td rowspan="2">核式结构</td><td>原子核</td><td>核子</td></tr>
<tr><td colspan="2">电子</td></tr>
<tr><td rowspan="2">电荷</td><td colspan="4">电容</td></tr>
<tr><td>电流</td><td>电阻</td><td colspan="2">电阻率</td></tr>
<tr><td colspan="5">物质波</td></tr>
<tr><td colspan="5">波粒二象性</td></tr>
<tr><td colspan="5">折射率</td></tr>
</table>

续表

<table>
<tr><th>物理观念</th><th>大概念</th><th colspan="6">一般概念</th></tr>
<tr><td rowspan="29">运动与相互作用</td><td rowspan="15">运动</td><td rowspan="12">机械运动</td><td rowspan="7">直线运动</td><td rowspan="3">匀速运动</td><td colspan="3">位移</td></tr>
<tr><td colspan="3">速度</td></tr>
<tr><td colspan="3">加速度</td></tr>
<tr><td rowspan="4">简谐运动</td><td colspan="3">振幅</td></tr>
<tr><td rowspan="3">机械波</td><td>周期</td><td rowspan="3">$v=\lambda/f$</td></tr>
<tr><td>波长</td></tr>
<tr><td>波速</td></tr>
<tr><td rowspan="5">曲线运动</td><td rowspan="2">抛体运动</td><td colspan="3">速度改变</td></tr>
<tr><td colspan="3">加速度恒定</td></tr>
<tr><td rowspan="3">匀速圆周运动</td><td colspan="2">线速度</td><td rowspan="3">$\omega=2\pi/T$
$v=r\omega$</td></tr>
<tr><td colspan="2">角速度</td></tr>
<tr><td colspan="2">周期</td></tr>
<tr><td>电磁运动</td><td>电磁震荡</td><td colspan="4">电磁波</td></tr>
<tr><td rowspan="2">热运动</td><td colspan="5">分子运动理论</td></tr>
<tr><td colspan="5">压强解释</td></tr>
<tr><td rowspan="14">相互作用</td><td rowspan="3">引力</td><td rowspan="2">万有引力定律</td><td colspan="4">行星运动</td></tr>
<tr><td colspan="4">宇宙速度</td></tr>
<tr><td colspan="5">重力</td></tr>
<tr><td rowspan="11">电磁力</td><td rowspan="2">弹力</td><td colspan="4">表面张力</td></tr>
<tr><td colspan="4">胡克定律</td></tr>
<tr><td rowspan="2">摩擦力</td><td colspan="4">静摩擦力</td></tr>
<tr><td colspan="4">滑动摩擦力</td></tr>
<tr><td colspan="5">电场力</td></tr>
<tr><td colspan="5">磁场力</td></tr>
<tr><td rowspan="2">强相互作用</td><td rowspan="2">核力</td><td colspan="3">裂变</td></tr>
<tr><td colspan="3">聚变</td></tr>
<tr><td colspan="5">弱相互作用</td></tr>
<tr><td rowspan="2">冲量</td><td rowspan="2">动量</td><td rowspan="2">动量守恒</td><td colspan="2">弹性碰撞</td></tr>
<tr><td colspan="2">非弹性碰撞</td></tr>
</table>

续表

<table>
<tr><th>物理观念</th><th>大概念</th><th colspan="4">一般概念</th></tr>
<tr><td rowspan="12">功与
关系</td><td rowspan="3">功</td><td colspan="4">机械功</td></tr>
<tr><td colspan="4">电功</td></tr>
<tr><td colspan="4">动能定理</td></tr>
<tr><td rowspan="9">能量</td><td rowspan="3">机械能</td><td colspan="3">动能</td></tr>
<tr><td rowspan="2">势能</td><td colspan="2">重力势能</td></tr>
<tr><td colspan="2">弹性势能</td></tr>
<tr><td rowspan="3">电磁能</td><td>电磁感应</td><td>电能</td><td>变压器</td></tr>
<tr><td>电势能</td><td>电势差</td><td></td></tr>
<tr><td>原子能</td><td>跃迁</td><td>发光原理</td></tr>
<tr><td>核能</td><td colspan="3">$\Delta E=\Delta mc^2$</td></tr>
<tr><td rowspan="2">热能</td><td colspan="3">热力学第一定律</td></tr>
<tr><td colspan="3">热力学第二定律</td></tr>
</table>

中学物理通过大概念教学让学生做到：① 形成经典物理的物质观、运动与相互作用观、能量观，并且能用来解释自然现象和解决实际问题；② 初步具有现代物理的物质观、运动与相互作用观、能量观，能用于描述自然界的图景。

2.3 高中物理学科大概念的获取路径

大概念是一个相对宽泛的概念，在实际教学中如何获得大概念呢？学科大概念的获取路径包括：① 以课程标准为基准；② 以基本问题为导引；③ 以高阶思维为架构。

学科大概念指向学科核心任务，学科核心任务暗示学科核心素养，从中可以看出，《普通高中物理课程标准(2017 年版)》中所提及的内容实际就是学科大概念的深刻折射。基本问题和大概念是对应的，是指那些突出学科“大概念”的、能够鼓励、启发甚至是要求学生超越知识本身，帮助学生对所学知识达到更系统、更深入的理解的可迁移的问题。高阶思维能力是大概念教学的诉求，主要包括以下四种能力：问题解决能力、批判反思能力、创造性思维能力和沟通协作能力。

2.4　基于学科大概念的学习设计

大概念向上承接课程标准，向下指导单元设计，以大概念为核心是进行学习设计的有效路径。笔者在一线大量的教学观摩和实践反思中发现：教师在教学时更加倾向于考虑学科的基本逻辑，即教学目标的定位、教材的设计、课时的要求等，教学设计时较少考虑学生的具体情况，包括学生的需求、学习的兴趣、学习的困难等，所以导致教学设计往往不能真正解决学生的学习问题，反而导致越来越严重的教与学的错位。要解决这一问题，并真正实现“以学习为中心”，就需要从教学设计走向学习设计，这就意味着教师要从既有的经验中走出来，从传授者的角色中走出来，根据学生的实际需求进行有效的学习设计。

学习设计是从学生的学习需求、经验世界和生活经验出发，设计学习框架和路径，并以最优的方式进行组织和呈现，学习设计需要教师从整体视野深刻把握学科本质和思想方法，使学生获得更好的学习体验和学习效果。学习设计强调学习任务与学习者的经验世界相联结，注重发挥学习者的主体性并增加其归属感，将有效的学习建立在学习者知识、经验、兴趣、动机与信念之上，且在实际问题解决中实现知识的自主迁移和灵活应用。

大概念是理解的必要条件，抓不住关键思想以及不能将大概念与相关内容知识联系起来，那我们最终获得的只是一些零碎的、无用的知识。因此，要进行有效的学习设计，必须以大概念为基础，对学科的系统和框架进行建构，以及确定少数几个大概念，并围绕它们进行精心设计。

下面以“静电场中的能量”单元为例进行学习设计。

2.4.1　进行单元内容分析

高中物理新版教材（人教版）将旧版教材中“静电场”一章拆成两章：“静电场及其应用”和“静电场中的能量”。“静电场中的能量”包括五个内容：电势能和电势、电势差、电势差与电场强度的关系、电容器的电容、带电粒子在电场中的运动。

对教材内容进行如此调整很可能是基于大概念层面的考量。另外，新版教材中“必修三”也将“恒定电流”一章拆为两章：“电路及其应用”和“电能 能量守恒定律”。旧版教材“静电场”一章内容很多，教学任务重，其承载着运动与相互作用、能量两个大概念，教学时如果只关注知识点的课时教学很容易“迷路”，不能很好地建立知识间的联系、理解知识的内涵及相互关系，更别说理解大概念了。新版教材分为两章，聚焦学科大概念的理解和应用，厘清了单元的核心任务，便于教师进行单元教学设计，帮助学生理解知识背后的逻辑、意义和观念。

基于大概念的学习设计包括四个阶段：① 基于课标筛选学科大概念；② 基于大概念编写学习目标；③ 基于目标设计学习任务；④ 基于任务开发学习活动。同时，这四个阶段的设计也有助于揭示、理解和应用大概念，具体关系如图 2.1 所示。

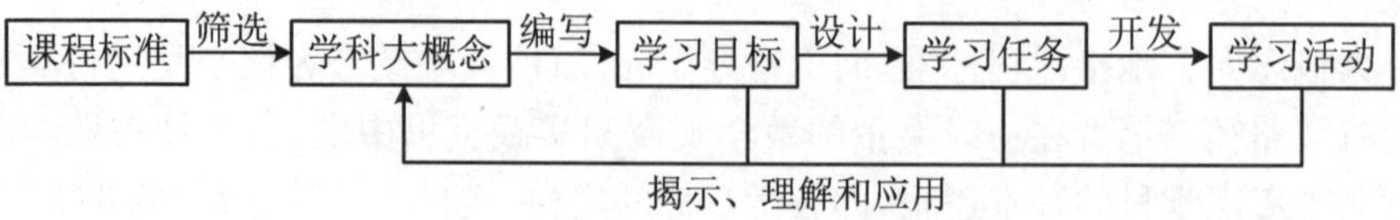

图 2.1　基于大概念的学习设计路径

2.4.2　筛选学科大概念

新课程标准中所提及的内容实际就是学科大概念的深刻折射。其中关于“静电场中的能量”的表述如下：

(1) 知道静电场中的电荷具有电势能，了解电势能、电势和电势差的含义，知道匀强电场中电势差与电场强度的关系。能分析带电粒子在电场中的运动情况，能解释相关的物理现象。

(2) 观察常见的电容器，了解电容器的电容，观察电容器的充、放电现象。能举例说明电容器的应用。

基于对新课标的分析，笔者筛选出本单元需要揭示和理解的大概念：静电场中的能量及其转化问题。

2.4.3　编写学习目标

为了揭示、理解和应用大概念，单元学习目标要基于大概念，结合教材的核心内容和学生的学习实际进行编写，笔者将“静电场中的能量”单元的学习目标编写如下：

(1) 学生能理解电势是电场这种物质的基本属性，电场力对电荷做功会引起不同形式的能量发生相互转化，并进一步理解运动与相互作用观、能量观。

(2) 学生通过经历电势能、电势和电容等抽象概念的建立过程，掌握批判性的内化类比、归纳、比值定义、从定性到定量等物理思想方法。

(3) 学生通过猜想、操作、数据处理、展示交流、总结归纳等过程，体会科学探究的意义和价值。

(4) 学生能解释照相机闪光灯、示波管等的工作原理，并查找资料解决如何制作超级电容等实际问题，认识科学本质，体会“科学 · 技术 · 社会 · 环境”(STSE)的关联统一，形成对科学技术正确的态度和责任感。

2.4.4　设计学习任务

学习任务是学习设计的核心环节，教学中需要设计一些在“最近发展区”的学习任务促进学生的体验和探究，任务应具有挑战性、真实性和开放性等基本特征。学习任务分为核心任务和一般任务，核心任务和大概念直接关联，例如，本单元的核心任务是：从能量角度认识和分析带电粒子在电场中的运动。一般任务应围绕核心任务分层设计，下面通过三个具体例子说明。

1. 案例一

学习任务：一个正电荷在电场中只受到静电力 F 的作用，它在电场中由 A 点运动到 B 点时，静电力做了正功 W_{AB}，由动能定理可知，该电荷的动能增加了 W_{AB}。物体动能增加了，意味着有另外一种形式的能量减少了，这是一种什么形式的能量呢？

设计意图：这个挑战性任务一方面评估学生对功能关系和动能定理的理解程度；另一方面将以前所学迁移到新情境（电场）中，帮助学生建立电势能这一新概念。

2. 案例二

学习任务：要想利用直线多级加速器将电子加速到 0.9 倍光速，建造时加速器势必要很长，占地面积大，如何解决这一问题？

设计意图：一方面促进学生理解运动与相互作用关系（学生会提出采用辐向电场使电子偏转）；另一方面为后面回旋加速器的学习打下基础。

3. 案例三

学习任务：通过观察、上网查阅资料，了解并分析电容器在生产、生活中应用情况，解释其所起的作用是什么。撰写一份研究报告。

设计意图：让学生应用电容器的相关知识解释一些具体事实，评估学生对知识的理解层次，并帮助学生在“用中学”，进一步深化 STSE 理念。

2.4.5　开发学习活动

活动是学生深度学习的基础和载体，学生只有充分参与到活动中才能体验物理概念的形成过程，探寻物理规律的发现过程，参与物理实验的设计过程，亲历科学问题的解决过程。因此，活动前让学生清楚活动的内容和注意事项；活动中激发学生兴趣，切身参与和体验；活动后反思自己的体验过程和方式，内化获得意义和观念。

基于学习任务，既可以开发整个单元的学习活动，也可以开发某一课时的学习活动，由于教学实践还是要落实到具体课时，所以笔者以“电容器的电容”为主要内容,设计了具体的课时学习活动,如表 2.2 所示。

表 2.2 “电容器的电容”课时学习活动

学习任务	学习活动	设计意图
(1) 认识电容器	活动 1:利用塑料杯,在其内外侧各贴一层铝箔纸,先用静电感应起电机给它充电,然后让 5 位同学手拉手,首尾的两位同学各用一只手接触内外侧的铝箔纸。	激发学生好奇心,诱发对储存电荷问题的讨论,引入新课学习。
	活动 2:每两个同学拆开一个 4700 μF 的纸质电容器,让学生观察体验。	通过观察总结归纳电容器一般结构,理解“结构决定功能”这一概念。
(2) 探究电容器储存电荷本领的大小,建立电容的概念	活动 1:用同一电源给两个不同的电容器充电,然后对相同灯泡放电,(借助自制实验器材)比较亮度强弱以及亮的时间。	基于控制变量的思想,通过对比实验定性感知不同电容器储存电荷的本领不同,一个确定的电容器储存的电荷量与充电电压有关。
	活动 2:用不同电压的电源给两个相同的电容器充电,然后对相同灯泡放电,(借助自制实验器材)比较亮度强弱以及亮的时间。	
	活动 3:借助 DIS 平台的电流传感器分别多次测量两不同电容器的储存的电荷量 Q 和对应的电压 U,并让学生借助作图法进行数据处理,然后进行小组讨论交流。	定量研究 Q 与 U 的关系,借助比值定义法建立电容的概念。
(3) 探究平行板电容器的电容	活动 1:猜想平行板电容器的电容大小与哪些因素有关。	认识到电容的大小由电容器自身结构决定。
	活动 2:用静电计实验验证上述猜想。	定性分析平行板电容器电容的决定因素及其关系。
	活动 3:用数字电容计进一步研究平行板电容器的电容与两板距离、正对面积和电介质的关系。	定量探究平行板电容器的电容大小,总结得出具体计算公式。

续表

学习任务	学习活动	设计意图
(4) 了解常见的电容器及其应用	活动 1:给学生提供一些不同种类的电容器进行观察。	进一步认识电容器和理解结构决定功能。
	活动 2:了解电容器在电脑键盘、话筒等生活中应用,并介绍超级电容器的未来发展前景;鼓励学生课后查阅资料研究照相机闪关灯的工作原理。	增强对 STSE 内涵的认识,体会电容器对日常生活巨大帮助;并学会迁移应用所学知识解决实际问题。

2.5　基于学科大概念的单元复习设计与实施

大概念既是教学的起点,也是教学的归宿。单元复习课是揭示、理解和应用大概念的重要载体,基于“整体—局部—整体”构建了单元复习课的设计模式,形成了以下六种教学策略:① 分析课标,确定目标;② 联系实际,引入话题;③ 结构导图,整体认识;④ 把握核心,进阶探究;⑤ 自我反思,揭示意义;⑥ 解决问题,迁移应用。

大概念能纵向统领学科内核心内容、横向联结学科间关键知识,有助于使新的、不熟悉的概念看起来更熟悉。因此,大概念不只是一个抽象的概念,也是促进知识有效迁移应用的思维工具。

2.5.1　基于大概念的单元复习设计模式

单元复习是以某个单元为基本单位进行整体设计、分步实施和总结提炼的复习过程。单元复习不仅是对基础知识的简单回顾和题目练习,更重要的是联结和整合分散的概念、事实、经验和问题等,形成结构化的知识,实现“整体—局部—整体”的螺旋进阶,前后两个“整体”意义不尽相同。前者是要给学生呈现概括性的、大致的轮廓,使其对将要学习的内容有一个基本的了解;后者不再是模糊不清的框架,而是具体清晰的、联系紧密的大概念。

单元复习教学中要明确目标、结构清晰、精选例题、突破重点、横纵关联和意义建构。基于上述认识,笔者构建了如图 2.2 所示的设计模式。

教学目标永远是最重要的,所以首先基于课程标准、学情和教材分析明确指向大概念的单元总体目标,接下来梳理本单元的知识结构图,关键是厘清概念之间的联系和进阶流程。依据前面的整体认识编写分课时的学习目标，课时目标要有清晰性、层次性和递进性，然后确定每个课时的关键问题，围绕目标进行学习设计和重点突破，在攻克一个个“堡垒”的基础上达到进阶的目的。在单元复习的最后让学生以互评、自评的方式促进自我反思，提升自我效能感、获得感和意义感，并应用大概念解决复杂问题。

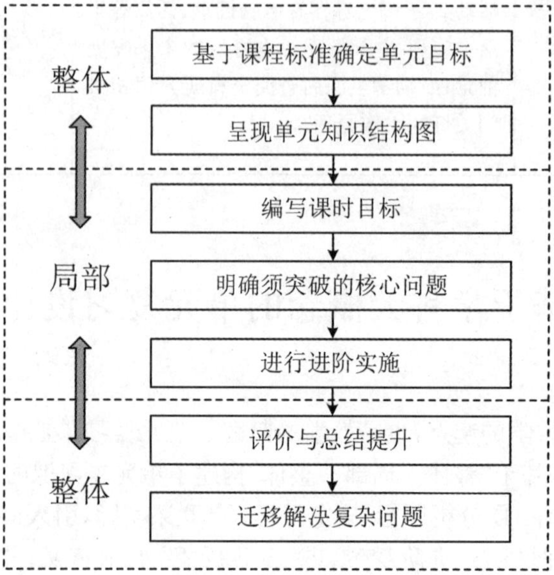

图 2.2　基于大概念的单元复习教学设计模式

2.5.2　基于大概念的单元复习教学实施

下面以“万有引力和宇宙航行”单元复习为例，从六个方面具体阐述教学实施过程。

1. 分析课标，确定目标

课程标准中所提出的内容要求，实际就是学科大概念的深刻折射和单元学习目标。《普通高中物理课程标准(2017 版)》对“万有引力和宇宙航行”单元的教学要求主要有以下四点：

(1) 通过史实，了解万有引力定律的发现过程；知道万有引力定律；认识发现万有引力定律的重要意义；认识科学定律对人类探索未知世界的作用。

(2) 会计算人造地球卫星的环绕速度；知道第二宇宙速度和第三宇宙速度。

(3) 知道牛顿力学的局限性，体会人类对自然界的探索是不断深入的。

(4) 初步了解相对论时空观。

这也是单元复习的学习目标，通过本单元的学习需要理解和掌握的大概念是：

通过万有引力定律的普适性认识自然界的统一性，并进一步提高对力与运动关系的认识，可见大概念是单元目标的凝练和升华。

2. 联系实际，引入话题

单元复习课应尽可能地借助大情境。大情境具有开放性，能突出单元核心知识。这里的大情境最好是实际现象或社会热点问题，帮助学生基于经验将知识和概念联系在一起。例如，本单元复习时借助“北斗导航”问题进行引入：

2020 年 6 月 23 日，“北斗三号”最后一颗卫星组网完成；7 月 31 日，习近平总书记宣布“北斗导航”系统正式投入运行。“北斗三号”全球卫星导航系统由 24 颗地球中圆轨道卫星(MEO)、3 颗倾斜地球同步轨道卫星(IGSO)和 3 颗地球静止轨道卫星(GEO)组成。

在这一情境基础上提出问题：① 什么是静止轨道卫星？什么是地球同步轨道卫星？② 组成“北斗导航”系统的各类卫星是如何发射和运行的？③“北斗导航”系统是如何实现定位和授时的？④“北斗导航”系统对提升我国综合国力有哪些重要帮助？这些问题有些是聚焦的，有些是开放的，对他们的讨论和回答将引发对本单元复习的不断深入。

3. 结构导图，整体认识

该单元从天体运动开始，首先，介绍开普勒行星运动定律，探究行星与太阳之间为什么会存在这样的运动规律？其次，从受力角度去思考、解决这一问题，让学生抓住运动和相互作用大概念这条主线，通过进阶式的探究学习，发展物理观念，建立物理模型，培养科学思维，在迁移应用中提升学生科学探究思想和科学态度与责任。

从运动与相互作用这一大概念出发构建单元结构图，如图 2.3 所示。

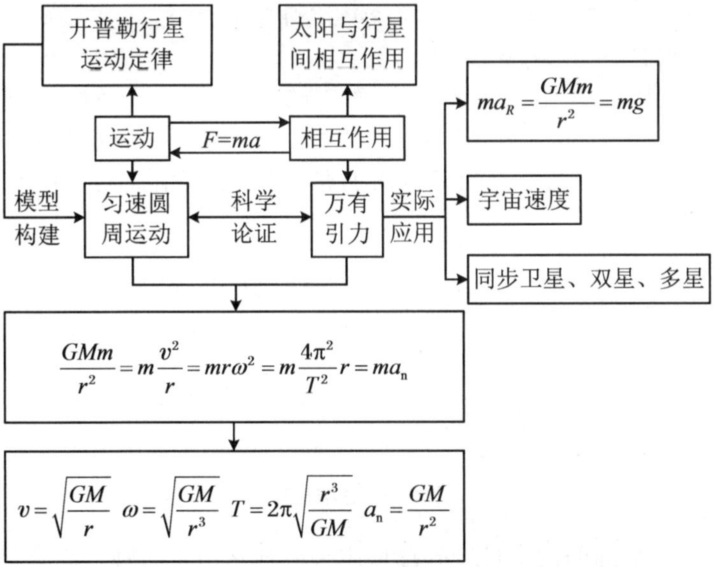

图 2.3 “万有引力和宇宙航行”单元结构图

教学中可引导学生通过自己画结构图来回顾本单元核心知识，然后在对比与讨论的基础上帮助学生实现对知识的整体化和结构化理解。

4. 把握核心，进阶探究

单元复习时要抓住核心知识点对内容进行重新整合，而不是按照教材顺序回顾。基于对该单元的整体认识，笔者将单元目标分解为以下 7 个核心问题进行进阶探究：① 行星的运动规律问题；② 中心天体的质量和密度问题；③ 人造卫星的计算问题；④ 宇宙速度问题；⑤ 同步卫星问题；⑥ 变轨问题；⑦ 双星问题。这 7 个核心问题可以分 3 个课时教学，通过“典型例题＋小结提升”的形式进行讨论和分析。

例如，对于卫星变轨问题，首先提出问题：人造卫星在低轨道上运行，要想让其在高轨道上运行，应采取什么措施？引发学生思考，然后提供典型例题让学生解答。

典型例题 2-1：(多选)如图 2.4 所示，发射同步卫星时，先将卫星发射至近地圆轨道 1，然后经点火使其沿椭圆轨道 2 运行；最后再次点火将其送入同步圆轨道 3。轨道 1、2 相切于 P 点，2、3 相切于 Q 点。当卫星分别在 1、2、3 上正常运行时，以下说法正确的是(　　)

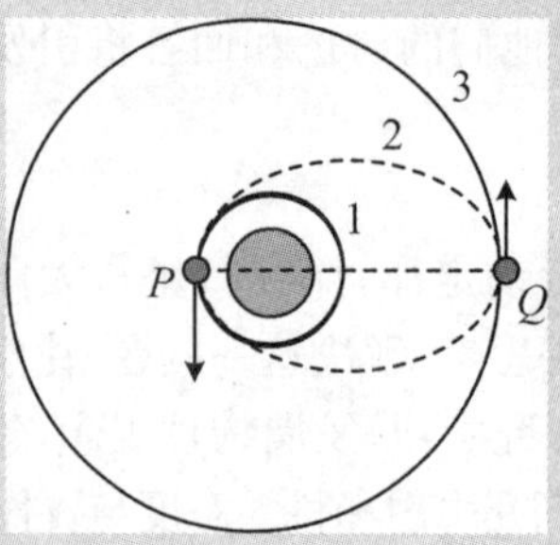

图 2.4

A. 在轨道 3 上的速率大于 1 上的速率

B. 在轨道 3 上的角速度小于 1 上的角速度

C. 在轨道 2 上经过 Q 点时的速率等于在轨道 3 上经过 Q 点时的速率

D. 在轨道 1 上经过 P 点时的加速度等于在轨道 2 上经过 P 点时的加速度

在解答完上述例题后，引导学生进行小结：在低轨道上加速，使其沿椭圆轨道运行，当行至椭圆轨道的远点处时再次加速，即可使其沿高轨道运行，如图 2.5 所示。

1. 万有引力相同，加速度相同
   - 万有引力相同，加速度相同
   - 速度：内小外大（离心运动）

2. 卫星在椭圆轨道运行
   - 近地点：速度大，加速度大
   - 远地点：速度小，加速度小

图 2.5　总结规律

最后提出拓展问题：在卫星回收时，应采取什么措施实现从高轨道到低轨道运行？

5. 自我反思，揭示意义

批判地自我反思是促进公共知识个人意义达成的重要措施，引导学生对自己学习的方式、内容和结果进行反思和评价，促进学生厘清知识的内在结构和逻辑，提升学生对大概念的认识和理解。

可以从正反两个方面引导学生对单元复习进行自我反思和总结，促进知识的关联和大概念的意义理解。

(1) 正面。基于对该单元主题的复习，请学生列出已理解的主要观点，并说说他对这些观点的理解以及与前面学习内容之间的联系，并以总结陈述或思维导图的方式来描述它。

(2) 反面。请学生想一想他在这个单元复习中还有哪些未完全理解的内容，用一句话或一个问题来描述它。

6. 解决问题，迁移应用

物理学与生产、生活息息相关，很多实际问题或社会热点话题都可以作为教学材料或情境，引导和鼓励学生综合运用多种知识和方法进行解决，提升学生应用大概念的能力。

在该单元复习结束后可设置情境：

我国第一个火星探测器“天问一号”于 2020 年 7 月 23 日 12 时 41 分由“长征五号”遥四运载火箭在文昌航天发射场点火升空。火箭飞行约 2167 s 后，成功将探测器送入预定轨道。此次探测器顺利升空，目前已经飞行约 1.5 亿 km，将总共飞行约 7 个月抵达火星，并通过 2～3 个月的环绕飞行后着陆火星表面，开展探测任务。

让学生课后查阅资料，应用所学知识解决两个开放性问题：

(1) “天问一号”与“嫦娥”系列探测器的发射有什么不同？

(2) “天问一号”探测器是如何维持地球到火星为期 7 个月的飞行的？并撰写研究报告与同学进行交流。

围绕大概念进行单元设计与实施是新课改倡导的教学方式，在新授课和复习课都需要这样去做。首先，以大概念为核心，联结和整合分散的概念、事实、经验和问题等进行单元整体设计；其次，确定课时目标，进行进阶探究式复习；最后，迁移应用大概念解决实际问题，促进“整体—部分—整体”的螺旋进阶，让概念不断“生长”和“变大”。

2.6　基于大概念的高中物理主题单元教学研究

基于大概念的单元整体教学是落实物理学科核心素养的重要路径。下面以高中物理“圆周运动”和“万有引力定律与宇宙航行”两个教材单元为例，对两者重新整合,并主题设计。依据逆向设计原理,形成了四步教学策略:① 基于课标,整体规划——基于大概念确定单元主题;② 把握核心,明确目标——基于学习主题编写单元目标;③ 注重过程,为学而评——基于学习目标设计评估任务;④ 创设情境,体验探究——基于学习任务开发有效活动。

2.6.1　主题单元教学

单元教学是当下教学改革的热点问题,单元按照其统摄的内容不同,可以分为自然单元、问题单元和主题单元等不同形式。自然单元是教材中提供的单元;问题单元是基于某一个指向大概念的核心问题而构建的;主题单元是围绕某一个主题、原理或物理模型建立的单元,这个主题、原理或物理模型背后隐藏着一个大概念,需要去探究揭示,大概念就是这个主题单元的核心内容。自然单元教学有时容易造成单元与单元间的割裂,问题单元和主题单元在帮助学生建立大概念上效果更好,其中主题单元既适用于新课教学,也适用于复习课教学。

所谓主题通常是指文艺作品或者社会活动等所要表现的中心思想,泛指核心内容。主题单元是围绕某一个主题来选择与重组教学内容而进行一个相对较长时段的教学。主题单元教学设计不受教材自然单元的限制,基于一个主题可以整合若干个教材单元进行贯通式设计与实施,帮助学生进行持续建构,从而形成结构化的知识体系,理解大概念的本质与内涵,并进一步应用大概念解释现象或解决实际问题,不断让大概念"生长"与"变大"。

逆向设计是"以终为始"进行单元整体设计和教学实践。首先确定单元预期学习结果,其次设计合适的单元评估证据,最后才开发单元学习活动。围绕大概念、基本问题和挑战性评估任务来设计与重整单元核心内容,真正发挥评估的作用,实现"目标—评估—教学"的一致性,笔者将在下一章进行深入分析。笔者基于逆向设计原理构建了主题单元的"四步"教学策略。

2.6.2　基于大概念的高中物理主题单元教学策略

基于大概念的主题单元逆向设计包括单元主题的确定、单元和课时目标的编写、评估任务的设计和学习活动的开发四个环节。

1. 基于课标,整体规划——基于大概念确定单元主题

《普通高中物理新课标(2017 年版)》对"圆周运动"和"万有引力定律与宇宙航行"两个单元的内容表述如下:

(1) 会用线速度、角速度、周期描述匀速圆周运动。知道匀速圆周运动向心加速度的大小和方向。通过实验,探究并了解匀速圆周运动向心力大小与半径、角速度、质量的关系。能用"牛顿第二定律"分析匀速圆周运动的向心力。了解生产生活中的离心现象及其产生的原因。

(2) 通过史实，了解万有引力定律的发现过程。知道万有引力定律。认识发现万有引力定律的重要意义。认识科学定律对人类探索未知世界的作用。

(3) 会计算人造地球卫星的环绕速度。知道第二宇宙速度和第三宇宙速度。

基于对课标的分析，发现需要揭示和理解的大概念是：会用运动与相互作用观分析圆周运动，并从万有引力定律的普适性认识自然界的统一性。基于他们内在知识结构的联系可以将这两个教材单元整合为一个大单元，主题为“圆周运动及其应用”。从整体的高度来说，宇宙航行问题本质就是万有引力提供天体匀速圆周运动向心力，都是运动和相互作用的关系。

这样的主题单元整合教学，一方面有助于打破单元之间的割裂性，通过对行星椭圆轨道运动特征的分析，构建匀速圆周运动模型，进一步深化对圆周运动的认识；另一方面通过整体设计和持续的探究，帮助学生在曲线运动中进一步深化运动与相互作用观，培养物理观念。

2. 把握核心，明确目标——基于学习主题编写单元目标

通过对课标解读和教材分析，“圆周运动及其应用”主题单元主要包括四个分主题，对应的核心知识如下表 2.3 所示。

表 2.3　“圆周运动及其应用”的核心知识

单元主题	分主题	包含的核心知识
圆周运动及其应用	圆周运动	表征圆周运动的基本物理量
		向心力和向心加速度
	生活中的圆周运动	火车转弯模型
		凸凹形桥模型
		过山车模型分析
	圆周运动临界问题	水平面内的临界问题
		竖直平面内的临界问题
	宇宙中的圆周运动	万有引力定律
		宇宙航行

该单元的目标设计采用威金斯和麦克泰格提出的 A—M—T 目标层次：掌握知能(A)、意义理解(M)和学习迁移(T)，对单元目标进行整合设计。掌握知能(A)注重基本知识和基本技能层面的内容，意义理解(M)注重概念的内涵与概念间关系的理解，学习迁移(T)注重对大概念的跨情境、跨时间和跨文化灵活迁移与应用。“圆周运动及其应用”主题单元的目标如表 2.4 所示。

表 2.4 “圆周运动及其应用”主题单元的目标

<table>
<tr><th colspan="2">学 习 迁 移</th></tr>
<tr><td colspan="2">(1) 会应用运动与相互作用观分析圆周运动问题,并从万有引力定律的普适性认识自然界的统一性。
(2) 能熟练应用圆周运动和万有引力相关知识解释生产生活和自然现象,解决实际问题。</td></tr>
<tr><th colspan="2">理 解 意 义</th></tr>
<tr><td>学生将理解:
(1) 圆周运动中线速度、角速度、周期、转速等物理量间的关系。
(2) 匀速圆周运动中向心力的来源以及其大小计算,离心现象的原因。
(3) 火车转弯、汽车过拱形桥和过山车问题中临界状态和受力特点。
(4) 万有引力定律的重要意义和价值。
(5) 牛顿力学的局限性。</td><td>核心问题:
(1) 物体做圆周运动条件是什么?
(2) 什么力提供做匀速圆周运动的向心力?
(3) 什么时候恰好离开轨道?
(4) 行星为什么能绕恒星做圆周运动?
(5) 地球绕太阳运动,苹果落向地球,它们之间的作用力是同一种性质的力吗?</td></tr>
<tr><th colspan="2">掌 握 知 能</th></tr>
<tr><td>学生该掌握的知识:
(1) 知道描述圆周运动快慢的物理量:线速度、角速度、周期、转速。
(2) 变速圆周运动的受力特点和离心现象。
(3) 开普勒三大定律。
(4) 引力常量和三个宇宙速度。
(5) 我国的航天事业发展史。
(6) 相对论时空观。</td><td>学生该掌握的技能:
(1) 能应用控制变量法探究向心力大小的表达式。
(2) 能对做圆周运动的物体进行正确的受力分析。
(3) 能推导得出行星和太阳间的相互作用力大小。
(4) 能计算中心天体的质量。
(5) 能计算行星或卫星运行的线速度、角速度和周期等。</td></tr>
</table>

3. 注重过程,为学而评——基于学习目标设计评估任务

逆向设计的最大特点就是将评估作为教学设计的一部分并放在活动设计之前,使其真正发挥评估的作用,从“对学习的评估”走向“为学生的学习而评估”。评估的目的是促进学习目标的达成和及时调整教学策略。评估时要注重过程性、表现性、真实性、证据性和挑战性。其中,挑战性的真实任务是评估设计的重要内容。“圆周运动及其应用”主题单元设计的 3 个评估任务如下:

(1) 任务 1:试估算当你跑过泸定桥最低点时,对桥的压力。

设计意图：借助实际问题让学生建立竖直平面内的轨道模型，这里需要学生查找资料了解泸定桥的半径，有效提升学生的模型建构能力和估算能力，评估学生应用圆周运动知识解决生活实际问题的水平。

（2）任务 2：（播放视频）2017 年 3 月 17 日，特技车手特里 · 格兰特驾驶一辆捷豹 SUV 在上海的黄浦江畔新外滩，利用足足有 19 m 高的庞然大物——世界最大竖直环形跑道，再一次进行了极具危险性的环形跑道挑战，欲创造新的吉尼斯记录，估算车要通过最高点其速度须满足的条件。

设计意图：采用这个实际问题评估学生对竖直平面内最高点临界条件的理解和应用能力。

（3）任务 3："嫦娥五号"探测器于 2020 年 11 月 24 日由"长征五号"成功发射，之后探测器地月转移、近月制动、平稳落月、钻表取样、月面起飞、样品转移、环月等待、月地转移，并于 12 月 17 日返回地球，安全着陆。"嫦娥五号"在太空中飞行的动力来源是什么？从月球起飞的困难有哪些？在飞行过程中是如何控制方向实现轨道转移的？

设计意图：以"嫦娥五号"的成功发射和返回为大背景，评估学生对卫星发射、运行和变轨等相关知识的学习情况。

4. 创设情境，体验探究——基于学习任务开发有效活动

学生对于知识的理解、掌握和应用需要情境的支撑，同时知识理解又受到情境的影响与制约，合适的情境可以为学习者掌握知识提供背景，也可以为知识的习得与应用提供活动场景与资源条件。如果能把学习内容嵌入一个联系实际的情境中，进行探究和思考，有助于开发有效的学习活动，增强学习的意义感。

典型例题 2-2：图 2.6 是自行车传动机的示意图。假设脚踏板每 2 s 转一圈，请问，在这种情况下自行车前进的速度为多少，还需要测量哪些量？请在图中用字母标注出来，并用这些量导出自行车前进速度的表达式。用自行车实际测量这些数据，计算前进速度的大小，然后实测自行车的速度。对比一下差别有多大？

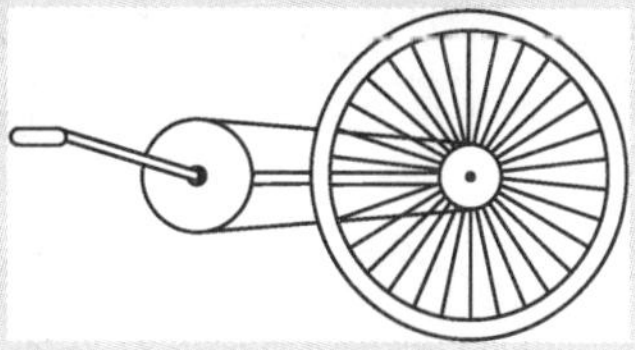

图 2.6　自行车传动装置

这是一个开放性的问题，解决它需要学生进行模型建构、数学运算和实践体验等学习活动，从而促进学生对匀速圆周运动周期、线速度、角速度和半径关系的深度理解。

课堂上，教师可让学生以小组的形式讨论方案，并说明分析依据。学生最终达成共识：需要测量大齿轮半径 R_1，小齿轮半径 R_2，后轮的半径 R_3。

在课后，让学生以学习小组为单位进行实践探索：测量一个自行车的上述三个数据，计算前进速度的理论值。然后进行骑行，记录实际数据，以及进行理论值比较，并让学生分析理论计算和实际测量有偏差的原因。

通过问题情境为学生提供了小组合作、分析归纳、科学论证、实践体验和误差分析等学习活动，真正实现“做中学”。

典型例题 2-3：在学习行星运动规律时，可利用木星的卫星便于观测且绕木星运行周期较短的特点，教师把每间隔一定时间拍摄的木星（连同多颗卫星）照片提供给学生。接下来，让学生从这些照片中分析不同卫星的运动周期，定量比较这些卫星绕木星做圆周运动的半径大小，探寻卫星做圆周运动的半径和周期之间有什么定量关系？

在学生提出自己的观点或假设后，提供一些测量数据，让学生检验或修正自己的假设，最终形成有关行星运动规律的结论。学生在分析、假设和寻找证据进行论证的系列活动中能真切感受科学探究过程，体会通过科学描述和解释自然现象的乐趣，提升对科学本质的认识，培养物理学科核心素养。

第3章　基于物理学科大概念的逆向设计与实施

逆向教学设计是著名教育专家格兰特·威金斯和杰伊·麦克泰格在《追求理解的教学设计》一书中提出来的。

3.1　逆向设计的内涵

和其他设计领域(如建筑、工程、平面艺术)的专业人员一样,教育领域中的设计师也必须考虑他们的受众需求。设计领域的专业人员十分注重以客户为中心。他们设计的有效性取决于是否达成特定终端用户的明确目标。显然,考虑到课程、评估和教学设计的有效性最终都取决于学生对预期学习目标的完成程度,所以学生是我们的唯一客户。我们可以把我们的设计想象成软件,就像电脑软件旨在使用户工作更有效率一样,我们设计课程的目的就是提升学习效果。

如何将对设计的基本考虑应用到课程计划中呢?要想做出思虑成熟且重点突出的教学设计,需要教师和课程开发者在思考工作性质的时候做出一个重要转变,即教师在思考如何开展教与学活动之前,先要努力思考此类学习要达到的目的到底是什么,以及哪些证据能够表明学习达到了目的。虽然我们总是习惯考虑教什么和如何教,但现在必须要挑战自我,要首先关注预期学习结果,只有这样才有可能产生适合的教学行为。

我们的课堂、单元和课程在逻辑上应该从想要达到的学习结果导出,而不是从我们所擅长的教法、教材和活动导出。课程应该展示达到特定学习结果的最佳方式。类似于旅游计划,设计的宗旨应该提供一组设计详细的旅行指南,以达到文化层面的目标,而不是在某个国家的各大景点漫无目的的游览。总之,最好的设计应该是"以终为始",是从学习结果开始的逆向思考。

当我们关注的教育目的"促进理解"时,逆向设计法的适用性就更加清晰了。如果我们不清楚所追求的特定理解是什么,不知道在实践中这些理解是如何表现的,那我们就不知道如何"为理解而教",不知道应该采用哪些材料或开展哪些活动。就像导游一样,只有在清楚地知道希望"游客"对文化有哪些特定理解的情况下，我们才可能做出最好的决定：让我们的"游客"游览哪些"景点"，以及让他们在短时间内体验什么样的特定的"文化"。只有明确知道预期结果，我们才能专注于最有可能实现这些结果的内容、方法和活动。

但许多教师从输入端开始思考教学，即从固定的教、擅长的教法以及常见的活动开始思考教学，而不是从输出端开始思考教学，即从预期结果开始思考教学。换句话说，大多教师都只关注自己的"教"，而不是学生的"学"。他们首先花大量的时间思考的是：自己要做什么、使用哪些材料、要求学生做什么，而不是首先思考为达到学习目标学生需要什么。

例如，教师可能基于某个特定的主题开始一堂课，选择一本书作为学习资源；然后根据资源和主题选择特定的教学方法，并希望由此引发学习。最后，老师可能会设计几个问答题或小测验来评估学生对这本书的理解。这种教学方法非常普遍，甚至并不觉得不妥。我们试着问几个关于学习目标的简单问题，答案自然就出来了。我们为什么要求学生阅读这本书？换句话说，我们让学生阅读这本书要达到什么目标？学生是否能够理解这个目的？为什么对自己的学习产生影响，以及如何产生影响？通过阅读这本书，我们希望学生从中获得哪些与目标（超越这本书）相关的理解，期望他们做出哪些与目标相关的行为？如果我们在教学设计之前不能够对重大的目标有清晰的洞察，那么，我们有可能就不会明白这本书只是一种达到教育目的的工具，而它本身并不是目的。与其说是"设计"教学，还不如说是在"撞大运"，这就好比讲课时忽视了一些内容和活动，然后盼着总有些内容或活动会起作用。

回答高年级学生经常问（或想知道）的"为什么"和"那又怎样"的问题并在做课程计划时将这些问题的回答作为重点进行具体落实，这正是逆向教学设计的本质所在。教师很难发现（而学生更容易感觉到）：如果没有设置清晰明了的学习优先次序，很多学生会感觉日复一日的学习是令人困惑和沮丧的。

在学生完成整个学习任务过程中，如果教学设计没有突出强调清晰的目的和明确的表现性目标，那么学生无法做出令人满意的反馈。同样，如果教师采用活动导向或是灌输导向的方式，那么以下这些设计的关键问题将不会得到令人满意的答案：作为"活动"或"灌输"的结果，学生应该理解什么？这些体验活动或讲座能够让学生获得什么能力？应该怎样设计和实施这些活动或课堂讨论，从而达到预期结果？学生在学习过程中，如何证明自己获得了预期能力，领悟了相关的知识内容？应该如何选择与使用活动和资源，以保证学习目标的实现，并提供最有利的证据？换句话说，如何通过设计帮助学生了解学习活动或资源的目的，以及活动和资源在实现特定表现性目标时带来的帮助？

因此，笔者认为，教师在开始设计课程时就要详细阐明预期结果，即学习的优先次序，以及根据学习目标要求或暗含的表现性行为来设计课程。与很多常见做法不同的是，笔者建议设计者在制定目标之后可思考以下问题：什么可以用来证明学习目标的达成？达到这些目标的证据是什么样的？教与学所指向的、构成评估的表现性行为是什么样的？只有回答了这些问题，我们才能在逻辑上导出合适的教学和学习体验，从而使学生成功地完成学习任务，达到内容标准的要求。因此，这种逆向设计使我们不再以下列问题作为开始："我们会读什么书？""我们将做什么样的活动？""我们会讨论什么内容？"而是转向下列问题："不管我们组织什么活动或使用哪本教材，学生怎样才能脱离活动或教材本身去理解？""什么可以用来证明学生获得了这种能力？""哪些教材、活动和方法最有助于达到教学效果？"在"为大概念而教"时，我们必须把握主要观点：我们是培养学生用表现展示理解能力的指导者，而不是将自己的理解告知学生的讲述者。

3.2　逆向设计的三个阶段

逆向教学设计分为确定预期结果、确定合适的评估证据、设计学习体验和教学三个阶段。

3.2.1　阶段 1：确定预期结果

学生应该知道什么，理解什么，能够做什么？什么内容值得理解？什么是期望的持久理解？在阶段 1 中，我们思考教学目标，查看已发布的国家课程标准，检验课程预期结果。通常要传授的内容比我们在有限时间里能够讲授的内容要多得多，所以我们必须做出选择。设计流程的第一阶段需要明确学习内容的优先次序。

3.2.2　阶段 2：确定合适的评估证据

我们如何知道学生是否已经达到了预期结果？哪些证据能够证明学生的理解和掌握程度？逆向设计告诉我们要根据收集的评估证据（用于证实预期学习是否已完成）来思考单元或课程，而不是简单地根据要讲的内容或是一系列学习活动来思考单元或课程。这种方法鼓励教师和课程设计者在设计特定的单元和课程前，要"像评估员一样思考"，思考如何确定学生是否已经达到了预期的理解。

3.2.3　阶段 3：设计学习体验和教学

在头脑中有了清晰明确的结果和关于理解的合适证据后，就该全面考虑最适合的教学活动了。在逆向设计的第三阶段，我们必须思考几个关键问题：如果学生要有效地开展学习并获得预期结果，他们需要哪些知识（事实、概念、原理）和技能过程、步骤、策略)？哪些活动可以使学生获得所需知识和技能？根据表现性目标，我们需要教哪些内容、指导学生做什么以及如何用最恰当的方式开展教学？要完成这些目标，哪些材和资源是最合适的？

需要注意的是，只有在我们明确预期结果和评估证据，搞清楚它们意味着什么之后，才能真正做好教学计划的细节，包括教学方法、教学顺序以及资源材料的选择。教学是达到目的的一种手段，一个清晰的目标能够帮助我们在设计时有所聚焦，并能指导有目的的行为朝预期结果发展。

3.3 逆向教学的设计模板

上面我们已经描述了逆向设计的过程，现在我们用一种有用的格式(模板)把这些内容整合在一起，这种模板有助于教师设计关于理解的单元教学。许多教育工作者意识到逆向设计有普遍意义。然而，当他们第一次使用该方法时仍会感到不自然，甚至觉得有些棘手和耗时。但这种努力是值得的，正如学习使用一款软件一样，一开始是困难的，可一旦熟练掌握，便带来极大的帮助。我们将促进理解的教学设计比作软件，事实上，这是一套最终能够提升工作效率的工具。因此，设计模板是追求理解的教学设计的实用性基础，其目的是养成正确的思维习惯，完成有助于学生理解的设计，避免活动导向和灌输式教学设计中的错误习惯。

逆向设计的模式主要包括三个方面：① 阶段 1——预期结果：分为学习迁移、理解意义和掌握知能三个部分。学习迁移是大概念和核心任务的内容；理解意义包括理解和基本问题两个部分；掌握知能包括掌握知识和掌握技能。② 阶段 2——评估证据：包括表现性任务和其他证据。③ 阶段 3——学习计划：包括 WHERETO 模式。如表 3.1 所示。

表 3.1 逆向设计的模板

阶段 1——预期结果	
学 习 迁 移	
学生将获得何种持久的、自主的学习结果？(聚焦学科大概念) 学生能自主地将所学知识运用到……(聚焦核心任务)	
理 解 意 义	
学生将理解： (1) 期望学生获得的特定理解是什么？ (2) 可以预见的误解有哪些？ (3) 如何将知识建立有意义联系？	基本问题： 什么样的启发性问题能促进探究、理解意义和学习迁移？

续表

掌 握 知 能	
学生该掌握的知识： 学生应当掌握并能再现哪些事实和基本概念？	学生该掌握的技能： 学生应当学会运用哪些具体的技能和程序？
阶段 2——评估证据	
表现性任务： （1）哪些表现说明学生实现了理解？ （2）在复杂的情境任务中，学生将如何展示自己的理解？（理解意义和学习迁移）	其他证据： （1）通过其他哪些方式说明学生达到了阶段一的目标？ （2）教师将收集哪些其他的方式说明学生达到了阶段 1 的目标？
阶段 3——学习计划	
哪些学习体验和教学能够使学生达到预期的结果？ （1）W：帮助学生知道此单元或课时的方向（where）和预期结果（what）。帮助教师知道学生从哪（where）开始（先前知识、兴趣）。 （2）H：把握（hook）学生情况和保持（hold）学生兴趣。 （3）E：武装（equip）学生，帮助他们体验（experience）主要观点和探索（explore）问题。 （4）R：提供机会去反思（rethink）和修改（revise）他们的理解及学习表现。 （5）E：允许学生评价（evaluate）他们的学习表现及其含义。 （6）T：对于学生不同的需要、兴趣和能力，做到量体裁衣（tailor）（个性化）。 （7）O：组织（organize）教学使其最大程度地提升学生的学习动机与持续参与的热情，提升学习效果。	

知识补充

在这里为了帮助读者理解模板内容，笔者将对“理解”和“基本问题”两个概念做一些说明。

一、理解

1. 理解的内涵

逆向设计的最终目的是促进学生理解，目前我们将“理解”看作一个有别于“知道”的概念。然而当制定与“理解”相关的目标，并斟酌用什么语言来表达的时候，问题随之而来。“理解”这个词有多种不同的意思，根据经验，笔者认为理解不是单方面的成就，而是多方面的，并通过不同类型的证据表现出来。有时距离产生理解,有时理解需要真诚地和他人相处或者倾听他人的想法;有时我们认为理解是高度理论化的东西;有时认为理解是有效的真实世界应用所揭示的内容;有时我们认为它是不带感情色彩的批判性分析,有时又认为它是认同的表现;有时我们认为它依赖于直接经验,有时却认为它是独立思考。

格兰特·威金斯和杰伊·麦克泰格在《追求理解的教学设计》一书中将理解划分为能解释、能阐明、能应用、能洞察、能神入和能自知六个维度,这些维度提醒我们,理解不能靠陈述事实,而是要主动揭示隐藏在事实背后的内容,并思考它们的意义。

① 能解释:通过归纳或推理,系统合理地解释现象、事实和数据;洞察事物间的联系并提供例证。

② 能阐明:叙述有深度的故事,提供合适的转化,从历史角度或个人角度揭示观点和事件的含义,通过图片、趣闻、类比和模型等方式达到理解的目的。

③ 能应用:在各种不同的真实情境中有效地使用和调整我们学到的知识。

④ 能洞察:批判性地看待、聆听观点,观其大局。

⑤ 能神入:能从他人认为古怪的、奇特的或难以置信的事物中发现价值,在先前直接经验的基础上进行敏锐的感知。

⑥ 能自知:显示元认知意识,察觉诸如个人风格、偏见、心理投射和思维习惯等促成或阻碍理解的因素,意识到我们不理解的内容,反思学习和经验的意义。

理解的六个维度并不是相互独立的,而是相互渗透、相互辅助的,构成了一个有机的整体,如图 3.1 所示,如解释维度能促进其他维度的达成,同时其他维度达成反过来也能促进更好地解释。所以在一节课中并不是要求每个维度面面俱到,教学过程中要充分发挥每一个维度的辐射作用,实现各个维度的整合和统一,达到对所学知识和内容真正立的目的。

深度学习是以深度理解为基础的,理解"理解"的六个维度,并从这些角度入手进行教学设计能很好地帮助学生揭示知识本质,促进高阶思维发展和思维品质提升。

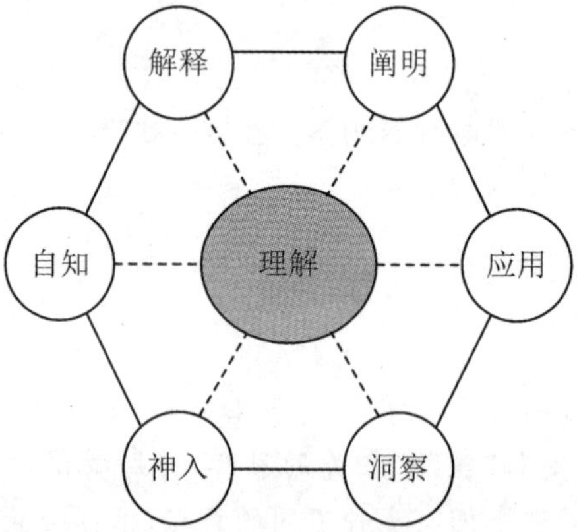

图 3.1 理解的六个维度

2. 教学策略

下面探讨基于理解“六维观”促进深度学习的教学策略。

(1) 激发认知冲突,引出阐明问题

认知冲突是指认知发展过程中原有认知结构与现实情境不符时在心理上所产生的暂时矛盾或不平衡,认知冲突是促进学生深度思考的重要措施,认知冲突发生的地方就是待解释、待阐明的问题。

案例 1

教学引入时播放考古界发现的两千多年前古巴格达人生产的电源,视频中介绍古巴格达人用铜管和酸液制作的电源可以提供约 0.25 V 的电压。接下来让学生重走古巴格达人的足迹,两人一组,每组以相同的铜片和锌片为电极,以生活中常见的果汁、牛奶和食用油为电解液分别制作三种不同的原电池。根据古人的启示,可以测量原电池两端的电压,这里测量电压须用 DIS 平台的电压传感器(因为这三种原电池的内阻很大,与电压表内阻相当,而电压传感器内阻可以认为趋近无穷大)。

学生用电压传感器对三种原电池进行测量后得到果汁电解液两电极间的电压约为 1.1 V,牛奶电解液两电极间的电压约为 0.7 V,食用油电解液两电极间的电压为 0,接下来让学生根据这三个数据提出想知道的问题。

问题 1:这些数据对三个原电池分别意味着什么?

问题 2:为什么果汁电解液两端的电压比牛奶电解液两端的电压大?

问题 3:为什么食用油电解液两端的电压为 0?

教学意图:借助古巴格达人对电源的研究激发学生的兴趣,通过学生小组合作测量得出数据激发认知冲突,引出学生待解释、待阐明的问题,引发进一步深度探究。

(2) 基于类比反思,促进迁移应用

类比是重要的思想方法,康德曾说:“每当理智缺乏可靠论证的思路时,类比这个方法往往能指引我们前进”。在对“已知”和“未知”类比后要引导学生进行批判性的反思和总结,促进知识和方法的迁移应用,生成新的意义。

案例 2

“电动势”是十分抽象的物理概念,历来是高中物理教学的难点问题,它的建立可以借助类比的思想方法,可设置问题串激发学生思考。

问题 1:电源外部,电子在导线中如何移动?

问题 2:电源内部,电子如何移动?

问题 3:电源内部,电场方向如何?

问题 4:电源内部的电子受到电场力方向如何?做什么功?电子在电源内部是靠什么力到电源负极的?

为了帮助学生理解这些问题,可以制作一个游戏装置来类比说明。实验装置

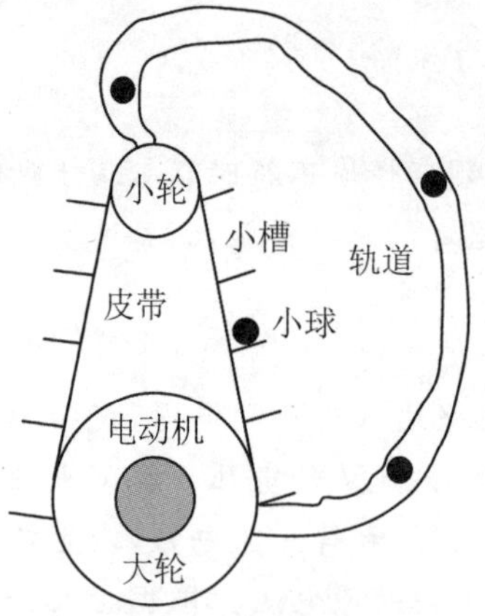

图 3.2　游戏装置

如图 3.2 所示，主体结构是竖直平面内一大一下两个轮子，大轮连在电动机上，并通过皮带驱动小轮，顶端的小轮上与一弯曲轨道一端平滑对接，轨道另一端和大轮对接。

先将一小球从轨道顶端释放，小球沿轨道滑到低端碰撞后就不动了，如何让这个过程持续地循环起来呢？

学生提出用手将它拿上去，这个过程中人手对小球做了正功。老师打开电动机电源，当大轮逆时针转动起来后，学生观察到小球被皮带上的小槽携带上去，从而使整个过程得以持续循环。接下来设置如表 3.2 所示的类比，让学生完成，促进类比联想。

表 3.2　类比游戏装置

游戏装置中		电路中	
情境	小球	情境	电子
轨道	在重力作用下	导线	
	从高处运动到低处		
	重力势能转化为其他形式的能		
传动装置	提供一个力作用于小球	电源	
	从低处到高处		
	其他形式的能转化为重力势能		

通过类比，得出在电源内部有一个可以将电子从电源正极移动到电源负极的力，这个力的性质和电场力不同，称为非静电力，并且非静电力对电子做正功。如果有 1 C 的电荷发生移动，非静电力做了 2 J 的功，那就意味着有 2 J 的其他形式的能转化为电能。

提出问题：如果某电源内部 1 C 的电荷发生移动非静电力做了 2 J 的功和另一电源内部 2 C 的电荷发生移动非静电力做了 3 J 的功，谁把其他形式的能转化为电能的本领强？如何科学地描述这一转化本领呢？对这一问题的思考有助于得出电动势定义和物理意义。接下来讨论学生前面提出的三个问题和介绍生活中常用的 1 号、5 号、7 号干电池，并用电压传感器测量太阳能电池的电动势随光照强度变化而变化的图像，从而使其对电源的认识更加深刻。

教学意图：通过类比反思与问题驱动，化抽象为具体，迁移应用游戏装置帮助学生建立电动势这一抽象物理模型，提升学生的批判性思维能力和创造性思维能力。

(3) 解释实验现象，揭示问题本质

深度学习的发生离不开实验和寻找证据揭示现象本质的过程。教学中通过创设有挑战性的学习任务，让学生协作解决，在问题解决中提升学生分析推理能力，从而揭示问题的本质。

案例3

在建立了电动势概念的基础上，让学生小组合作完成两个小实验：

实验1：用一节1.5 V干电池给氖泡供电，观察氖泡是否发光。

实验2：将两个果汁电池串联给氖泡供电，观察氖泡是否发光。

实验发现，一节干电池可以使氖泡发光，而两个果汁电池串联不能使氖泡发光。两个串联的果汁电池的电动势之和大于1.5 V为什么不能使氖泡发光呢？让小组讨论交流产生这一现象的原因，用表3.3帮助学生分析，揭示问题的本质。

表3.3　干电池和果汁电池的对比

电源	干电池	两个串联的果汁电池
现象	氖泡发光	氖泡不发光
说明电流	大	小
电动势	1.5 V	大于1.5 V
总电阻	小	大
同一氖泡	相同	

通过分析得出电源应该有内阻，并且果汁电池的内阻比较大。

教学意图：通过让学生解释实验事实，寻找证据并借助列表比较揭示电源有内阻这一本质，为后面学习闭合电路的欧姆定律打下基础。

理解的六个维度是评估学生是否真正理解所学知识的有效办法，它们概括地描绘了各种表现的证据和标准，教师可以依据理解的某个侧面将事实性知识与真实的理解区分出来，获得学生理解程度的反馈，从而不断进行教学进度、内容和策略的及时调整，更好地促进深度学习。

二、基本问题

引起对大概念持续探究、整合不同的观点和问题、促进对知识批判性反思、诱发新问题和迁移应用是确定基本问题的条件。基于课程标准、真实情境、学生困惑是构建基本问题的有效策略。

在倡导问题化教学的同时特别要重视问题的内在价值，问题可以分为有效问题和无效问题，在有效问题中处于核心地位的是基本问题。基于基本问题的教学是揭示、理解和应用大概念行之有效的策略。《普通高中物理课程标准(2017年版)》明确指出“重视以学科大概念为核心，使课程内容结构化，以主题为引领，使课程内容情境化，促进学科核心素养的落实。”大概念又称大观念或核心概念，是指在一个学科领域中最精华、最有价值的内容，在学科中发挥着概念“魔术贴”或“文件夹”的作用，是在事实基础上抽象出来的深层次的、有意义的、结构化的、可迁移的概念。在教学实践中，大概念通常表现为一个有用的理论、主题、基本假设、问题或原则等。

1. 基本特征

基本问题聚焦于学科大概念，是处于学科或课程的核心位置，超越知识本身并能够促进对某一特定主题内容的理解、激发知识间联系和迁移的问题。基本问题没有直接的答案，基本问题的研究范围既可以是跨单元或学科的综合性问题，也可以是针对具体话题或单元的专题性问题。其有一些区别于一般问题的基本特征。

(1) 核心性

基本问题指向学科本质，具有核心概括作用，能帮助学生厘清重要而复杂的观点、知识和技能，帮助学生有效揭示、探究学科大概念。如“看不见、摸不着的场，怎么证实它是客观存在的?”这一基本问题能促进对“场”概念本质的探究。

(2) 整合性

基本问题有助于使新的、不熟悉的问题看起来更熟悉，能整合新旧知识。探究基本问题的过程能使学生获得跨单元或学科知识并具备综合解决问题的能力。如“测量中什么误差是不可避免的? 多大的误差是可以接受的?”这一基本问题不仅有助于整合物理学科实验，还可以整合学科间的实验误差分析。

(3) 开放性

基本问题能挑战学生更深入地、创造性的思考反复出现的、悬而未决的问题，教师把基本问题作为一种工具，使学生像领域专家一样思考问题，不一定有明确的答案，所以是结构不良的。如“玻尔原子结构模型的局限性是什么?”这一基本问题能打开学生思维促进批判反思的认识问题。

(4) 意义性

基本问题能激发已学知识、生活体验与当前学习内容之间的意义关联，有助于促进迁移应用，发挥着“继往开来”的作用，如“光是粒子还是一种波?”这一看似矛盾的基本问题能整合历史事实，迁移到物质波的学习，深化对立和统一的观念。

2. 判断标准

没有任何一个问题天生就是基本问题，是否为基本问题取决于提问的目的、学习者的情况和影响。作为教师，想让学生用这些问题做什么? 是让学生进行深入探究、激烈讨论，还只是为得到唯一正确的答案? 所以一个问题是否为“基本问题”，取决于为什么提出它，想要学生如何解决它，以及该问题后面跟随的学习活动和评估是怎样的。主要有以下四个判断条标准：

(1) 能否引起对大概念的持续探究

基本问题聚焦于大概念，有明确的指向性，每一个大概念都可以由几个基本问题的探究获得，基本问题使得大概念对学生来说不再抽象，引起对大概念持续探究是基本问题的重要价值。

(2) 能否整合不同的观点和问题

一个单元、一节课会提出很多问题，但这些问题通常是零散的，甚至没有什么联系，借助基本问题能将一单元或一节课的观点和问题整合起来，也可以从基本问题出发设置课堂问题，实现整体大于部分之和的效果。

(3) 能否促进对知识批判性反思

通过基本问题引导学生对自己学习内容、过程和结果进行总结、反思、评价和批判，超越知识本身，促进学生理清知识的内在结构和逻辑，更好地把握学科思想方法、意义价值，实现深度学习。

(4) 能否诱发新问题和迁移应用

在探究某个基本问题的过程中往往能诱发对其他相关问题的思考，为新问题的提出提供“土壤”和“接口”。由于基本问题深入学科本质和大概念，而知识只有在概念层面才能被迁移，所以基本问题是促进迁移应用的基础。

3. 基本问题的构建策略

(1) 基于课程标准导出基本问题

课程标准中所提及的内容和准则实际就是学科大概念的深刻折射，大概念又是基本问题存在的价值基础，所以基于课程标准，对新课标深刻解读是从上而下导出基本问题的重要途径。例如：

新课标内容：“理解闭合电路欧姆定律，会测量电源的电动势和内阻。”

导出的基本问题：如何得出闭合电路的欧姆定律？与初中学习的欧姆定律区别有哪些？根据闭合电路的欧姆定律如何设计实验测量电源的电动势和内阻？

上述问题属于专题性基本问题。另外，基于课程标准导出的基本问题再结合教材内容进行优化效果会更好。

(2) 基于真实情境获取基本问题

基本问题的获得也可以自下而上进行获取，物理学来源于生活，与生活息息相关，从真实生活情境出发提出基本问题，让学生在基本问题的解决过程中获得知识和方法，实现“做中学”“用中学”。

例如，在自由落体运动的教学中利用如下生活情境：

“高空坠物”现象被称为“悬在城市上空的痛”。近年来，高空坠物致人伤亡的案件不断见诸报端，高楼中某层阳台上坠下一盆花，砸坏了下面的车辆，恰好楼下不远处有一个摄影爱好者对着天空连拍，发现有几张照片中出现了花盆。

获取的基本问题:你能不能根据这些有限的资料帮助警方推测花盆是从那一层楼掉下去的?

对这一问题的分析和讨论将帮助学生建立自由落体运动的模型和探究自由落体运动的规律,在问题解决中获得知识,而不是获得知识后再去解决问题。

3. 基于学生困惑生成基本问题

"传道授业解惑"是教师的基本职责,学生遇到的学习困惑或认知冲突是教学的重点,也是深度理解的关键环节。通过综合分析生成基本问题让学生探究是突破的良好途径。

例如,在学习"力的分解"时,有学生就提出困惑:"既然力的分解是合成的逆运算,当然满足平行四边形定则,这节课还有什么值得研究的呢?"这个困惑很有道理和价值。

借此可以生成基本问题:"动笔尝试画出一个确定力的分力,能画出多少对?在具体情境中一个力根据问题的需要该如何进行分解呢?"这个问题将帮助学生理解力的合成与分解的区别,认识到力的分解对解决问题的重要价值。

基本问题是揭示大概念、整合教学内容、促进迁移应用和培育学科核心素养的重要工具,教学实践中首先要围绕大概念设计合适的基本问题,其次要充分发挥基本问题的整合、迁移等价值,有效落实新课改、新课标的理念。

3.4　基于学科大概念的单元逆向教学

教学实践中,一线教师较多关注于课时层面的设计与实施,较少从整体出发关注单元层面的设计与实施,即关注局部忽视整体,这样很难落实新课标的理念和培育学科核心素养。教学设计要兼顾整体和局部,要处理好"森林与树木"的关系,单元是学校课堂教学的基本单位,是衔接学期和课时的桥梁,只有在单元设计的基础上课时教学才有意义和价值。

如何开展单元整体教学呢? 以大概念为引领进行逆向教学设计是一条行之有效的路径,理解和应用大概念、发展物理观念也是单元逆向教学的价值追求。

3.4.1　单元逆向教学的内涵

强调"以终为始"进行单元整体教学设计与实施,即先确定单元预期学习结果,再确定合适的评估证据,最后才设计学习活动。注重围绕预期结果、可迁移应用的挑战性评估任务来设计和组织教学,以获得对所学知识本质的深度理解,达到解释、阐明、应用、洞察、移情和自知六个维度。

3.4.2　指向大概念的高中物理单元逆向教学

指向大概念的高中物理单元逆向教学是为解决目前高中物理教学存在的课时之间的零散性、知识理解的浅层性和单元之间的割裂性等问题。倡导实施单元整体教学，并围绕基本问题、核心任务来揭示、理解和应用大概念。强调首先以掌握知能、理解意义和学会迁移为单元预期结果；其次以挑战性、开放性、真实性表现任务为单元评估依据；最后以探究整合、实践反思、问题解决为单元学习活动主线的逆向过程，实现从整体到局部的课堂教学，促进"大概念—单元—课时"的深度融通，增强学习的意义感、自我感、效能感和获得感。下面以"抛体运动"单元教学为例。

1. "抛体运动"单元分析

高中物理新版教材 · 必修 2(人教版)将"抛体运动"和"圆周运动"作为两个独立的单元，而旧版教材将两者放在一起组成"曲线运动"单元。另外，新版教材在"抛体运动"单元内容安排上也有变化，如表 3.3 所示。

表 3.3　新、旧两版教材关于"抛体运动"单元设计对比

对比	新版教材	旧版教材
单元划分	"抛体运动"和"圆周运动"是两个独立的单元。	"抛体运动"和"圆周运动"组成"曲线运动"单元。
单元内容	共 4 节内容：① 曲线运动；② 运动的合成与分解；③ 实验：探究平抛运动的特点；④ 抛体运动的规律。	有关抛体运动共 3 节内容：① 曲线运动；② 平抛运动；③ 实验：研究平抛运动。
细节变化	旧版教材第 8 页和第 14 页两次提到用水平喷出的水柱显示平抛运动的轨迹，新版教材删掉了这一方法。	

另外，例题的设置、实验方案的设计等细节方面还有很多不同，本书不再赘述。

(1) 增设"运动的合成与分解"，突出思想方法

新版教材中增设"运动的合成与分解"一节，旧版教材将其放在"曲线运动"内，旧版教材的安排造成第一节教学内容过于庞杂，新版教材的安排更符合一线教师的教学实际。另外，"合成与分解"的思想方法是研究曲线运动的基础，是该单元的学习重点，这样更显示其价值和重要性。

(2) 实验前移，突出实验探究价值

新版教材将平抛运动的实验一节前移，并变"验证"为"探究"，突出了实验在物理学科中的地位和价值，有助于提升学生实验探究的能力，有助于落实"科学探究"这一物理学科核心素养。

(3) 删除用水柱显示平抛运动的轨迹，突出严谨性

旧版教材两次讲述用水柱显示平抛运动的轨迹，新版教材删除了这一内容。在实际教学中笔者也尝试过旧版教材中提及的方法，发现有两个缺陷：(1) 水是透明的，即使加了墨汁，水柱的空间位置也不好确定，旧版教材在第 14 页表述："设法把它(轨迹)描在背后的纸上就能进行处理了"，但具体是什么方法教材中没有说明，如果采用拍照法，摄像头必须和水柱所在平面垂直，操作起来比较困难，只能作为一个趣味实验进行演示；(2) 由于是细水柱，空气阻力对其轨迹影响较大，另外瓶中水在向外流出的过程中，上面压强有变化，即使旧版教材在第 14 页做了改进说明，实际操作中发现误差还是很大，不用这一方案突出了新版教材在内容编排上的严谨性。

2. 基于 UBD 模板的"抛体运动"单元逆向教学设计

基于 UBD(understanding by design)模板的逆向教学设计共分为三个阶段：① 阶段 1——预期结果；② 阶段 2——评估证据；③ 阶段 3——学习计划。WHERETO 模式是阶段 3 对应的教学策略，具体是：方向在哪里(W)；吸引学生(H)；探究和准备(E)；反思和修订(R)；展示和评价(E)；根据学生需要、兴趣和风格进行调整(T)；为了最大限度地组织参与的有效性(O)。

基于对新课标的分析，确定了"抛体运动"单元的大概念和核心任务。大概念：将复杂运动分解为简单运动，进一步提高关于力与运动关系的认识；核心任务：探究并认识平抛运动的规律，用运动合成与分解的思想方法分析抛体运动，体会将复杂运动分解为简单运动的物理思想方法。

下面基于 UBD 模板对"抛体运动"单元进行逆向教学设计，如表 3.4 所示。

表 3.4　基于 UBD 模板的"抛体运动"单元教学设计

<table>
<tr><td colspan="2">阶段 1——预期结果</td></tr>
<tr><td colspan="2">学 习 迁 移</td></tr>
<tr><td colspan="2">(1) 能将复杂运动分解为简单运动，进一步提高关于力与运动关系的认识。
(2) 通过实验，探究并认识平抛运动的规律，用运动合成与分解的方法分析抛体运动，体会将复杂运动分解为简单运动的物理思想方法。</td></tr>
<tr><td colspan="2">理 解 意 义</td></tr>
<tr><td>学生将理解：
(1) 通过实验探究明白物体做曲线运动的条件。
(2) 平抛运动是理想化模型，其运动规律是：水平方向做匀速直线运动；竖直方向做自由落体运动。
(3) 分析复杂曲线运动的思路，化繁为简，化曲为直，体会合成与分解思想方法的价值。</td><td>基本问题：
(1) 物体为什么会做曲线运动？力是如何改变做曲线运动物体的运动状态的？
(2) 矢量的合成与分解都遵循平行四边形定则吗？合成与分解的思想方法对大家的生活和学习有哪些指导意义？
(3) 如何设计探究平抛运动规律的实验方案？
(4) 如何分析一般的斜抛运动？</td></tr>
</table>

续表

<table>
<tr><th colspan="2">掌 握 知 能</th></tr>
<tr><td>学生该掌握的知识：
(1) 曲线运动的定义，曲线运动速度方向的判定方法。
(2) 合运动和分运动的概念，合运动和分运动具有等时性和独立性。
(3) 抛体运动的轨迹是抛物线。</td><td>学生该掌握的技能：
(1) 能用频闪照相、DIS 传感器等方法确定曲线运动的轨迹。
(2) 能用直角坐标系，数形结合计算平抛运动的速度和位移的大小和方向。</td></tr>
<tr><th colspan="2">阶段 2——评估证据</th></tr>
<tr><td>表现性任务：
(1) 分析生活中的小船渡河问题，并根据合成与分解思想进行相关物理量的计算。
(2) 能分析生活中常见的抛体运动。
(3) 提供提高“投弹”精度的具体方案。</td><td>其他证据：
(1) 自我测试过程：完成教材中本单元的“复习与提高(A 组和 B 组)”。
(2) 家庭作业：列举生产、生活中常见的抛体运动实例。
(3) 反思：说一说学习本单元后的收获？</td></tr>
<tr><th colspan="2">阶段 3——学习计划</th></tr>
<tr><td colspan="2">(1) 观察生活中的曲线适动，如投篮时篮球的运动轨迹，了解曲线运动。(W、H)
(2) 运用蘸墨汁的钢球实验和理论分析得出曲线运动的速度方向判断方法。(H、E)
(3) 通过水平桌面上的磁铁吸引钢球实验得出物体做曲线运动的条件。(H、E)
(4) 实验演示红蜡块运动，描出其轨迹，分析其运动过程，提出合运动与分运动的概念，得出运动合成与分解满足平行四边形，并与力的合成与分解进行比较和归纳。(R、T)
(5) 设计问题串，先独立解决小船渡河问题，然后再小组讨论，展示交流。(E)
(6) 学生小组合作设计实验方案探究平抛运动的规律。(O)
(7) 引导学生理论探究平抛运动的规律，建立直角坐标系，借助数形结合确定任一时刻平抛运动的速度和位移。(E)
(8) 展示斜抛实例，让学生根据所学知识和方法，以及力和运动的关系对其进行简化处理。(W、E)
(9) 通过列表对平抛运动，斜抛运动和竖直上抛运动的受力、运动轨迹、运动规律、速度(位移)的计算方法等方面进行比较。(R、O)</td></tr>
</table>

由于大概念的抽象性等特征，揭示了物理学科大概念的教学需要以现象和事实为基础对教学内容进行“解构”和“重构”；需要以基本问题为引领，纵向、横向整合学习内容；需要以挑战性任务为评估依据，不断探究、对话和反思，从而促进物理概念的“生长”和“变大”，向上为理解概括和向下为迁移应用。具体的层级结构如图3.3 所示。

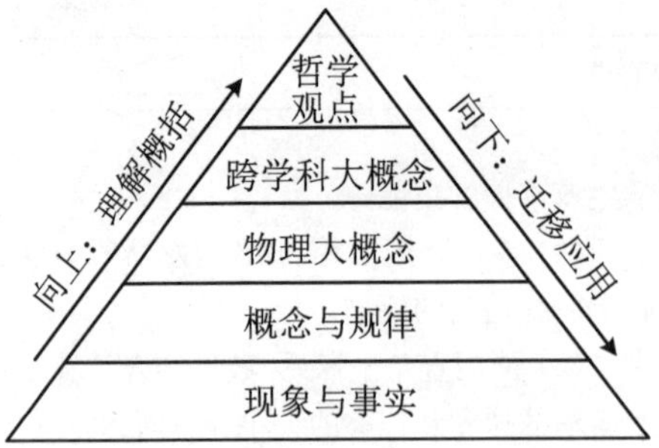

图 3.3　物理大概念的层级结构

指向大概念的单元逆向教学为一线教师提供了一种全新的教学设计视角，其充分体现了以“学习者为中心”的思想，让教师真正成为学生学习的设计师。高中物理单元逆向教学设计关注理解和应用物理大概念、核心任务、基本问题和有效评估，能让学生加深对物理知识本质的理解；促进对物理学科结构的意义生成、物理观念的发展，达到落实物理学科核心素养的目的。

3.5　基于学科大概念的课时逆向教学

基于大概念的教学离不开学习任务，基于学习任务开展教学是整合目标、评估和活动的有效路径，首先将目标分解为几个重要的学习任务，然后创设情境将学习任务融入其中，在每个学习任务下创设情境和设置系列问题和活动，基于学习任务促进深度学习的关键词是：目标、任务、情境、问题、活动和观念。

目标是教学的总方向，科学性的目标来自于对学科本质、课程标准、学生需要的深入理解和挖掘。任务是将目标转化为教学的关键，最好具有挑战性、开放性、真实性。情境是连接知识与学生生活背景和已有经验的重要载体，是促进自我意义建构的基石。问题是促进学生思维深度发展的阶梯，是促进知识有效整合的工具。活动是实现学生主体与知识和环境交互作用的重要方式，是促进公共知识向个人知识转化的重要途径。观念是对零散的概念和规律的凝练、反思和升华，是情境、问题和活动的结果，观念指向教学目标，形成一个闭环，如图 3.4 所示。

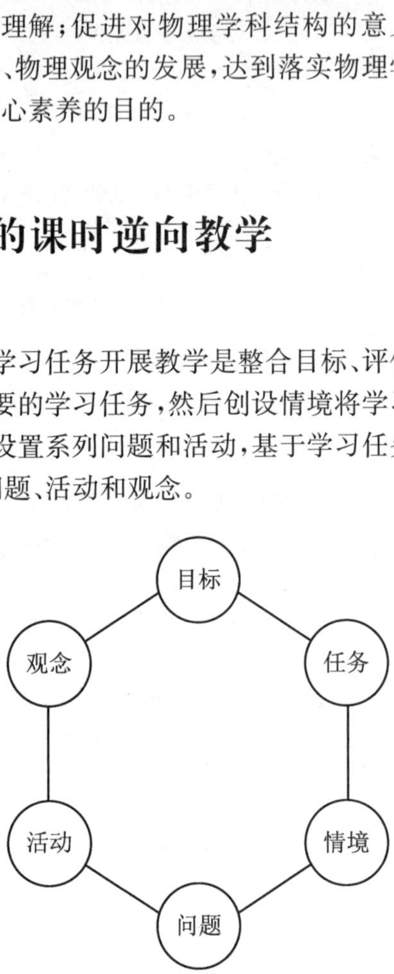

图 3.4　学习任务的要素

下面基于 UBD 模板对电容器的电容单元，进行逆向教学设计，如表 3.5 所示。

表 3.5　基于 UBD 模板的“电容器的电容”逆向设计

<table>
<tr><td colspan="2">阶段 1——预期结果</td></tr>
<tr><td colspan="2">学 习 迁 移</td></tr>
<tr><td colspan="2">（1）通过实验，观察电容器充、放电现象，知道此过程中能量的转化，理解电容的物理意义，领悟类比、控制变量等物理思想方法。
（2）能熟练应用电容器的电容相关知识解释现象和解决问题。</td></tr>
<tr><td colspan="2">理 解 意 义</td></tr>
<tr><td>学生将理解：
（1）电容器的基本结构和能储存电荷的原因，结构决定功能。
（2）电容器充电和放电现象。
（3）电容器充、放电过程中能量转化。
（4）通过实验探究理解电容的物理意义。
（5）领悟转化、类比、控制变量、倍增（减）和比值定义等物理思想方法。
（6）平行板电容器电容的决定因素。</td><td>基本问题：
（1）电容器具有怎样的结构能让它拥有储存电荷和能量的本领呢？
（2）电容器储存电荷本领大小如何进行比较和描述呢？
（3）电容器的电容是由哪些因素决定的？</td></tr>
<tr><td colspan="2">掌 握 知 能</td></tr>
<tr><td>学生该掌握的知识：
（1）知道电容器的极板和电介质。
（2）知道电容器的充、放电现象和能量转化过程。
（3）知道电容的定义式。
（4）知道平行板电容器的决定式。
（5）知道常见的电容器及其应用。</td><td>学生该掌握的技能：
（1）能仔细观察充、放电现象中电流表和电压表的示数变化，并进行过程分析。
（2）能联系已有经验，采用倍增减法设计方案探究电容器带电量和两板电势差间的关系。
（3）借助 DIS 平台，通过作图，得到电容的定义。
（4）通过实验探究总结影响平行板电容的决定因素。</td></tr>
<tr><td colspan="2">阶段 2——评估证据</td></tr>
<tr><td>表现性任务：
（1）通过观察概括出电容器的基本结构。
（2）观察充、放电现象说出电容器能储存电荷和能量的原因。
（3）通过倍减法设计方案，并实验测量研究 Q 与 U 的关系。</td><td>其他证据：
（1）自我测试过程：完成教材中本节的“复习与提高（A 组和 B 组）”。
（2）家庭作业：查阅资料了解超级电容发展面临的困难、趋势和应用前景。
（3）反思：说一说学习本节课后的收获？</td></tr>
</table>

续表

(4) 借助 DIS 平台,并进行作图和比值定义得到电容器的电容。 (5) 能设计出探究影响平行板电容器电容的实验方案。 (6) 能解释电容器在键盘、收音机、照相机闪光灯中的作用。	
阶段 3——学习计划	
(1) 认识电容器:先玩一个小游戏,用一个自制的莱顿瓶,让上面的铝箔(里面包一个乒乓球)与感应起电机接触,带电后让几个同学手拉手,两头的同学一个拿着瓶子外面,另一个用手接触上面铝箔,引出电容器的概念。然后让同桌观察拆开的纸质电容器,总结电容器的结构。 (2) 观察充、放电现象:仔细观察电容器的充、放电现象,说说电路中电流表和电压表的变化情况,以及为什么会有这样的现象。 (3) 分析充、放电过程:充电过程中,有电流、电荷在移动,电容器极板的带电量增加,同时观察两板间的电势差增大,电流为 0 时,电势差不变。放电时,电容器所带电荷量减小,两板电势差减小。 (4) 如何探究电容器两极板电势差跟所带电荷量的定量关系?发现电荷量 Q 不好测量。 (5) 类比迁移库仑定律的实验探究思想,用转化法和倍减法,将不易测量的电荷量进行转化,使电容器所带电量依次变为 Q、$Q/2$、$Q/4$、$Q/8$,测量电容器两端的电势差,研究电势差具体关系。 (6) 比值定义电容器的电容:借助 DIS 平台电流传感器测出 I-t 图像,I-t 图像的面积就是带电量 Q。通过作图发现同一电容器 Q 与 U 是一条过原点的直线,及 Q 与 U 的比值不变,不同电容器 Q 与 U 的比值不同,从而得出电容的定义。 (7) 平行板电容器电容的探究:猜想影响平行板电容器的影响因素,设计实验方案,通过定性观察和定量探究得出平行板电容器电容的决定式。 (8) 了解常见的电容器,能辨别它们的电容、击穿电压、额定电压等信息。 (9) 解释现象和解决问题:能解释电脑键盘、收音机调频和照相机闪光灯的原理,了解电容器在电子技术中的重要作用。 (10) 做一做:课后利用身边的物品,自己制作一个电容器,其电容尽可能大。 (11) 写一写:超级电容器是一种新型绿色环保物理储能器件,可短时间大功率输出,了解超级电容器发展面临的困难、趋势和应用前景,撰写一份研究报告,并相互交流。	

新课标对该节课的表述是:“观察常见的电容器,了解电容器的电容,观察电容器的充、放电现象,能举例说明电容器的应用。”这也就是该节课的知识层面目标。根据目标可以设计以下 4 个主要学习任务:① 认识电容器;② 观察电容器的充、放电现象;③ 探究电容器储存电荷的本领大小;④ 探究平行板电容器电容的决定因

素。笔者基于上述 4 个学习任务进行了教学实践。

(1) 任务 1:认识电容器

情境:在教学引入环节,先用一个矿泉水瓶,瓶盖拧入一个约 8 cm 长的螺丝,螺丝上面连接包有乒乓球的铝箔,与感应起电机接触,用一只手拿着外面,另一只手接触上面的铝箔小球,发现没有任何感觉。然后在矿泉水瓶外面套上一层铝箔,重复上面的过程,也没有感觉。当在水瓶中加入 NaCl 溶液(形成自制莱顿瓶),再重复上面的过程,如图 3.5 所示,出现强烈的电击感觉。

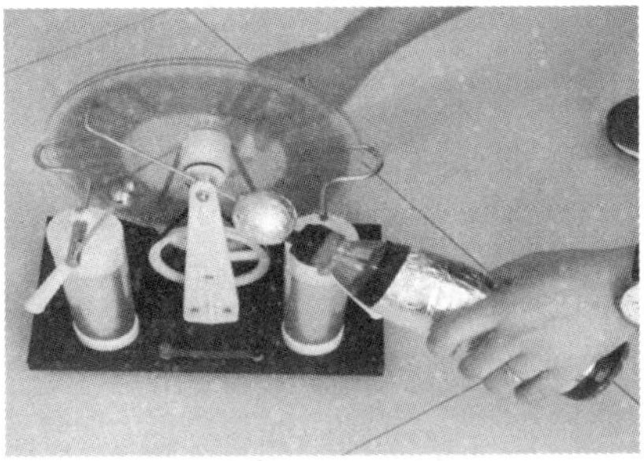

图 3.5　自制莱顿瓶实验

问题:刚才为什么会被电击?这个现象说明了什么?

活动:为每组同学提供一个已经拆开的纸质电容器,如图 3.6 所示。让学生仔细观察电容器的结构并结合刚才自制莱顿瓶的过程,总结电容器的基本构造,并说明这样的结构为什么能储存电荷?

图 3.6　拆开的纸质电容器

观念:让学生形成结构决定功能的基本观念,电容器的结构是决定电容器能储存电荷的原因。

(2) 任务 2:观察电容器的充、放电现象

情境:展示自制电容器充、放电的实验教具,在教学中引导学生认识到单刀双掷开关接到上面时是电容器充电过程,接下面时放电,如图 3.7 所示。引导学生仔细观察电容器充、放电过程中电流表和电压表的示数分别如何变化。

问题:电容器充、放电过程中电流表和电压表示数为什么会这样变化?

活动:① 分析充电过程。电流是由自由电荷的定向运动形成的,电流表向一个方向偏转后又回到 0,说明电容器两板间的电荷量增加;同时观察到电压表示数增加,当电流表示数变为 0 后,电压表示数不再变化。② 分析放电过程。与充电时自由电荷移动的方向相反,所以电流表向相反方向偏转回到 0,同时电压表示数减小到 0。

观念:电容器所储存的电荷量增大,两板间的电势差增大;电容器所储存的电荷量减小,两板间的电势差减小。

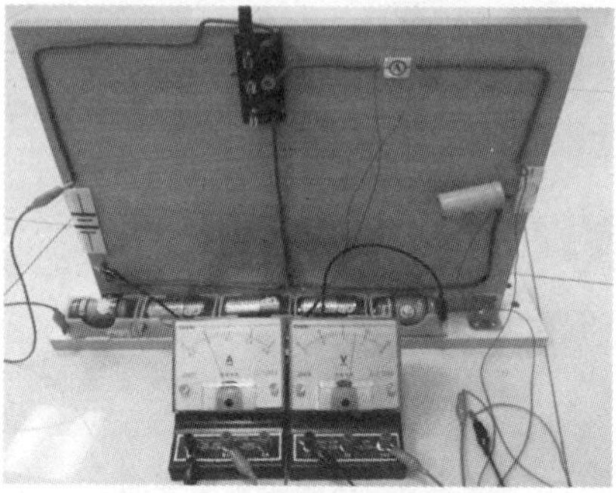

图 3.7　自制充、放电实验教具

(3) 任务 3:探究电容器储存电荷的本领大小

情境:展示各种不同大小和形状的电容器,不同的电容器储存电荷的能力应该有所不同,储存电荷的多少应该与两板间电势差和电容器本身有关。

问题:要研究电容器储存电荷量与两板电势差的定量关系,电荷量 Q 不好测,怎么办? 提示:在前面的学习过程中也遇到过类似的问题(库仑扭秤实验中,用相同不带电的金属小球与带电小球接触,均分电荷),是如何处理的?

活动(主要包括两个方案):

方案 1:通过倍减法,先让一个电容器带上电,再用相同的不带电电容器和它接触,均分电荷,电容器所带电量依次为 Q、$Q/2$、$Q/4$、$Q/8$,测量电容器两端的电势差,原理如图 3.8 所示,对应的自制实验装置如图 3.9 所示,由于电容器会通过电压表放电,故这里用数字万用表通过试触法测量电容器 A 两端的电势差。

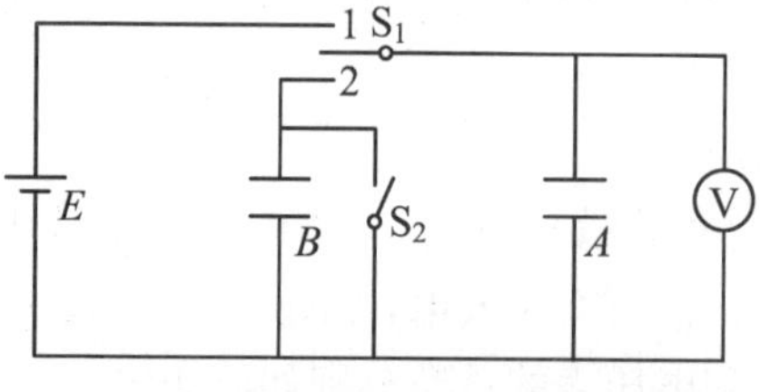

图 3.8　倍减法的实验方案电路图

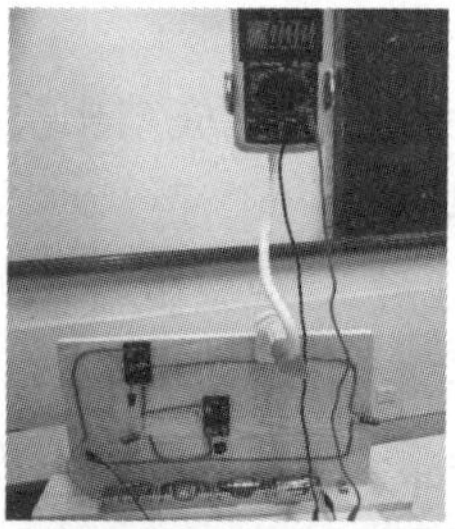

图 3.9　自制倍减实验教具

教学中,注意引导学生分析如何在操作中实现电容器 A 所带电荷量依次倍减,具体步骤如下:(1) S_1 先接 1,给电容器 A 充电,再接 2,电容器 B 和 A 均分 A 原来所带电荷量,实现 A 的带电量减半;(2) 断开 S_1,闭合 S_2,让 B 完全放电(B 又变成了一个不带电的电容器);(3) 断开 S_2,S_1 再接 2,电容器 B 和 A 又均分 A 所带电荷量,再次减半。后面不断重复(2)(3) 步骤,实现依次减半。

方案 2:如果能得到充电或放电过程中的 I-t 图像,由于 $Q=It$,通过类比 v-t 图像的面积,计算位移大小,以得到电荷量数值。借助 DIS 平台的电流传感器代替图 3.7 中的电流表,测得 I-t 图像,利用软件中的"积分"功能求得电荷量 Q。实验中测两个不同电容器在不同充电电压下的电荷量 Q,并利用作图法得到 Q 与 U 的关系,如图 3.10 所示。

从图中发现,同一个电容器 Q 与 U 的比值是一个定值,不同电容器的 Q 与 U 的比值不同。

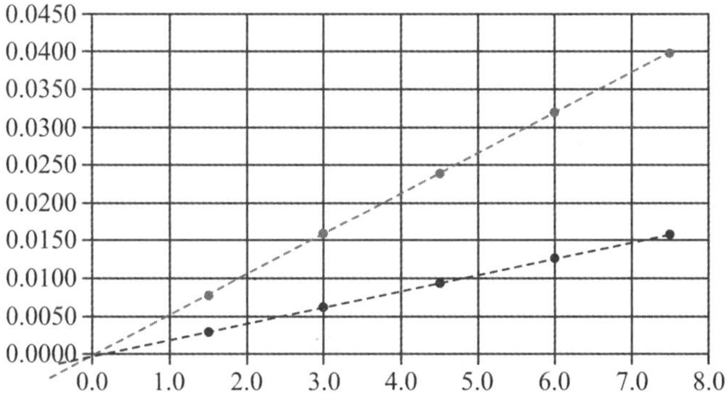

图 3.10　电容器带电量 Q 与电压 U 的关系

观念:Q 与 U 的比值越大,表示这个电容器储存电荷的本领或能力越强。从而定义一个新的物理概念:电容器的电容 $C=Q/U$。

(4) 任务 4:探究平行板电容器电容的决定因素

情境:同一个电容器的电容是一个定值,那么电容器的电容由哪些因素决定呢? 实物展示最简单的电容器:平行板电容器。

问题:① 猜想电容器的电容由电容器本身的哪些因素决定? ② 电容器的电容大小与多个因素有关,用什么方法进行研究? ③ 电容 C 的变化如何反映出来? ④ 能不能用电压表接在电容器两极板上,来测量或反映出电容器两端的电势差变化? 为什么?

活动:让学生以小组为单位进行实验操作,提供的器材有:平行板电容器,静电计,一根长 0.5 m 的 PVC 管、餐巾纸和泡沫板,如图 3.11 所示。通过用餐巾纸与 PVC 管摩擦起电,最终让平行板电容器带上电。用控制变量法,分别改变:两板间距、两板正对面积、中间的电介质(插入泡沫板),观察并记录静电计指针偏转角度

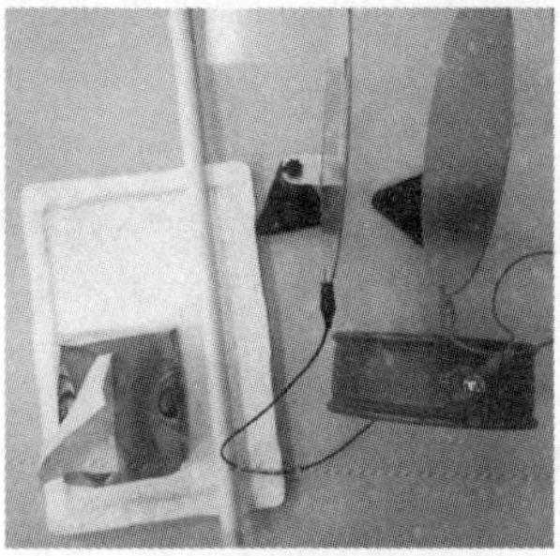

图 3.11 探究电容决定因素的器材

的变化情况，然后进行分析归纳。

观念：其他量一定，两板间距越小，平行板电容器电容越大；其他量一定，正对面积越大，平行板电容器电容越大；其他量一定，电介质不同，平行板电容器电容也不同。这也再次证明了结构决定功能的观念是正确的。

此外，该节课的学习任务还包括：认识常见的电容器和了解电容器的应用，但不是主要内容，这里不再赘述。

在逆向教学设计环节，首先挖掘学科本质、课程标准、学生需要的主要内容整合确定预期目标；其次设计挑战性、开放性、真实性的表现任务为评估依据；最后开发体验探究、论证反思、迁移应用的多元过程为学习活动。在教学实践环节，围绕核心任务组织和实施教学，通过情境创设、问题驱动和体验活动，最终帮助学生形成观念性认识。

基于 UBD 模板的“超重和失重”逆向设计如表 3.6 所示。

表 3.6 基于 UBD 模板的“超重和失重”逆向设计

<table>
<tr><td colspan="2">阶段 1——预期结果</td></tr>
<tr><td colspan="2">学 习 迁 移</td></tr>
<tr><td colspan="2">(1) 通过探究，进一步认识力与运动的关系。
(2) 能熟练应用超重和失重的知识解释生活现象和解决实际问题。</td></tr>
<tr><td colspan="2">理 解 意 义</td></tr>
<tr><td>学生将理解：
(1) 通过实验探究理解产生超重和失重的条件。
(2) 通过理论探究理解产生超重和失重现象的原因。
(3) 领悟现象—实验—探究—建模—论证的科学研究方法及其意义价值。</td><td>基本问题：
(1) 什么是超重和失重现象?
(2) 什么情况下出现超重和失重现象?
(3) 为什么会出现超重和失重现象?
(4) 超重和失重在生活生产中有什么应用?</td></tr>
<tr><td colspan="2">掌 握 知 能</td></tr>
<tr><td>学生该掌握的知识：
(1) 知道什么是超重现象，什么是失重现象，什么是完全失重现象。</td><td>学生该掌握的技能：
(1) 能通过指针式体重计和 DIS 测力板传感器从半定量到定量归纳出超重和失重的条件。</td></tr>
</table>

续表

<table>
<tr><td colspan="2">阶段 1——预期结果</td></tr>
<tr><td>(2) 知道有竖直向上的加速度分量时出现超重现象，有竖直向下的加速度分量时出现失重现象。
(3) 知道生活中一些常见的超重和失重现象。</td><td>(2) 能对下蹲—起立进行运动过程建模，并应用牛顿运动定理推导出超重和失重的原因。</td></tr>
<tr><td colspan="2">阶段 2——评估证据</td></tr>
<tr><td>表现性任务：
(1) 列举生活中一些常见的超重和失重现象，并分析哪个运动阶段超重，哪个阶段失重。
(2) 能提供方案：如何轻松将两本一页一页交叉叠在一起的教科书分开？
(3) 在完全失重的情况下，① 弹簧秤还能测重力吗？② 天平还能称出物体的质量吗？③ 浸在水中的物体还受到浮力影响吗？</td><td>其他证据：
(1) 自我测试过程：完成教材中本节的“练习与应用”。
(2) 家庭作业：利用生活中的一些物品做一做超重和失重现象。
(3) 反思：说一说学习本节课后的收获。</td></tr>
<tr><td colspan="2">阶段 3——学习计划</td></tr>
<tr><td colspan="2">学 习 迁 移</td></tr>
<tr><td colspan="2">(1) 实验 1：每个同学手指上通过弹性细绳套一个弹性小球，向下拉动后放手，感受手指受到的拉力变化情况。
实验 2：一学生站在体重计上测体重，示数是重力吗？身体不接触其他东西，如何让体重计示数发生变化？感受和观察拉力或压力变化，引出超重和失重的概念。
(2) 引导学生提出想要解决的问题：超重和失重是如何产生的？为什么会出现超重和失重现象？在生活中有哪些应用？
(3) 小组合作，利用指针式体重计定性探究超重和失重条件。探究后充分交流和展示小组观点，形成认知冲突。
(4) DIS 演示，利用朗威测力板传感器测量下蹲-起立过程的 F-t 图像，通过分析 F-t 图像，结合运动过程，归纳超重和失重的条件。
(5) 学生对下蹲—起立运动过程进行建模，借助牛顿运动定律分析产生超重和失重的原因，展示交流。
(6) 借助刚才的 F-t 图像，让学生描述下蹲过程的运动性质，引出下蹲过程中“什么时候压力最小”这一问题。当 $a=g$ 时，$F=0$，出现完全失重现象。
(7) 讨论一些特殊的超重和失重现象，如分析航空航天在发射和下降阶段；底部开有一小孔的水瓶当竖直上抛后水为什么不流出来？如何将两个一页一页交叉叠在一起的物理教科书分开？
(8) 让学生谈谈本节课的收获有哪些？从知识、观念和方法层面进行阐述。</td></tr>
</table>

3.5.1 基于物理大概念的教学实施策略

1. 创设体验式情境,引出研究主题

没有体验就没有学习,学习不仅是靠理解和记忆进行的理性活动,更是通过体验才能完成的涉身性、情感性和领悟性活动。教学中创设能让每个学生体验亲身参与的问题情境,将很好地激发学生主动探究的热情和提出问题,并对问题进行聚焦,引出研究主题。

教学案例 3-1

按照新版教材的逻辑,在教学开始时设置问题。

教师:常用的测量重力的方法有哪些?

学生:弹簧测力计悬挂测量和体重计测量。

图 3.12　感受手指的拉力

老师为每个同学准备了一个带弹性细绳的玩具水球,让学生起立,将手举高,弹性细绳的上端套在一根手指上,保持手指不动,让小球尽可能处于自然下垂并静止状态,闭上眼睛感受一下手指的拉力大小,如图3.12所示。接下来用另一只手将小球竖直向下拉一定距离(上面手指不动),放手后,小球上下运动,让学生再次闭上眼睛感受手指的拉力大小。

教师:大家感受到什么?说明了什么呢?

学生1:感受到小球上下运动时,手指拉力变化,说明小球重力发生变化。

教师:有不同的观点吗?

学生2:小球的重力没变,应该是小球上下运动时对弹性细绳的拉力发生变化。

教师:很好,说明运动会引起力的变化,这是基本问题:力和运动之间的相互作用关系。

接下来让一个同学利用指针式体重计测量重力,借助手机投屏软件让同学看清体重计的示数,如图3.13所示。让学生想一想:在不接触其他任何东西的情况下,如何让体重计的示数发生变化?

学生想到通过下蹲—起立让示数变化,这个同学运动时,体重计示数变化很明显,说明这个过程中人对体重计的压力发生变化。通过两个小实验很自然地让学生理解超重和失重的概念。

教师:大家能不能列举一些生活中超重和失重现象的例子。

学生3:乘坐电梯。

学生4：蹦极、过山车、跳楼机等。

教师：通过刚才的体验，对于超重和失重现象，大家能不能提出一些需要解决的问题呢？

学生5：什么情况下会出现超(失)重现象？

学生6：为什么会出现超(失)重现象？

学生7：超(失)重现象在生活中有什么用？

教师把这些问题记录在黑板上，并指出接下来将重点研究这三个问题。

图3.13　体重计示数变化

2. 通过层进式探究，领悟思想方法

学生真实的探究过程不可能一蹴而就，需要经历从特殊到一般、从定性到定量、从浅层到深度层进式的曲折过程，这些过程教师无法代替，也不能代替。关键在过程中培养学生分析、类比、归纳和建模等科学思想方法。

教学案例3-2

有了之前的体验，让学生猜想：在什么情况下会出现超或失重现象呢？

学生8：向上运动可能超重，向下运动可能失重。

教师：物体的运动方向也就是速度方向，还有不同的想法吗？

学生9：可能和运动过程中加速度的方向有关。

图3.14　小组合用探究

(1) 半定量探究

每个小组借助体重计进行探究，其中一个同学做下蹲—起立的动作，其他同学仔细观察，如图3.14所示。

在小组探究后进行充分的观点展示和交流讨论。

教师：大家观察到什么现象？得到什么结论？

学生10：我们组发现下蹲的时候示数变小，起立的时候示数变大，得出的结论是速度向下超重，速度向上失重。

学生11：我们组发现下蹲的时候示数变大，起立的时候示数变小。

学生12：我们组发现缓慢下蹲和起立时示数不变，说明与速度方向无关。

教师：还有不同的发现吗？

学生13：我们组发现下蹲的时候示数先变小后变大，起立的时候先变大后变小，说明和速度方向无关。

教师：同一个过程为什么有如此多不同的结论？说明仔细观察很重要，刚才大家在观察的过程中遇到什么困难吗？

学生14：示数变化太快，来不及读数和记录。

教师：如何解决这个问题呢？

学生15：把刚才过程拍成视频慢镜头播放。

教师：很好的方案，老师今天带来了秘密武器——朗威测力板传感器。

(2) DIS定量探究

让班级一个体重较大的同学站在测力板传感器上进行演示，得到下蹲—起立过程的 F-t 图像，如图3.15所示。与刚才一组同学的结果一致，对他们的细心观察提出表扬，接下来让学生分析图像。

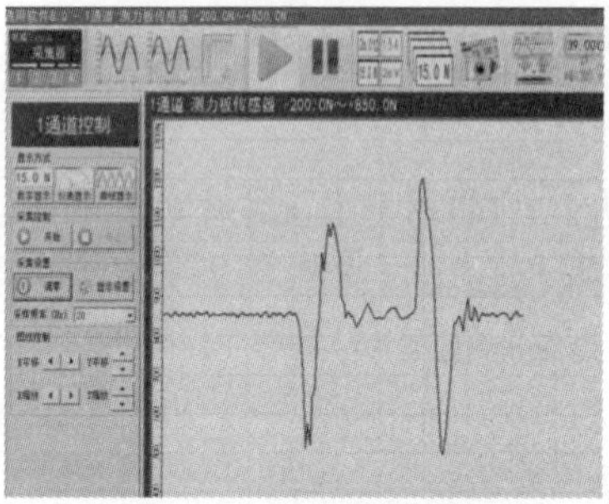

图3.15　DIS测力板传感器定量探究

教师：从图像中能得到什么结论？

学生16：站在上面不动时压力不变，大小等于人的重力，下蹲时先失重后超重，起立时先超重后失重。

教师：到底什么情况下会出现超重或失重现象呢？请大家分析讨论。

(3) 建构物理模型

下蹲过程是一个生活现象，需要学生从物理学的角度对这一过程进行分析和表征。静止不动时初速度为0，下蹲到最低点时末速度也为0，所以下蹲可以分为两个运动过程：先向下加速，后向下减速。同理，起立也可分为两个运动过程：先向上加速，后向上减速。

向下加速和向上减速时加速度都向下，向下减速和向上加速时加速度都向上，和图像对应可以得出结论：加速度向上时出现超重现象，加速度下时出现失重现象。

3. 基于审辩式论证，理解知识本质

审辩式论证是一种通过理性活动达到合理结论的过程，在这个过程中，包含着基于原则、实践、经验、推理和归纳之上的质疑和创造。学生在审辩式论证时不断地质疑和进行批判性反思，并根据自己的思考、逻辑、经验和理性做出独立的判断，理解知识的本质，培养物理观念。

对于上面的初步结论，一些同学将信将疑，可以通过表3.7让学生进一步分析和内化。

表 3.7　下蹲—起立过程的过程分析

运动过程		速度方向	加速度方向	超(失)重情况
静止				
下蹲	开始阶段			
	后面阶段			
起立	开始阶段			
	后面阶段			

为什么加速度向上出现超重,加速度向下出现失重呢?让学生建立模型,运用牛顿运动定律自主研究,得到如图 3.16 所示的受力分析,当具有向上的加速度时:$F_N-mg=ma$;当有向下的加速度时:$F_N+mg=ma$.

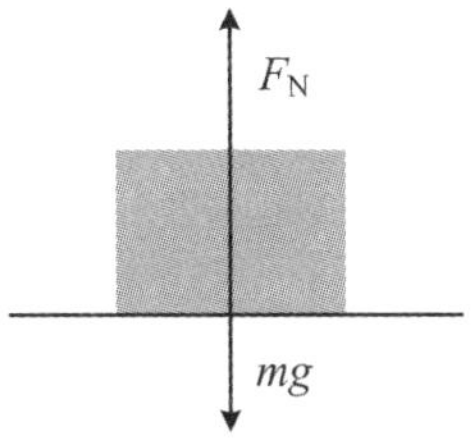

图 3.16

在学生理解出现超重和失重的原因后,可以进一步提升:让学生说说对运动和力关系的理解,并根据 DIS 得到的 F-t 图像(图 3.15),分析下蹲和起立阶段的运动性质。

4. 设置开放式问题,促进灵活迁移

物理观念的培养包括形成和应用两个阶段,物理观念到底有没有形成需要通过迁移应用情况来评估。由于观念是活的能力不是僵化的知识,所以需要设置开放式问题让学生解决,在灵活迁移过程中帮助学生进一步理解物理观念的内涵。

教学案例 3-3

基于航空航天和生活实际可以设置大量有关超重和失重的开放式问题。比如以中国太空第一人杨利伟和记者对话为背景,分析各个运动阶段的超(失)重情况。

记者:在"神舟五号"发射和运行过程中,你有什么感觉?

杨利伟:飞船升空时感到有载荷,就是感到胸部有压力(处于什么状态?),平时训练时,这种压力可达到 8 个 G。箭船分离时,感觉身体突然被抛了一下,有一种突然腾空的感觉(处于什么状态?)。

记者:飞船着陆过程中有什么感觉?

杨利伟:降落伞打开后船体晃动厉害……当时有很强烈的________感,仪表盘显示有 3 至 4G 的载荷。

以生活实际为背景,设置开放式问题:如何将两本一页一页交叉叠在一起的教科书分开?请根据本节课所学提出解决方案,并尝试做一做。

物理观念的培养是物理教学的基本目标,逆向设计就是要瞄准目标,开发的一切学习活动为目标达成而服务,也就是在开展教与学活动之前,先要努力思考此类学习要达到的目的到底是什么，以及哪些证据能够表明学习达到了目的。虽然我们习惯上总是考虑教什么和如何教，但现在必须要挑战自我，首先关注预期学习结果，这样才有可能产生适合的教学行为。

下面基于 UBD 逆向框架对“变压器”一节进行教学设计，如表 3.8 所示。

表 3.8　基于 UBD 逆向框架的“变压器”教学设计

<table>
<tr><td colspan="2">阶段 1——预期结果</td></tr>
<tr><td colspan="2">学 习 迁 移</td></tr>
<tr><td colspan="2">所确定的目标：
(1) 认识变压器的结构，理解变压器的工作原理及变压规律。
(2) 能视为理想变压器的条件及变压器的应用。
(3) 体会从定性到定量、类比、实验探究和模型建构等科学思维方法。</td></tr>
<tr><td colspan="2">理 解 意 义</td></tr>
<tr><td>学生将理解：
(1) 变压器工作原理及与结构的关系。
(2) 实验探究和理论探究相结合，并归纳变压器的变压规律。
(3) 基于实验事实分析能视为理想变压器的条件。</td><td>基本问题：
(1) 变压器有怎样的结构？其能改变电压的原理是什么？
(2) 设计实验方案并小组合作探究变压器的变压规律？</td></tr>
<tr><td colspan="2">掌 握 知 能</td></tr>
<tr><td>学生该掌握的知识：
(1) 变压器的结构，铁芯的作用。
(2) 变压器的工作原理和变压规律。
(3) 理想变压器的特点和变压器的变流规律。</td><td>学生该掌握的技能：
(1) 能解释变压器的工作原理。
(2) 能应用变压器的变压规律计算不同变压器的输出电压和电流大小。
(3) 能应用变压器相关知识解决生活中实际问题。</td></tr>
<tr><td colspan="2">阶段 2——评估证据</td></tr>
<tr><td>表现性任务：
(1) 能通过小组合作探究，寻找证据并分析得出变压规律。
(2) 能制作一个简易的变压器。
(3) 能解决如何测量高压输电线的电压和电流的问题。</td><td>其他证据：
(1) 自我测试过程：教材中本节课的“问题与练习”。
(2) 家庭作业：导学单后面的课后检测。
(3) 反思：说一说本节课的收获？</td></tr>
</table>

续表

阶段 3——学习计划
学习活动： (1) 用家用日光灯管发光的实验引入新课，让学生认识变压器。 (2) 通过观察可拆式变压器，认识变压器的结构。 (3) 引导学生分析变压器的工作原理和铁芯的作用。 (4) 猜想变压器输出电压与哪些因素有关。 (5) 设计实验方案并小组合作定量探究变压器的变压规律。 (6) 理论探究变压器的变压规律。 (7) 基于实验证据，分析能视为理想变压器的条件。 (8) 解决如何测量高压输电线的电压和电流的问题。

3.5.2　指向深度学习的逆向教学实施过程

笔者依据深度学习理念和逆向教学设计框架，确定了“变压器”教学的实施过程。

1. 情境与问题——有效激发学习的热情

教学案例 3-4

提供 1 节家用的日光灯管、4 节干电池与 1 个开关。

教师：这 4 节干电池能否让日光灯发光呢？为什么？

学生 1：不可以，因为四节干电池只能提供 6 V 电压，而日光灯的额定电压为 220 V，差得太多了。

实验演示：连接好电路后，直接将开关闭合，发现灯管确实不亮。

教师：现在老师只用一个秘密电学元件（非电源）就能让日光灯管发光，你信吗？

如图 3.17 所示，将秘密元件接入电路，闭合开关，过一会再断开开关。

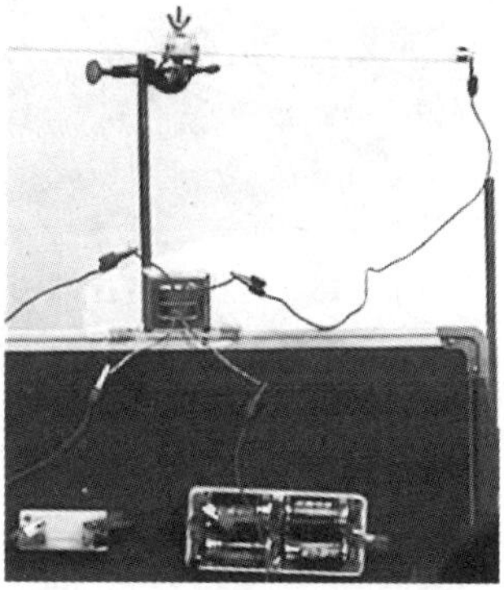

图 3.17　自制灯管发光装置

教师：大家观察到什么现象？请说一说。

学生 2：看到灯管会闪亮。

教师：什么时候灯管会亮？再演示一遍，请大家仔细观察。

学生 3：在开关闭合和断开时灯管会闪亮，开关闭合稳定后灯管不亮。

接下来利用一个钢锯条代替开关，原来连接开关一端的导线的夹子直接夹在钢锯条背上，让连接开关的另一个导线的夹子在锯齿上来回移动，观察到灯管断断续续发光。

教师：说明这个秘密元件有什么作用？

学生 4：说明这个秘密元件在电流变化时能改变电压。

教师：导线的夹子在锯齿上来回移动对电路有什么影响？

学生 5：电路一会接通，一会断开。

教师：对此大家有什么疑惑吗？

学生 6：为什么只有在电流变化时才能改变电压？

教学意图：通过创设与学生生活紧密联系的实验情境，激发学习热情，基于对比实验，引导学生提出有研究价值的挑战性问题。

2. 观察与分析——认识结构和理解原理

教学案例 3-5

4 名同学一小组，每小组提供一个可拆式变压器，如图 3.18 所示。

图 3.18 可拆式变压器

教师：请仔细观察并研究其主要结构是什么？

学生 1：主要由一个闭合铁芯和两个彼此绝缘的线圈组成。

教师：大家还有什么发现吗？

学生 2：每个线圈上都有几个不同的接线柱。

教师：很好，这个代表不同的匝数，这里的 2 就代表 200 匝，还有吗？

学生 3：从侧面看，铁芯（横梁）是一层一层叠加组成的。

教师：大家观察非常仔细，这是硅钢片，待会我们介绍其作用。两个线圈和一个铁芯组成的变压器是如何实现变压的呢？请小组交流讨论一下。

学生 4：一个线圈产生的磁场会通过另一个线圈，引起磁通量发生变化，从而产生感应电动势，这是互感现象。

教师：变压器能改变恒定电流的电压吗？为什么？

学生 5：不行，因为恒定电流产生恒定的磁场，不会引起另一个线圈的磁通量发生变化。

教师：大家现在能不能解释课前日光灯管发光的原因？

学生 6：因为电源是干电池，恒定电流，在开关闭合或断开瞬间，电流才会变化，磁通量也会变化，从而在副线圈两端产生感应电动势。

教学意图：通过学生的小组合作，引导学生根据已学知识——互感现象，解释变压器工作原理，与其结构建立联系，强化结构决定功能的观念。

3. 实验与理论——探究变压器变压规律

教学案例 3-6

让学生再观察可拆式变压器。

教师：结构决定功能，大家猜想变压器的输出电压可能与那些因素有关？

学生 1：可能与变压器的输入电压、原线圈匝数、副线圈匝数有关。

教师：输出电压与三个因素有关，如何设计实验方案进行研究呢？

学生 2：控制变量法。方案一：控制输入电压和原线圈匝数不变，研究输出电压和副线圈匝数的关系；方案二：控制原线圈匝数和副线圈匝数不变，研究输出电压和输入电压的关系；方案三：控制输入电压和副线圈匝数不变，研究输出电压和原线圈匝数的关系。

教师：根据提供的实验器材（学生电源、导线、滑动变阻器、开关、两个数字万用表）连接电路，进行实验探究。

由于时间关系，将 12 个小组分成 3 大组，4 小组为一大组，分别根据方案一、二和三进行实验研究，如图 3.19 所示。将数据记录在导学单的表格中，并根据测量的 5 组数据在导学单中作出相应的图像。

图 3.19　学生小组实验

教师：请每一大组派一名代表上台展示你们的研究结果以及得出的结论。

学生 1：我们小组发现，在输入电压和原线圈匝数不变时，输出电压和副线圈匝数的图像是一条过原点的直线，说明输出电压和副线圈匝数成正比。

学生 2：我们小组发现在原线圈匝数和副线圈匝数不变时，输出电压和输入电压的图像是一条过原点的直线，说明输出电压和输入电压成正比。

学生 3：我们小组发现在输入电压和副线圈匝数不变时，输出电压和原线圈匝数的图像是是曲线，有点像反比例函数图像。

教师：如何进一步直观的验证是不是反比函数图像？

学生 4：类比加速度与质量的关系，可以作 U_2-$\frac{1}{n_1}$ 图像。

学生作图后发现，在输入电压和副线圈匝数不变时，输出电压和原线圈匝数的倒数是一条过原点的直线，说明输出电压和原线圈匝数成反比。

教师：大家请将上面的内容进行归纳，得出输出电压的计算公式。

学生 5：$U_2 = k\dfrac{U_1 n_2}{n_1}$。

教师：系数 k 等于多少呢？请大家根据测量数据代入一组进行计算。

不同小组得出的结果不同，k 的值为 0.88～0.94。

教师：k 到底是多少呢？大家不妨从理论角度进行探究。

根据法拉第电磁感应定律得出

$$U_1 = n_1\frac{\Delta\varphi}{\Delta t},\quad U_2 = n_2\frac{\Delta\varphi}{\Delta t}$$

两者相除得到

$$\frac{U_1}{n_1} = \frac{U_2}{n_2}$$

教师：实验测出的系数 k 为什么不等于 1 呢？

学生 6：刚才我们小组在实验时，感觉线圈比较热，说明有能量损失。

教师：很好，还有吗？

学生 7：铁芯也有点热，有能量损失。

教师：这是什么现象？

学生 8：涡流现象。

教师：很好，为了减少涡流现象造成的能量损失，铁芯采用硅钢片制成，这就是大家前面发现的。接下来请大家将上面可移动的铁芯（横梁）慢慢向左移开，通过数字万用表观察输出电压变化，说说你能得出的结论。

学生 9：观察到输出电压慢慢减小，说明铁芯能够传递磁场。

学生 10：还有如果横梁和下面的铁芯接触不良，就会有漏磁，会造成 $k\neq1$。

教学意图：通过实验探究和理论探究相结合，让学生以小组为单位进行合作，并借助有效问题驱动，引导学生揭示变压器的变压规律，并对实验的系统误差进行分析，为建立理想变压器模型打下基础。

4. 建模与应用——理解理想变压器特点

教学案例 3-7

接下来引导学生建立理想变压器模型。

教师：有电压和电流，就有电能。原线圈输入的电能和副线圈输出的电能相等吗？为什么？

学生 1：不相等，因为线圈和铁芯有热量损失，还有漏磁，所以输入的电能（电功率）大于输出的电能（电功率）。

教师：生活中一般用的变压器效率$\left(\dfrac{P_2}{P_1}\times100\%\right)$在 90%以上，如果忽略铜损、铁损和漏磁情况，其效率将达到 100%，这是理想化模型，称为理想变压器。

教师：理想变压器有什么特点？

学生 2：$P_1=P_2$，$\frac{U_1}{n_1}=\frac{U_2}{n_2}$。

教师：根据这两个特点还可以得出什么规律？

学生 3：$\frac{I_1}{I_2}=\frac{n_2}{n_1}$。

教师：很好。现在有一个实际问题亟需解解：在郊区经常能看很多高压输电线，高压输电线的电压一般在几十万伏特，为了保证用户电压稳定和用电安全，需要检测高压输电线的电压，这么高的电压如何测量其电压和电流呢？

教学意图：基于分析抓住主要因素、忽略次要因素，帮助学生建立理想化模型。通过创设待解决的真实问题，引导学生将课堂上所学知识和方法灵活迁移到生活中，体会学习的价值和意义。

下面基于 UBD 框架对“通电导线在磁场中受到的力”一节进行优化设计，如表 3.9 所示。

表 3.9　基于 UBD 框架的“通电导线在磁场中受到的力”教学设计

阶段 1——预期结果	
学　习　迁　移	
所确定的目标： （1）通过实验探究、分析、建模和归纳，理解安培力的方向与电流、磁场方向的关系——左手定则，培养学生的空间想像能力和模型建构能力。 （2）会推导安培力公式 $F=BIL\sin\theta$，并会用其解释一些现象，解决一些实际问题。	
理　解　意　义	
学生将理解： （1）通过实验探究，理解安培力方向与电流、磁场方向的空间关系。 （2）物理知识的相互联系性。 （3）由个别事物的个性认识一般事物的共性这种重要的思想方法。	基本问题： （1）通电导线在磁场中受到的力大小和方向如何？如何设计实验进行探究？ （2）安培力与电场力有哪些相同和不同？ （3）本节课学习到哪些物理思想方法？
掌　握　知　能	
学生该掌握的知识： （1）什么是安培力？其大小计算公式是什么？ （2）安培力方向判定方法——左手定则。 （3）磁电式电流表的工作原理。	学生该掌握的技能： （1）能计算电流和磁场方向垂直及任意角度下的安培力大小。 （2）能应用左手定则判断安培力的方向。 （3）了解磁电式电流表内部结构及其工作原理。

续表

阶段 2——评估证据	
表现性任务： （1）能解释电动机、磁电式电流表等工具的工作原理。 （2）在人体安全电压下，小组合作制作一个简易的电磁炮，比一比并想一想如何让其射程更远。	其他证据： （1）自我测试过程：教材中本节课的“问题与练习”。 （2）家庭作业：导学单后面的课后检测。 （3）反思：说一说本节课的收获。
阶段 3——学习计划	
学习活动： （1）创设旋转的导线实验情境，激发学习兴趣，提出研究问题。 （2）小组合作探究安培力方向的判定方法。研究水平导轨上通电导体棒的运动情况，用一块橡皮泥，三个不同颜色的铅笔代表三个物理量的方向构建空间模型。 （3）通过问题驱动，让学生自主研究从特殊（电流与磁场方向垂直）到一般（电流与磁场方向任意夹角）情况下安培力大小的计算公式。 （4）展示磁电式电流表的内部结构，让学生观察并解释其工作原理。	

3.5.3　基于 UBD 的教学策略

笔者依据 WHERETO 模式和阶段 3 制订的学习计划，并在教学实践和反思的基础上形成了如下四个教学策略。

1. 创设问题情境，激发学习兴趣

教学案例 3-8

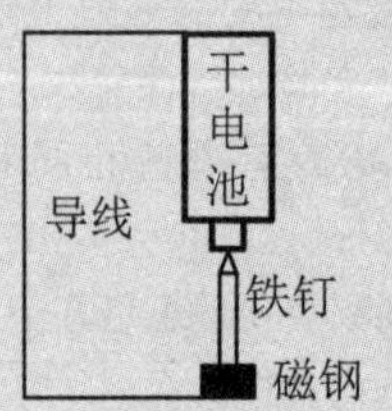

图 3.20　旋转的导线

磁场和电流都是直接看不见、摸不着的，为了帮助学生获得切身体验，可以设置“旋转的导线”趣味实验情境，用到的实验器材有：一节干电池、磁钢（磁钢的磁性和条形磁铁差不多）、铁钉和一段导线。实验装置如图 3.20 所示，当电路接通后，铁钉和导线会转动起来（由于短路，导线和磁钢接触的时间不宜过长）。

教师先演示，为了让学生充分观察可以借助摄像头实时投影，然后让学生分组实验进行体验。

教师：对于刚才观察到的实验现象，大家有什么问题或疑惑吗？

学生 1：铁钉和导线为什么会旋转起来？

教师：由静止到旋转起来说明受到力的作用，此时导线中通有电流，说明通电导线在磁场中受力的作用，这个力也称为安培力，大家还有其他疑惑吗？

学生2：铁钉和导线旋转方向与什么因素有关？

教学意图：通过创设让学生切身体验的情境，引导学生提出有研究价值的挑战性问题，激发学生主动探究的欲望。

2. 基于合作探究，实现意义建构

教学案例 3-9

在"研究安培力方向"判定方法的路径中，让学生通过分组实验进行探究体验，然后引导学生交流、分析和归纳，得出结论。

每组学生提供的实验器材有：U形磁铁、电源、开关、滑动变阻器、两平行金属支架轨道和一个导体棒。

教师按照如图3.21所示，连接好实验电路，滑片滑到合适的位置，闭合开关，观察导体棒滑动的方向。

教师：现观察到导体棒向左运动，是不是说明其受到的安培力一定水平向左呢？

学生1：不一定，也有可能斜向左上或斜向左下。

对于这个问题可以借助如图3.22所示的实验进行研究。实验中将一线圈挂在一力传感器下方，力传感器固定在铁架台上，线圈的下边处在与其垂直的磁场中，线圈先不通电，并将力传感器调零；通电后，发现力传感器有示数，且线圈不前后摆动，说明安培力方向与磁场和电流方向都垂直。

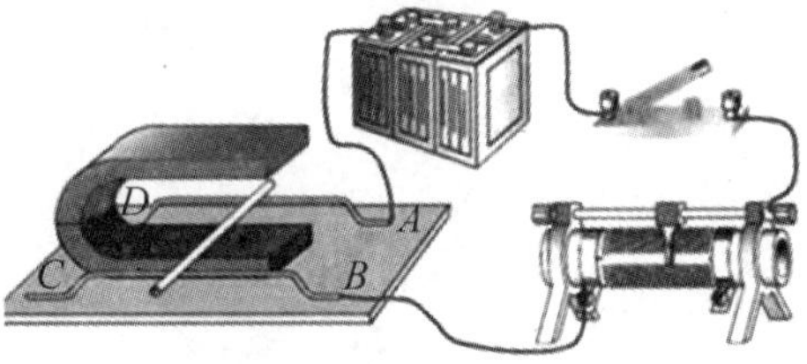

图3.21　运动的导体棒

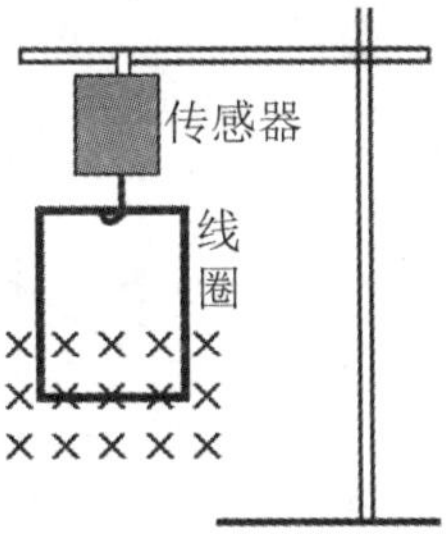

图3.22　线圈不摆动

教师：接下来大家小组合作研究安培力的方向与电流方向的关系，为了帮助学生记录实验结果，给每组学生一块橡皮泥，用三个不同颜色的铅笔分别代表安培力方向、磁场方向和电流的方向，让每组将实验结果形象化地展示出来。

在实验完成后，让每组选一个代表将记录的结果模型在讲台上进行展示，刚开始大家放置的方向是随机的。先让第一小组固定不动，让其他小组通过旋转手中的模型，看看是否能和第一小组保持一致。大家惊奇地发现所有的模型经过旋转后是一样的，因此这个模型就可以用来判断安培力的方向。

教师：为了携带方便，能不能用身体来表示呢？

学生 2：伸开左手，让磁场穿过手心，四指指向电荷运动的方向，大拇指就指向安培力的方向。

教学意图：通过学生的合作探究，引导学生意义建构安培力方向的判断方法，培养学生的协作、分析和归纳能力以及严谨的科学精神。

3. 借助问题驱动，促进自我反思

教学案例 3-10

通过前面对磁感应强度的学习，得出安培力的大小计算公式 $F=BIL$，接下来通过一系列有效问题，促进对安培力计算公式的反思内化和深度理解。

问题 1：在研究磁感应强度的路径中，磁场方向和导线是互相垂直的，当磁场方向和导线平行时安培力大小如何？

对于这个问题的研究可以借助如图 3.22 所示的实验装置，将线圈转动到与磁场平行路径中，观察到力传感器示数逐渐减小到 0，说明磁场方向和导线平行时安培力为 0。

问题 2：当磁场方向和导线之间成任意夹角 θ 时，如图3.23 所示，安培力大小该如何计算？

通过分解磁感应强度来得出计算安培力的大小的一般公式，即 $F=BIL\sin\theta$。

问题 3：如图 3.24 所示，一段弯曲的导线 ab，通电流 I，放入磁感应强度为 B 的匀强磁场中，此时导线受到的安培力大小为多少呢？

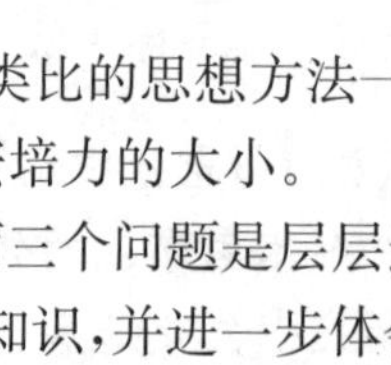

图 3.23

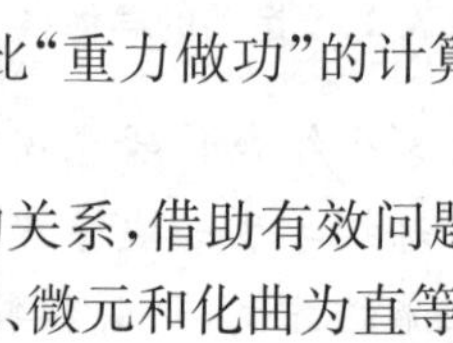

图 3.24

引导学生采用类比的思想方法——类比“重力做功”的计算，化曲为直得出有效长度 L_{ab} 来计算安培力的大小。

教学意图：上面三个问题是层层递进的关系，借助有效问题的引导，驱动学生反思自己以前所学知识，并进一步体会类比、微元和化曲为直等物理思想方法。

4. 解决实际问题,获得评估证据

教学案例 3-11

课堂中展示磁电式电流表(用 G 表头)的内部结构,如图 3.25 所示,让学生解释通电后指针偏转的原因。

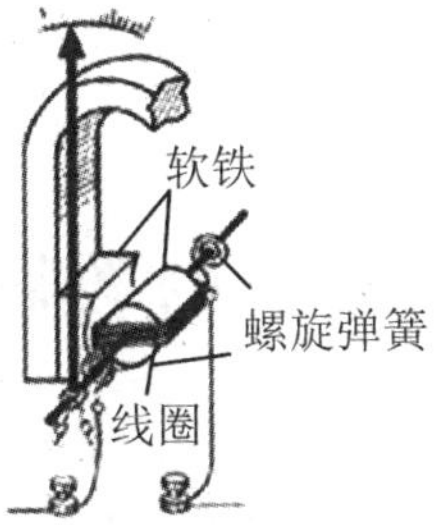

图 3.25

在学生解释的过程中,引导学生相互交流和评价。

教师演示:用试触法给电流表通电后发现其指针向右偏。

教师:如果想让指针向左偏该怎么做?

学生 1:将电源正负极对调。

将正负极对调后,再用试触法给电流表通电后发现其指针果然向左偏。

教师:还有吗?

学生 2:将磁铁 N、S 极对调也可以。

教师:很好,一般的电压表和电流表为什么要求红接线柱必须接电源正极?

学生 3:一般电表指针 0 刻度线都在最左侧,测量时指针只能向右偏,也就是内部线圈受安培力方向是确定的,由于磁铁已经做好,所以电流方向必须确定。

教师:很好,如果这里没有螺旋弹簧,将发生什么现象?

学生 4:线圈将旋转运动起来。

教师:这就是电动机模型。

教学案例 3-12

让学生课后尝试小组合作制作一个电磁炮装置。要求:① 4 人一组,给大家一周时间准备,比比看哪一组制作的电磁炮射程最远,精准度最高;② 器材不限,但为了保证安全,要求所使用的电源电动势不得超过 36 V。

教学意图:通过对磁电式电流表工作原理解释以及电磁炮的模型的制作,获得学生对半节课学习情况的评估证据,并促进学生对所学知识的灵活迁移。

UBD 理念及框架能够呈现完整的、合理的、有组织的设计,但这并不意味着最

好的设计方法是按顺序进行。逆向设计需要认真地思考目标，根据目标导出符合逻辑的评估，然后再导出适合的学习活动。实际上，所有的设计都不是线性过程，需要教师进行多维整合设计，只有这样才能真正成为学生学习的设计师。

UBD 理念及教学设计框架为我们提供了一种全新的教学设计视角，充分体现了以"学习者为中心"的思想，关注大概念、基本问题和有效评估，以及聚焦的、条理清晰的学习计划，能促进对知识本质的理解、知识结构的意义联结和高阶思维发展，以达到深度学习的目的。

3.6 促进逆向教学的教师专业核心素养

如何有效实施逆向教学？按照模板进行单元或课时的设计只能是浅层次的模仿。首先是需要教师切实改进自己的教学方式、更新自己的教育理念、提升自己的专业素养。促进逆向教学的专业素养包括设计、把握和反思三个关键环节，分别对应课前、课中和课后，其中设计是基础、也是核心，其模型如图 3.26 所示。

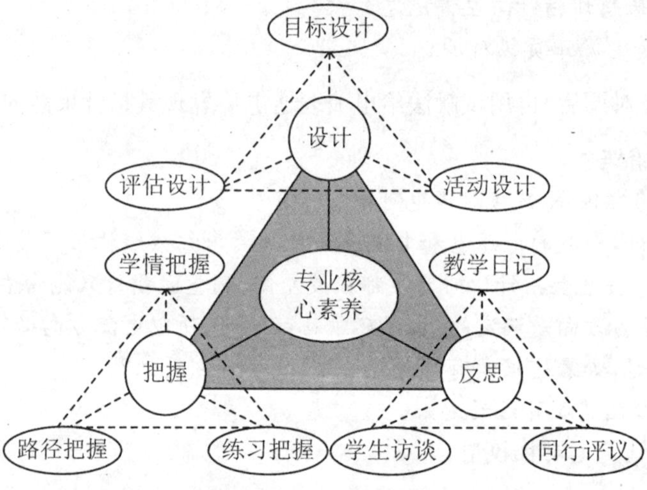

图 3.26　促进逆向教学的教师专业核心素养 3×3 模型

3.6.1 设计

教师是学生学习的设计师，教师专业素养的基本要求是精致的设计课程和学习体验活动，以满足特定的教学需求，教学设计能力是教师的关键能力之一。和其他设计领域（如建筑、工程、平面艺术）的专业人员一样，教育领域中的设计师也必须考虑他们的受众。设计领域的专业人员十分注重以客户为中心。他们的设计的有效性取决于是否达成特定终端用户的明确目标。显然，考虑到课程、评估和教学设计的有效性最终都取决于学生对预期学习目标的完成程度，所以学生是教学设计的唯一客户。

对应逆向教学的三个阶段，设计包括目标设计、评估设计和活动设计。

目标设计是整个教学设计的基础，目标的确立要依据课程标准和学生的认知基础。目标过高会导致学生学起来吃力，久而久之就会厌学；目标过低会导致低效教学，浪费时间。目标设计要遵循承上启下、承前启后、承教启学的原则。即上承课程标准和学科大概念，下启学生新的认知结构；前承学生的知识和认知基础，后启新知识的探究；承接知识内涵、教师的教和学生的学。

评估设计是诊断学生需求以指导自己的教学，使教师自己、学生，以及他人(父母和管理者)能够检验教师的工作是否已经达到了预期的目标。评估要突出挑战性、思维性和真实性，以真实性、挑战性的表现性任务或问题为评估内容，让学生解决，以了解学生的思维发展层次，进而采取有针对性的教学策略，促进高阶思维发展。

活动设计是关键，学习目标的达成与否，取决于学生作为主体参与了什么样的学习过程、活动和体验。活动设计体现趣味性、参与性和问题性，只有趣味性的活动才能吸引尽可能多的学生主动参与体验，当然体验不是目的，而是通过体验要能解决具体的教学问题，毕竟形式服务于内容。

3.6.2　把握

逆向教学注重整体和局部的关系，注重“大概念—单元—课时”的一致性，对教师课时教学的把握能力要求更高。如果把课堂比喻成一条大船，那么老师无疑就是船长，学生是船员，教师把握着航行的方向和航速。很多新教师和经验丰富教师的一个重要区别就是教学的把握能力不同。教师的把握能力包括：学情把握、路径把握和练习把握。

学生的学情是教与学的基础，但却是教师很容易忽略的地方，很多时候以课时紧为借口，教学往往根据自己的经验和感觉，花大量的时间思考：自已要做什么？使用哪些素材？要求学生做什么？而不是思考：学生的认知基础在哪里？学生真正需要什么？学习后能解决什么实际问题？

学习路径是学生课堂学习的“思维轨迹”，一节课每个学生的思维轨迹都不尽相同，但总的趋势应该相似，应指向学习目标。老师往往会在课前预设一条自认为“完美”的路径，但是由于理想与现实的差异、学生个体之间的差异等原因，有时课堂的进度会比较慢，有时甚至会偏离预设的方向，这些都很正常。教师应该适时地调整，条条大路通罗马，不一定要按照一条路走，达到教学目标即可，这充分体现了课堂的生成性。

教学中往往有课前的前置作业、课中的当堂练习、课后的巩固训练，不管是哪种形式的练习，都要体现针对性、生活性和挑战性。练习要和课堂学习的知识内容有很高的关联性，这些练习最好是基于学生生活的真实问题，促进意义建构。其中一部分也应该是结构不良的，这样更具有挑战性，可提升学生迁移应用所学知识和方法解决实际问题的能力。

3.6.3 反思

逆向教学过程中需要教师不断反思，不断优化。正如叶澜教授所说："一个教师写一辈子教案不一定能成为名师，但是写三年反思就有可能成为名师。"美国学者波斯纳曾提出来一个非常有名的公式：成长＝经验＋反思。教学反思一直以来是教师提高个人专业素养的一种有效手段，教育界有成就的名师一直非常重视反思的作用，在实践中如何进行反思教学呢？教学日记(自我剖析)、学生访谈和同行评议是有效的策略。

教学日记就是对自己的教学行为、教学方法和教学理念进行自我剖析并以日记或随笔等形式记录下来。

在和学生平时的聊天(面对面或 QQ 等形式)中，多向学生了解自己的上课情况，包括自己的语速、教学容量、教态等。学生作为课堂的直接参与者，对老师上课的效果应该最有发言权，根据学生反映的情况及时的反思和调整，是一条有效的路径。

教师要勇于开放自己的课堂，敢于接受同行的批评和建议，甚至是质疑。一千个课堂就有一千个不同的老师，即使同一个老师教两个不同的班级，课堂表现也会不一样。在平时的校内教研组课堂研讨、校外展示交流等活动中，要虚心接纳同行好的建议，听取别人对教材理解、活动设计、问题预设的不同方法，进行反思整合，实现专业提升。

第4章　基于物理学科大概念的教学设计与策略

4.1　概述

由于大概念的抽象性等基本特征，揭示物理学科大概念的课堂需要深刻变革教与学的方式。改变传统教学中知识理解的浅层性、知识之间的孤立性、课时之间的零散性、单元之间的割裂性和学科之间的无关性等问题，转向基于逆向教学进行单元整体设计、基于基本问题进行“1＋X”问题群设计、基于核心任务进行探究整合设计、基于微型专题的进阶融通设计，促进概念的“生长”和“变大”，理解概括和迁移应用。

基本问题是指那些突出学科“大概念”的，能够鼓励、启发甚至是要求学生超越知识本身，帮助学生对所学知识达到更系统、更深入的理解的可迁移的问题。基本问题将激发已学知识、生活体验与当前学习内容之间的意义关联，需要在学习过程中重复出现，有的基本问题是跨学科，如“结构是如何决定功能的?”这一类基本问题在物理、化学和生物学科中都有重要价值。

围绕基本问题进行“1＋X”问题群设计是以基本问题为核心，以关键问题和辅助问题为支架，具体关系如图4.1所示。每个大概念对应2～3个基本问题，每个基本问题又对应若干关键问题(个数视教学核心内容的多少而定)，每个关键问题又对应若干辅助问题。学生研究清楚了这个问题群就获得了相应的大概念，围绕基本问题进行“1＋X”问题群设计策略既适用于某一单元教学，也适用于某一具体课时教学中，下面以“电容器 电容”教学为例进行说明。

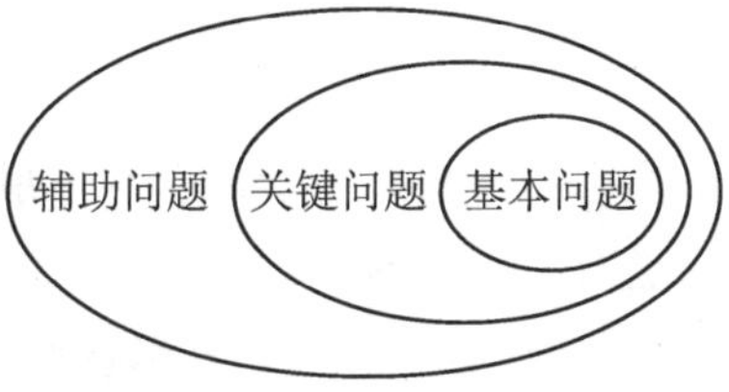

图4.1　“1＋X”问题群结构

基于对新课标的分析，确定了“电容器 电容”一节的基本问题：不同的电容器储存电荷的本领大小如何比较呢?

为了渗透比值定义的思想，帮助学生理解上面的基本问题，可以设计如下3个关键问题：

关键问题 1:如果两电容器在不同充电电压下带电量相同,如表 4.1 所示,谁储存电荷本领强?如何比较?

表 4.1 不同充电电压、相同的电荷量

电容器	充电电压	储存的电荷量
a	U_0	Q_0
b	$2U_0$	Q_0

关键问题 2:表 4.2 中三个电容器谁储存电荷本领最大?如何比较?

表 4.2 不同充电电压、不同电荷量一览表

电容器	充电电压	储存的电荷量
a	U_0	Q_0
b	$2U_0$	$3Q_0$
c	$4U_0$	$5Q_0$

关键问题 3:如果用电荷量和电压的比值反映电容器储存电荷本领的强弱,那么对于一个确定的电容器,在不同电压下的带电量 Q 与电压 U 的比值应该是一个定值,如何设计实验来证实这一想法呢?

在上面 3 个关键问题的分析和研究中,可根据学生的实际情况设计一些辅助问题帮助学生理解。

4.2 基于核心任务的探究整合设计

核心任务是指在学科学习中最重要的行为表现。真实的、挑战性的核心任务能促进对大概念的理解和迁移,基于核心任务的探究整合设计,首先需确定核心任务和理解核心任务本质,其次将核心任务分解为几个子任务,然后设计研究方案对子任务进行探究整合以获取大概念。课前可以以自学的形式收集信息整合现象与事实;课中对挑战性任务进行批判性理解和探究,以小组展示分享的形式进行知识内化;课后延伸学习,以迁移应用解决新任务的形式巩固拓展。下面以“力的分解”教学为例进行说明。

基于上述分析,笔者构建了指向学科大概念的任务驱动教学模式,如图 4.2 所示。教学目标是设置“1+X”任务群的依据和出发点,任务不能脱离目标而存在,批判性理解任务是“任务”能否得到解决,这是大概念教学的关键环节,在一个任务解决后及时进行评价反馈,评价要和前面确定的教学目标相对应,通过评价促进自我反思，把握知识本质，总结思想方法，并能进一步迁移应用解决新任务，要让“评”真正产生“价”，通过子任务的逐步探索达到解决核心任务的目的。

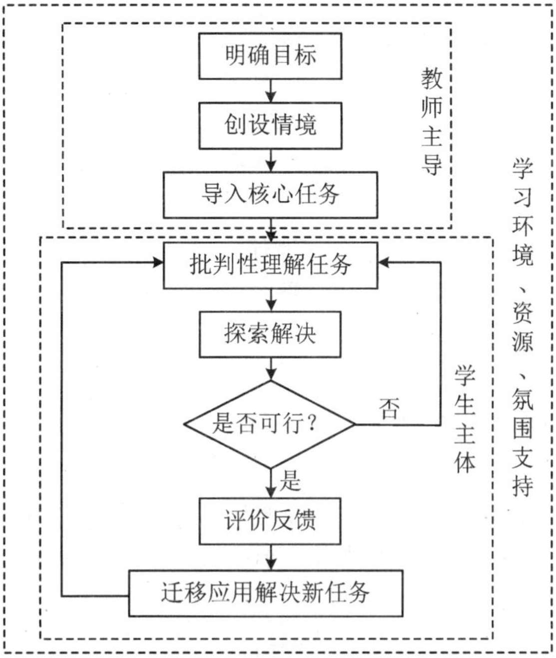

图 4.2　指向大概念的核心任务驱动教学模式

依据上述教学模式，指向大概念的核心任务驱动教学主要包括以下四个主要实施环节：① 创设问题情境，导入核心任务；② 批判性理解任务，设计方案探索；③ 及时评价反思，促进意义生成；④ 灵活迁移应用，解决实际问题。

4.2.1　创设问题情境，导入核心任务

任务驱动教学离不开情境的“支架”作用，特别是在学习物理抽象概念时，情境的再造与渲染至关重要。通过创设问题情境激发认知冲突，导入课程的核心学习任务，笔者认为核心任务在课堂开始时就要让学生清楚，这样后面的学习才有方向。

教学案例 4-1

课前让两个力气大的男生到讲台上完成一个小游戏：两个男生分别抓住绳子的两端，站在较远的位置，用力拔河，发现势均力敌，且绳子被拉紧呈水平状态。此时老师在中间挂一个质量为 5 kg 的秤砣，如图 4.3 所示，发现这两个学生再怎么用力，绳子都不能被拉平；然后再请两位同学分别到两边拉绳子，也不能拉平。

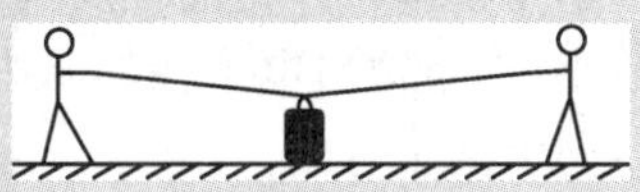

图 4.3　拉秤砣游戏

教师：为什么成水平状态拉紧的绳子，中间挂一个重物后就不能被拉平了呢？这涉及今天将要研究的内容：力的分解，即求一个力的分力的过程。

教师："力的分解"与上节课学习的"力的合成"是什么关系？

学生1：相反的过程，应该互为逆运算。

教师：大家想知道有关"力的分解"的那些知识？

学生2：力的分解是不是遵循平行四边形定则？分力的大小如何计算？

教师：很好，因为互为逆运算，所以力的分解也遵循平行四边形定则，还有其他问题吗？

学生3：在实际问题中，一个力如何进行分解，分力的方向如何确定？

教师：很棒，今天我们一起来研究：实际问题中分力的方向如何确定？大小如何计算？（导入核心任务）

4.2.2 批判理解任务，设计方案探索

对于核心学习任务，学生需要在老师的帮助下进行深入的批判性理解，把握核心任务本质，并能将核心任务分解为几个子任务，然后设计研究方案对子任务进行研究和探索。

教学案例 4-2

实际问题1：拉行李箱问题（呈现拉行李箱的短视频）。

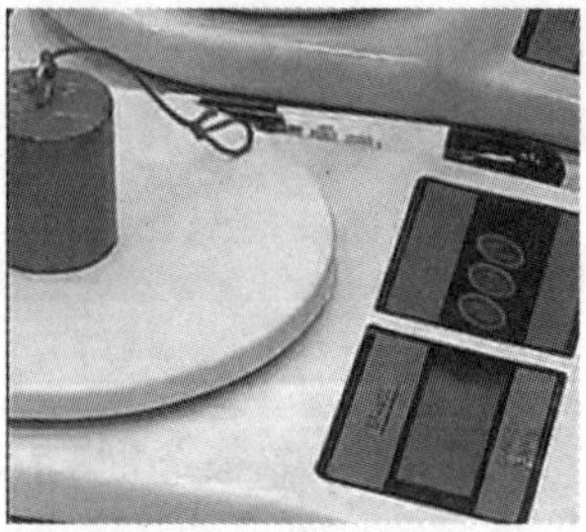

图 4.4 实验器材

教师：人的拉力该如何进行分解呢？请大家说一说。

学生1：应该向前和斜向前两个方向分解，因为拉杆箱向前运动。

学生2：应该水平向前和竖直向上两个方向。

每一小组提供的学习资源：一个带绳子的重锤，一个电子秤，如图4.4所示。

学习任务1 鼓励学生设计探究方案模拟拉箱子过程，观察现象并验证自己的猜想。

学生模拟拉杆箱过程发现：重锤在电子秤上水平向前运动的同时，电子秤的示数减小，即重锤对电子秤的压力减小。表明人斜向上的拉力应分解在水平向前和竖直向上两个方向。

实际问题2：塔吊问题（呈现塔吊吊重物的视频）。

向每一小组提供一套学习资源：一条细绳、一支铅笔和带绳子的重锤。

学习任务2　小组合作尝试模拟塔吊模型。

学生在小组讨论后，基本都能想到将细绳一端系在铅笔一端，细绳另一端系在手指上，铅笔另一端顶住手掌心，重锤挂在铅笔前端。

教师：很好，现在大家就用这个模型体验一下，说说有哪些感受。

学生3：感觉到手指被细绳斜向下拉，手掌被铅笔扎着(痛)。

教师：重物产生的拉力该向什么方向进行分解呢？

学生4：沿细绳斜向下和水平压杆(铅笔)两个方向分解。

为了进一步增强可视化效果，教师自制了一个模型：用两段铝合金条代替竖直支架和横杆，分别在细线上端和横杆末端连接两劲度系数较小的弹簧，竖直支架中间固定一滑轮，横杆可在滑轮上自由滑动，当在横杆前端挂上重物后，两弹簧都发生了明显的形变，如图4.5所示，从而进一步验证了学生的想法。

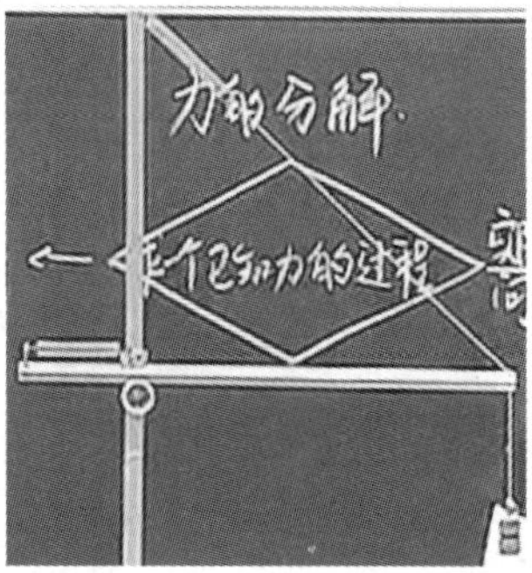

图4.5　自制塔吊模型

4.2.3　及时评价反思，促进意义生成

及时对任务探索的过程、方式和结果进行评价和反思，归纳学科核心思想方法，将评价反思真正融入到教学的过程中，在对子任务进行研究和探索后，归纳整合得出普遍的结论，促进知识的意义生成，形成知识结构，即遵循"核心任务→子任务→结构化知识"过程，实现公共知识的个人意义转化。

教学案例4-3

通过以下问题串引导学生评价反思。

教师：一个力可以分解为多少对分力？

学生1：如果不加限制条件可以分解为无数对大小、方向不同的分力。

教师：但从上面的两个实际问题可以看出一个力究竟该如何分解？

学生2：根据实际情况按需分解。

教师：大家在上面两个实例探索的过程中还有什么体会？

学生3：力的作用效果的隐蔽性造成分力的方向不好确定，需要借助模型放大或可视化作用效果进行分解。

教师：力的分解一般步骤有哪些？

学生4：构架模型模式实际问题→确定力的实际作用效果(分力的方向)→依

据平行四边形定则进行分解。

4.2.4 灵活迁移应用,解决实际问题

物理学与生活息息相关,生活中许多复杂的实际问题都可以作为学习任务,引导和鼓励学生在体验和理解的基础上,综合运用多种知识和方法解决实际问题,提升学生应用知识解决实际问题的能力。

图 4.6　搬水实景

教学案例 4-4

呈现如图 4.6 所示的搬运水桶实物图片。

提供的学习资源有:直角支架、薄海绵垫、圆柱形重物。

学习任务 3　模拟搬水过程,观察重力的作用效果,并画出力的分解图示。若已知右边斜杆与水平方向角度为 θ,写出分力的表达式。

基于前面两个问题研究的基础,学生能构建出实际模型,并依据理论知识计算出分力的大小,让学生展示交流。

由于是直角支架,所以

$$G = \sqrt{G_1^2 + G_2^2}$$

为了定量研究上述等式是否成立,可以把两个电子称放在两个支架上,如图 4.7 所示,定量测出分力的大小,再将一个支架水平放置测出重物重力大小,进行计算。

图 4.7　定量测量

学习任务 4　课后查阅资料,分析无动力帆船能逆风航行的原理,并在下一节课上交流分享。

上面的例子是基于核心任务的实验探究整合,也可以进行理论探究整合,如动

量定理和定能定理。

由 $x = vt$，对速度求偏导数，得到时间，即 $\frac{\partial x}{\partial v} = t$ 。又由动能定理：$F_{合}\ x = \frac{1}{2}mv_{末}^{2} - \frac{1}{2}mv_{初}^{2}$，$F_{合}\ \frac{\alpha x}{\alpha v} = \frac{\alpha}{\alpha v}\left(\frac{1}{2}mv_{末}^{2} \cdot \frac{1}{2}mv_{初}^{2}\right)$ 得到动量定理：$F_{介}\ t = mv_{末} - mv_{初}$，从而将力学中两个非常重要的定理整合在一起，进一步深化对力与运动关系、动量与能量关系的认识。

4.3　基于学习进阶的微专题教学策略

学习进阶与逆向设计有很多相似之处，都是先确定预期结果，再设计学习活动。学习进阶是对学生在一个时间跨度内学习和探究某一主题时，依次进阶、逐级深化的思维方式的描述。学习是一个不断积累、不断发展的过程，学生对某一主题或大概念的理解不是一蹴而就的，而是要经历许多个不同的中间状态，这些中间水平通常称为“阶”，每个“阶”就是大概念理解过程中的一个关键概念，可以通过微专题教学突破，具体关系如图 4.8 所示。

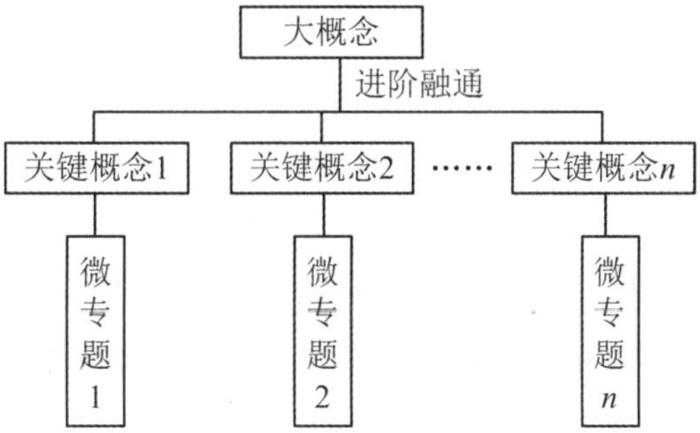

图 4.8　基于学习进阶的微专题教学结构

微专题就是为突破某个重要问题或关键概念而开展的一个或几个课时的教学活动。多用于复习课教学，新课教学也可以用。微专题复习有助于帮助学生查找漏点、扫清盲点、厘清疑点和突破难点；有助于整合知识、建立联系；有助于形成结构化知识、促进大概念的发展。

微专题教学立足于学生的原有知识和认知结构，通过原有相关或相似的“物理点”提炼而成，使原有认知与提炼的问题点发生相互作用，整合相关的物理概念、规律、原理、模型和思想方法等，形成一种联系紧密、逻辑清晰的微型专题结构。微专题内容可以是一个单元，也可以是几个单元相关知识的整合。微专题教学具有因微而准、因微而细、因微而深、因微而大等特征。

指向大概念的高三微专题教学是以整合的知识为内容，以微专题为途径，以大概念发展为目标，以挖掘错误资源、进行变式拓展、注重知识关联、灵活迁移应用为教学策略促进深层次的学习。

传送带问题是牛顿运动定律的实际应用，涉及高中物理"力和运动""能量"两个大概念，下面以"传送带问题"教学为例说明教学策略的具体实施过程。

4.3.1　挖掘错误资源

学生呈现出来的"错误"或认知冲突是实施教学最好的"资源"。错误只是表象，本质上它反映了学生知识结构和认知结构的不完备。要充分分析学情，揭示错误的原因，帮助学生把握知识本质。

典型例题 4-1：水平传送带被广泛地应用于机场和火车站，用于对旅客的行李进行安全检查。如图 4.9 所示，这是一个水平传送带装置示意图（绷紧的传送带）。AB 始终保持 $v_0=2$ m/s 的恒定速率运行，一质量为 $m=4$ kg 的行李无初速度地放在 A 处。设行李与传送带间的动摩擦因数 $\mu=0.1$，AB 间的距离 $L=3.0$ m，g 取 10 m/s^2。

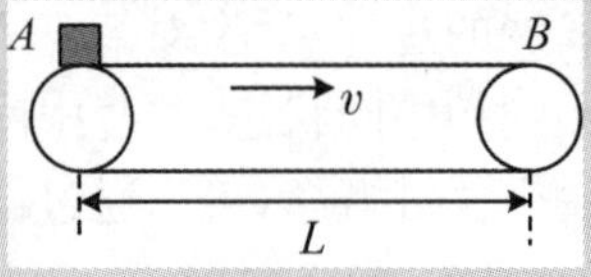

图 4.9

(1) 求行李在传送带上运动的时间。

(2) 求行李在传送带上留下的痕迹长度。

在解决第(2)小问求痕迹的长度的过程中，有的学生是这样写的"$x=\frac{1}{2}at^2$"或"$x=\frac{v^2}{2a}$"。但老师并不能断定学生的做法就是错的，有可能他这里的"a"表示相对传送带加速度，"v"表示相对传送带的速度。在课堂上采取提问的方式揭示错误原因。

教师：说说这里的"a""v"是相对哪个参考系的。

学生：相对地面的。

教师：那这里求出来的位移就是相对地面的。它能不能表示所要求的痕迹长度呢？

接下来，可以采取三个层次的学生活动来帮助学生理解这个问题。

首先，演示实验定性感知。操作：教师一只手拿一张白纸，另一只手拿一支笔，笔尖压在白纸上，现在两者以相同的速度一起向右水平移动，让学生也在课桌上进行相同的操作。教师提出问题："有没有观察到痕迹？"学生回答："没有。"教师马上追问："笔相对地面有没有位移？"

其次，追问促进理解痕迹的本质。基于上述基础，教师继续追问："那么你们觉得怎样才能形成痕迹?”学生很快意识到“只有两者相对运动才能形成痕迹”。理解痕迹的长度是两个物体的相对位移。

最后,通过 v-t 图像才来进一步加深理解。让学生画出传送带与木块的 v-t 图像,如图 4.10 所示。

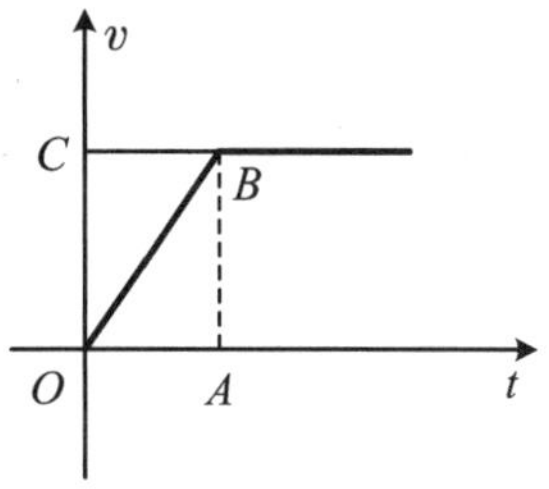

图 4.10

教师:在 v-t 图像中哪部分面积表示物块相对地面的位移?

学生:三角形 OAB 的面积。

教师:哪部分面积表示传送带相对地面的位移?

学生:四边形 $OABC$ 的面积。

教师:相对位移呢?

学生:三角形 OBC 的面积。

此时,学生会发现这两个面积是相等的。

4.3.2　进行变式拓展

高三复习课利用变式拓展能使问题不断深化,通过变条件、变情境、变模型等方法使零散的知识点有机地串联起来,达到以点带面的效果,实现“少而精”的目标,形成结构化知识。

典型例题 4-2:对于前面的例子中的第(1)小问,进行变式训练“若传送带的速度为 $v_0=2.2$ m/s,其他条件不变,求行李在传送带上运动的时间?”

学生算出来的结果为 2.46 s。

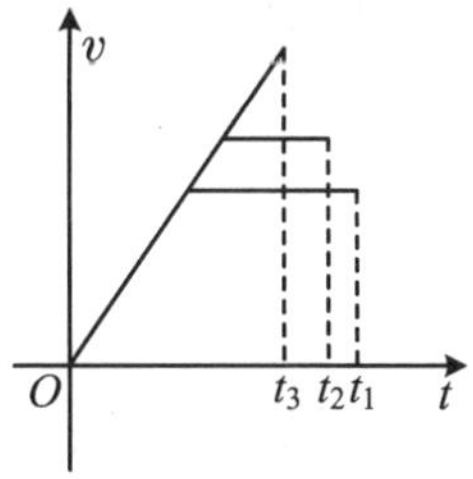

图 4.11

继续变式“若传送带的速度为 $v_0=3$ m/s,其他条件不变,求行李在传送带上运动的时间?”此时学生算出来的结果是 $\sqrt{6}$ s。再继续拓展“若传送带的速度为 $v_0=4$ m/s,其他条件不变,求行李在传送带上运动的时间?”学生回答依然是 $\sqrt{6}$ s。让学生将上述物块在传送带上的运动过程在 v-t 图像上画出来,如图 4.11 所示。

教师:在物块初速度及与传送带的动摩擦因数恒定的情况下,怎样使物块在传送带上运动的时间最短。

学生:物块一直做匀变速直线运动,不出现匀速运动的过程。

通过变式训练和 v-t 图像的动态分析使学生对物块在传送带上的运动过程认识不断深化,从而理解有“最短时间”的原因和计算方法。

4.3.3　注重知识关联

高三复习课要将高中阶段学习的知识进行关联整合，达到理解和应用大概念的效果。传动带模型不仅仅涉及力和运动关系的分析，还涉及能量问题，对此进行研究，可充分发挥微专题的作用。

典型例题 4-3：如图 4.12 所示，水平传送带长为 $L=10$ m，以 $v_0=3$ m/s 的速度逆时针匀速转动，质量为 $m=1$ kg 的物体以初速度 $v=2$ m/s 滑上传送带的左端，小物体与传送带间动摩擦因数 $\mu=0.1$。

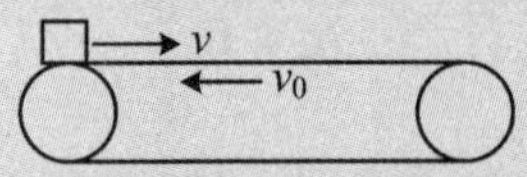

图 4.12

请问：整个过程中物体与传送带之间产生的热量是多少？($g=10\ \mathrm{m/s^2}$)。

相对滑动摩擦产生的热量 $Q=F_\mu\Delta x$，其中 Δx 是相对位移，即痕迹长度，这样就将能量与运动过程联系了起来。

物块先向右做匀减速直线运动，速度减小到 0 后，再向左做匀加速直线运动，直到离开传送带。对于第一个过程所产生痕迹长度 Δx_1 的计算是物块与传送带相对地面的位移大小之和还是之差呢？

可以通过运动的相对性来说明：如两个物体 A、B 同时从同一地点相向运动，相对地面的位移大小分别为 x_1、x_2，此时相对位移大小 AB 为 x_1+x_2。

第二个过程物体向左做匀加速运动的痕迹长度 Δx_2 很容易算出来，但是总的痕迹长度是 $\Delta x_1+\Delta x_2$ 还是 $\Delta x_1-\Delta x_2$ 呢？这里依然根据痕迹的成因，从相对运动的角度来解决：第一个过程物块相对传送带向右运动，第二个过程物块相对传送带任然向右运动，总的物块相对传送带始终向右运动，那么总的痕迹长度就是 $\Delta x_1+\Delta x_2$，带入数据就可以算出相对产生的热量。

4.3.4　灵活迁移应用

迁移应用是大概念的核心特征，也是理解和揭示大概念的重要策略，大概念能纵向统领学科内核心内容，横向联结学科间知识，有助于使新的、不熟悉的概念看起来更熟悉，掌握大概念就能使学生具备迁移应用解决实际问题的能力。

高三复习课的迁移不一定要解决具体实际问题，可以应用所学知识和方法解决相近问题，即“近迁移”。传送带有水平和倾斜两种模型，很多老师将两个分开处理，这样既耗时又低效，笔者在水平类问题充分分析的基础上，直接将倾斜类问题作为迁移的对象整合在一起，发现效果很好。

典型例题 4-4：如图 4.13 所示，传送带与地面的倾角$\theta=37°$，从 A 端到 B 端的长度为 16 m，传送带以$v_0=10$ m/s 的速度沿逆时针方向转动。在传送带上端 A 处无初速地放置一个质量为 0.5 kg 的物体，它与传送带之间的动摩擦因数为$\mu=0.5$，求物体从 A 端运动到 B 端所需的时间。($\sin 37°=0.6$，$\cos 37°=0.8$)

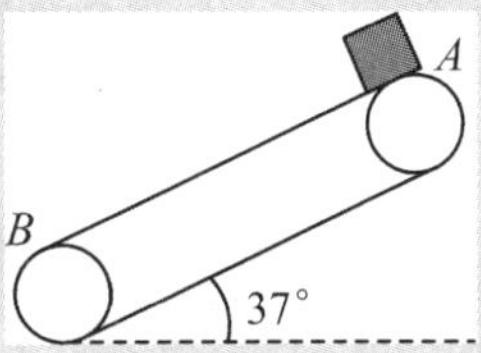

图 4.13

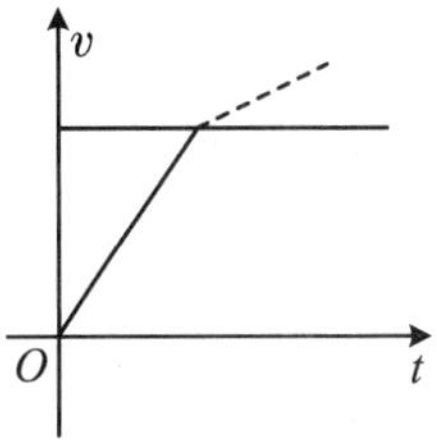

图 4.14

学生解决这个问题时很清楚要突出受力分析和运动过程分析。受力分析的关键是滑动摩擦力方向的判断，刚开始物块相对斜面向上运动，所以它受到的摩擦力沿斜面向下。

当物块加速到与传送带的速度相同后会如何运动呢？一些学生能直接通过受力判断，还有一些同学想到用如图 4.14 的 v-t 图像来帮助分析。

当物块和传送带速度相等后可能一起做匀速直线运动，也可能向前继续做匀加速直线，但到底是哪一种情况呢？学生想到需要判断物块的重力沿斜面向下的分力是否超过物块与传送带之间的最大静摩擦力，带入数据得到的结果是：$mg\sin\theta>f_{\max}$，即物块相对传送带沿斜面向下运动，滑动摩擦力的方向沿斜面向上，加速度方向没变，大小发生变化，从而突破了解决本题的关键。

4.4　指向学科大概念的高中物理教学策略

学科大概念是连接课程理念与教学设计的纽带，如何在课堂教学中有效揭示、理解学科大概念呢？主要有以下四种有效策略：① 创设基本问题，化宏观为微观；② 设置挑战任务，化知识为能力；③ 基于具身体验，化抽象为具体；④ 进行科学论证，化零散为综合。

4.4.1　创设基本问题，化宏观为微观

基本问题是将学科大概念落实到课堂教学中必不可少的环节。基本问题聚焦于学科大概念，是处于学科或课程的核心位置，超越知识本身并能够促进对某一特定主题内容的理解、激发知识间联系和迁移的问题。基本问题没有直接的答案，所以是结构不良的。基本问题能引起对大概念持续探究，能整合不同的观点和问题，能促进对知识批判性反思，能诱发新问题和迁移应用。

课程标准中所提及的内容和准则实际就是学科大概念的深刻折射，学科大概念又是基本问题存在的价值基础，所以对新课标深刻解读是从上而下导出基本问题的重要途径。新课标有这样一条表述："理解闭合电路欧姆定律，会测量电源的电动势和内阻。"而且高中物理新教材必修 3 将"闭合电路欧姆定律""测量电池电动势"和"内阻"作为核心内容成立一个教学单元。

例如，导出的基本问题是：如何得出闭合电路的欧姆定律？与初中学习的欧姆定律区别有哪些？根据闭合电路的欧姆定律如何设计实验测量电源的电动势和内阻？

基本问题明确了本单元教学的方向，整个单元教学过程中不断地、反复地让学生进行思考和探究，有助于促进学生自我建构和批判反思。另外，基本问题也可以作为教学评估的依据。

4.4.2　设置挑战任务，化知识为能力

真实的、挑战性的核心任务能促进对学科大概念的理解和迁移，挑战性学习任务将问题融于生活情境中，激发学生探究的热情和兴趣。另外，挑战任务使得教学落在学生的"最近发展区"内，不断挑战自己的思维极限，有助于将静态的、沉重的知识转化为动态的、带得走的能力。

例如，挑战性学习任务是："高空坠物"现象被称为"悬在城市上空的痛"。近年来，高空坠物致人伤亡的案件不断见诸报端，高楼中某层阳台上坠下一盆花，砸坏了下面的车辆，恰好楼下不远处有一个摄影爱好者对着天空连拍，发现有几张照片中出现了花盆。你能不能根据这些有限的资料帮助警方推测花盆是从哪一层楼掉下来的？

对这一任务的分析和讨论将帮助学生充分利用自由落体运动的规律解决实际问题，在问题解决中发展高阶思维能力。

4.4.3　基于具身体验，化抽象为具体

学科大概念的"大"表现为抽象性，如何化抽象为具体，是教师首要考虑的问题。基于具身认知的理念，让学生充分参与体验是有效的策略。具身体验式学习与传统学习截然不同，传统认知认为，学习过程仅是在大脑内进行的，有人称这种学习为"脖子以上的学习"；而具身学习认为，学习是全身心参与的过程，新知识是心智、身体和环境三者相互作用的结果，具身体验的方式、过程和结果直接决定着认知的方式、过程和结果。

4.4.4　进行科学论证,化零散为综合

物理学科以理性思维为中心,科学论证就是建立在思维之上,是学生围绕某一问题,收集证据并运用一定的论证方法解释、评价自己及他人的观点,促进思维的交锋,最终达成双方可接受结论的活动。科学论证的过程有助于将零散的、浅层的知识进行综合和结构化。

在"牛顿第一定律"教学中,让学生观看汽车在安全测试过程中没系安全带和系安全带的对比视频,然后让学生猜想惯性与哪些因素有关。

例如,学生猜想:惯性与质量和速度有关,质量越大、速度越大惯性就应该越大。此时,教师可让学生以小组为单位,讨论和论证:惯性与质量、惯性与速度的关系。

可有以下论证:

论证 1:如图 4.15 所示,当在水平面上用一恒力拉 A 物体,速度增加较快,当用细线在后面连接另一物体 B,此时整体一起运动,速度和之前相比,增加较慢,即运动状态越难改变,说明质量越大惯性越大。

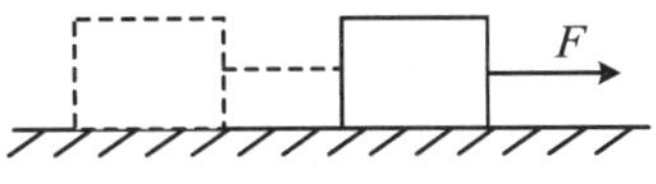

图 4.15

论证 2:如果惯性与速度有关,那么速度越大,运动状态越难改变,那么自由落体运动的 v-t 图像是图 4.16 所示的曲线,而事实上是一条过原点倾斜的直线,所以惯性与速度大小无关。

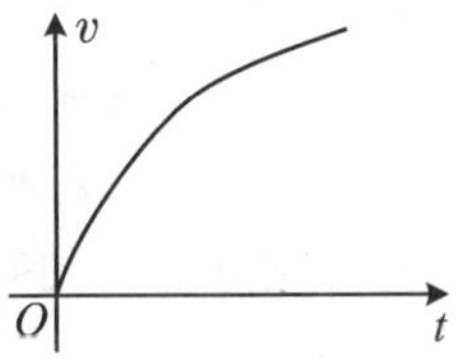

图 4.16

指向大概念的主题式、单元式整体教学设计与实施将成为热点话题,但是不管基于怎样的着眼点,最终的落脚点都是在课时、课堂教学,所以课堂教学的方式和策略决定着课改的成败。

4.5　超越内容的学习

人的成长与学习是一个不断进阶发展的过程,是一个由量变引起质变的过程,更是一个不断自我超越的过程。核心素养时代的高中物理教学需要超越经验,走向概念;超越浅层,走向深度;超越知识,走向观念。

传统高中物理教学中存在重知识、轻能力,重结果、轻过程,重概念、轻观念等诸多问题。造成这种结果的原因有很多,其中一个重要原因就是教师缺乏引导学生超越学习的意识和方法,导致学生的学习停留在事实、知识和做习题层面,没有

进一步扩展延伸到观念、素养和实际问题解决层面。

自我超越是彼得·圣吉“第五项修炼”理论的精神基础，自我超越是自身取得持续性进步的过程，是始终保持与时俱进的过程，是突破极限的自我实现过程。自我超越理论对教学有重要的指导意义。

自我超越的学习就是通过教师的引导促进学生走出机械记忆、浅层学习和知识为本的桎梏，走向意义理解、深度学习和素养为本的新常态，帮助学生实现从较低认知水平向较高认知层次的跨越，超越符号化的知识、进入到知识的意义系统。超越学习指向学习过程，也指向学习结果，是对知识和信息爆炸时代学习方式的回应，用更高水平的科学观念、更深层次的科学思维统领分散的知识、事实、经验和问题，迁移应用解决新情境中出现的问题。

4.5.1 超越经验走向概念

学生在走进课堂之前所具有的生活经验或常识对物理概念的建立有极其重要的影响。有些经验与物理概念的内涵是一致，如物体质量越大、速度越大，其具有的能量（动能）就越大，对于这部分经验，只要对事实进行抽象概括就可以形成科学概念。而有些经验与物理概念相矛盾，甚至是完全相反，此时需要激发认知冲突，让学生在辩证与反思中逐步转变想法。要通过创设情境，在诸多客观情境中概括事物的共同属性，抽象事物的本质属性，完成经验性常识向物理概念的有效转变。

数学案例 4-5

学生在学习牛顿第三定律之前存在这样的错误前概念：两个物体发生撞击时，质量大的给质量小的物体的作用力力比较大。他们的经验是：在车祸现场，经常可以看到大卡车和小汽车发生撞击时，小汽车变形得更厉害，对此可以通过 DIS 演示实验来激发认知冲突，转变这一错误经验。

设置实验情境：用两个等高的小车，放在同一水平轨道上，实验装置如图 4.17 所示，给图中左侧小车上加了 6 个钢片，它们的重力如图 4.18 所示。在它们的上面各自固定一个力传感器，并保证两个小车发生撞击时，是力传感器撞在一起，这样就可以演示和测量质量大的和质量小的物体在发生撞击时，各自给对方的作用力大小了。

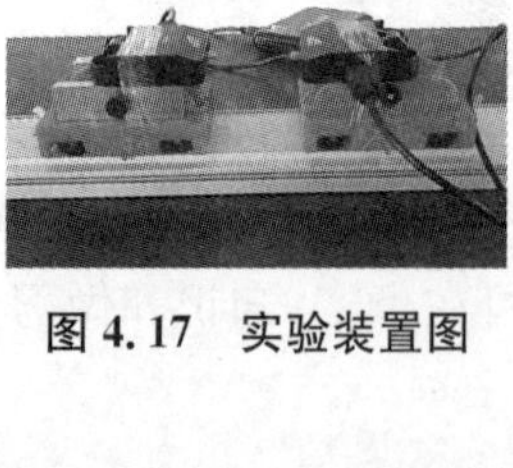

图 4.17 实验装置图

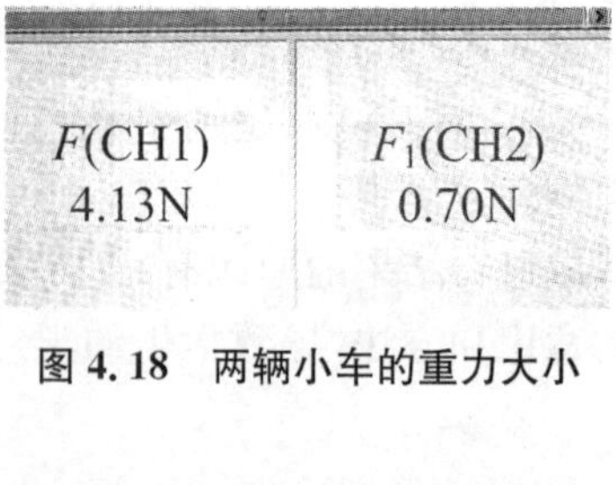

图 4.18 两辆小车的重力大小

实验开始前为了充分暴露学生的错误经验，激发认知冲突，可以设置这样的问题：大家判断一下，这两个质量不同的物体谁给对方的作用力比较大？并说一下判断的理由或依据。大多数学生的回答与老师预想的一致。

实验时，先给质量大的物体一个初速度，去撞击静止的质量小的物体；然后给质量小的物体一个初速度，去撞击静止的质量大的物体，实验结果通过计算机显示出来，如图4.19所示。

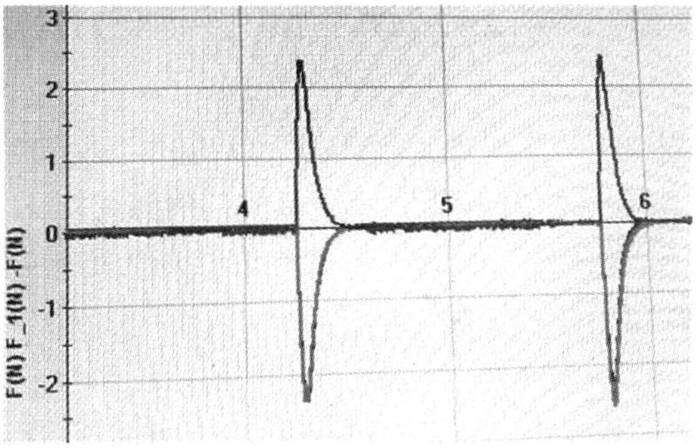

图4.19　撞击时相互作用力大小

实验结果表明，图像关于时间轴对称，即撞击过程中，质量大的物体和质量小的物体给对方的作用力一样大。还有主动使力的物体和被动受力的物体给对方的作用力大小相等，并且同时产生、同时变化、同时消失。从而深刻理解作用力和反作用力的关系。

4.5.2　超越知识，走向观念

当下的教学过度关注知识点的学习，最终形成了一些零散的概念和方法，没能由点成线、由线成面。研究表明，知识间的联系越丰富、越紧密，就越能被迁移到新情境实现问题的解决。教学过程中要重视帮助学生将分散的物理知识和概念进行意义整合，把握知识背后的核心内容，形成物理观念，观念具有强大的解释和迁移能力。

教学案例4-6

高中物理教材中将“月-地检验”放在“万有引力定律”之前、“行星与太阳的间的作用力”之后是有深意的，一方面对牛顿提出万有引力定律有巨大的启发作用，另一方面也是万有引力定律成立的证据。

“月-地检验”的内容如下：

假设地球与月球间的作用力和太阳与行星间的作用力是同一种性质的力，它们的表达式也应该满足 $F=Gm_{月}\cdot m_{地}/r^2$。根据“牛顿第二定律”，月球绕地球做圆周运动的向心加速度 $a=F/m_{月}=Gm_{地}/r^2$（式中，$m_{地}$是地球质量，r 是地球中心与月球中心的距离）。进一步，假设地球对苹果的吸引力也是同一种力，同理可知，苹果的自由落体加速度 $a_{苹}=F/m_{苹}=Gm_{地}/R^2$（式中，$m_{地}$是地球质量，R 是地球中心与苹果间的距离）。由以上两式可得 $a_{月}/a_{苹}=R^2/r^2$，由于月球与地球中心的距离 r 约为地球半径 R 的 60 倍，所以 $a_{苹}=3600a_{月}$。

而根据当时精确测量的月球和地球间的距离、月球公转的周期，可以算出月球运动的向心加速度，发现计算结果与预期符合的很好。

通过“月-地检验”，将天上和地上的力统一了起来，认识到万有引力定律的普适性，并超越万有定律本身的内容帮助学生形成自然界的统一观。

4.5.3 超越浅层，走向深度

学习有“深”“浅”层次之分。浅层学习是在外力驱动下，采用简单复述、重复训练和强化记忆的方式习得新知识的学习形式，处于一种盲目和低投入的学习状态；而深度学习关注对知识本质的深层次理解，注重学科内的纵向关联和学科间的横向扩展。笔者认为，深度学习是触及心灵深处的对话式学习，深度学习是深入学科本质的反思性学习，深度学习是促进学科融合的整合式学习，深度学习是追寻意义价值的理解性学习，深度学习是指向核心素养的发展性学习。

应用物理知识和方法分析、解决生活中的实际问题，在问题解决过程中进一步认识知识的本质和内涵，并增强实践意识，是超越浅层学习走向深度学习的有效路径。

教学案例 4-7

在学习“滑动摩擦力”后可以设置以下实际问题让学生尝试解决：

现有一个重力很大但未知的铁块，若用量程为 5 N 的弹簧测力计进行测量，肯定会超出量程。现提供一质量较小的木板，请设计实验方案测出铁块的重力。

学生以小组为单位，进行讨论交流后得出以下实验方案，具体步骤如下：

(1) 测出木板与桌面间的动摩擦因数。首先用弹簧测力计测出木板的重力，接下来将木板放在水平桌面上，用弹簧测力计近似匀速拉动，测出滑动摩擦力 F_1，用滑动摩擦力除以木板重力即可。

(2) 测量铁块放在木板上时的滑动摩擦力。将铁块放在木块上，再次用弹簧测力计近似匀速拉动木板，测出滑动摩擦力 F_2。

(3) 计算出铁块的重力。用 F_2除以第(1)步得出的动摩擦因数就是木块和铁块总的正压力，数值上等于总重力大小，再减去木块重力就是铁块的重力。

在讨论交流得出方案后，小组合作进行实验操作，选出两个小组汇报他们的实验结果，此时老师现场提供一个电子台秤，让这两组同学用电子秤直接称量铁块的质量，进行比较并分析实验误差的来源。

由于笔者能力有限，以上只谈了学习层面的“超越”，其实也要超越教学走向教育，建立超越教学、超越教育的理论框架。

第5章　基于学习进阶的学科大概念教学

5.1　学习进阶的内涵

目前,研究者对于学习进阶已经给出了多种定义与描述。一般而言,这些定义具有一些共性,都认为学习进阶可以用来描述学生对科学概念的不同理解水平。Dusch 等人于 2007 年提出学习进阶应具有以下四个特征:第一,学习进阶必须基于已有的研究进行开发。第二,学习进阶描述的是学生的综合科学本领,即学习进阶不能只包含学科知识,更应该涉及学生用来解决真实问题的思维与推理能力。第三,学习进阶框架应当先确定其中的最低和最高层级,然后刻画中间层次。最高层级应该是学生能够达到的对目标知识的最高理解层次;而学生关于目标知识的原始认识应当作为学习进阶框架的最低层级。第四,学习进阶框架的中间层级应是能够让学生从最低层级向最高层级过渡的主要阶段。Krajcik 等人在 2012 年提出学习进阶还应该提供:① 学生在学习表现上的细节信息,如学生在学习进阶的每个层次上都能解决什么样的回题;② 在每个水平上教学的细节信息,如什么样的教学能够促使学生的理解向更高层次发展。

学习进阶目前虽然具有多种定义,但对其内涵的认识已基本达成一致。本书选取目前广泛采用的、由美国国家研究委员会(NRC)定义的学习进阶的标准定义,即学习进阶是对学生一系列基于学科知识的、连线的、逐步深入的路径进行描述的工具,旨在刻画学生(课内与课外)科学认知水平的发展过程。学习进阶理论认为,学习是一个不断积累、不断发展的过程,学生对某一主题或核心概念的理解不是一蹴而就的,而是要经历许多个不同的中间状态,这些中间水平通常称为"阶","阶"是学生认知发展过程中的一些关键"脚踏点"。

从该定义中看出,学习进阶的中心是学生的思维活动,但此处的思维活动并非一般意义上的"推理""假设"等思维过程,而是与具体学科知识相融合的思维活动,是用具体的科学概念和原理作为思维的工具,具有学科特性的思维活动。此外,学习进阶是学生学习策略与教师教学策略的统一整体,表明学习进阶不仅是用来评估学生当前学习水平的诊断工具,而且要在诊断的基础上,根据学生的特点开发出有针对性的教学策略和手段帮助学生提升对知识的认识水平。学习进阶理论具有整合性的特征，整合性是指学习进阶理论应当以具体的学科知识为中心，将科学教育的研究成果、课程标准、评价与教学相结合，在结合的过程中使得这些元素成为有机的整体，达到整体大于部分之和的效果。

5.2 基于学习进阶的物理学科大概念教学

物理学科大概念是物理概念、规律、思想方法等在头脑中的提炼和升华，物理学科大概念既不是物理概念、规律本身，也不是物理概念的简单堆砌，但其形成却离不开具体的物理概念、规律、思想方法，需要在大量具体物理概念相互关联的基础上逐步进阶发展。

基于学习进阶的物理学科大概念教学是在一学期或一单元的学习时间跨度内对大概念的内涵和外延进行层级分析，关键要分析每一个"阶"上有哪些具体的概念能促进大概念的发展，进而整合教学内容，精选教学材料，形成大概念统领的概念体系、教学设计和实施策略。下面就"能量"概念的框架分析为例进行说明。

5.2.1 对"能量"认识的演化

依据教学重演律，如果把科学家从事科学研究的过程视为科学知识的原生产过程，那么学生学习知识的过程可以理解为科学知识的再生产过程。学生学习物理的心理顺序差不多就是物理学家探索的历史进程，这一过程是以浓缩时空和必然的形式，重演人类丰富多彩的科学活动，让学生去亲历探究的过程，领悟思想方法，汲取前人的智慧，提升核心素养。所以认识"能量"的演化有助于学习进阶框架的建立。

人类对能量的认识并非一蹴而就的，而是经历了漫长而曲折的探索历程。至今，我们对能量的探索仍未停止，下面主要从科学史和现代物理的观点出发，简单地梳理科学家对"能量"概念的认识过程和认识现状，试图从中归纳得出在不同阶段理解"能量"概念所涉及的思维方式以及原理。

5.2.2 科学史上对"能量"认识的演化

为什么要了解科学家对能量的认识过程？学生的思维特征仅能告诉我们人类思考"能量"的起点在哪里，而无法看出人类对这一概念的认识是如何发展的，其更高层次的思维活动是什么。通过对科学史的梳理，可以使我们从中抽取出认识能量概念的主要思维框架。

1. 能量与力的区分

为什么物体能够运动？为什么物体能够停止运动？运动的原因是什么？亚里士多德提出了第一个理论来回答这些问题。根据他的理论，世间有两类运动，即自然运动和受迫运动。任何不在自然位置上的物体都有回归原位的趋势，例如，石头是由土构成的，因此它们总是滚向地心的方向。与自然运动相反，受迫运动是由于有外力施加于物体造成的，如推或拉。因此，在亚里士多德的运动理论中自然属性和外力是运动的原因，在运动中没有守恒量的存在。可以看出，亚里士多德等人根据自我的直觉和想象，将任何不在自然位置上的物体都有回归原位的趋势作为"原理"，利用简单因果推理(自然运动与受迫运动)的方式对自然进行思考。

17 世纪的科学家通过测量和定量研究，成功地挑战了亚里士多德的学说。1644 年，笛卡儿提出了"运动的量"来解释物体运动的原因；莱布尼茨则提出了另一个备选概念"活力"来解释运动，其表达式为 mv^2。然而莱布尼茨的"活力"受到了强烈的批评，因为在非弹性碰撞中"活力"并不守恒，无法解释消失的"活力"对运动究竟产生了怎样的影响或者去向哪里。在笛卡儿的启发下，牛顿最终发展出了现代"力"的概念，并且阐明了它与物体运动的关系：力是改变物体运动状态的原因。他的这一学说发表在 1687 年出版的《自然哲学的数学原理》一书当中。在这一时期，科学家开始根据物理测量和实验，采用抽象的方式来建构物理概念，根据因果推理的方式，利用已知的物理规律来解释自然现象发生的机制。

从笛卡儿到牛顿，"力"的概念经历了 40 余年的发展才告一段落，而从"活力"演化为现代的"能量"概念却异常缓慢和曲折，科学家和工程师们直到 19 世纪才意识到使用"动能"替代"活力"，并且发现势能与动能在只有保守力做功的机械系统内守恒的定律。至此，科学家们意识到"力"可以用来解释物体为什么运动，而"能量"更多地强调对运动的限制：能量守恒并且传递具有方向性，因此第一、二类永动机都无法实现。至此，人类终于将"能量"与"力"区分开来，认识到能量与"系统"间的内在关系，站在"系统"的角度认识"能量"，意识到"能量"的功能在于解释什么样的运动能够发生，而什么样的运动不能发生。

2. 能量与物质的区分

从古代起，人类就对火充满着神秘感，为什么有的物质会燃烧而有的却不能？什么是火？为什么会烫？亚里士多德认为易燃的物质包含着"火"元素。沿着这一线索，Geber 认为，易燃物质含有硫黄，它能使得物质具有可燃性。根据这些对火的原始认识，17 世纪初的炼金术士们提出并发展了"燃素"说。根据这一理论，所有易燃物质都包含"燃素"，物质燃烧后的灰烬总是会变轻，这是因为"燃素"被释放出去了。由此可以看出，正是炼金术士们通过"燃素"的概念使得"能量"与"物质"无法区分开来。

一个世纪之后，法国化学家拉瓦锡用实验否定了燃素说。他指出了氧气在燃烧反应中的重要性，并且得出了质量守恒定律。他的工作为现代化学的发展奠定了坚实的基础。然而，这些工作仍然没有回答为什么一些物质能够燃烧而其他不能。为此，拉瓦锡提出了“卡路里”理论：易燃物质含有卡路里，一种没有重量的流体，能够在燃烧中释放出去。卡路里的提出成为区分物质与能量的开端，因为与燃素不同，卡路里不具有质量。但两者并不能被完全区分开来，卡路里仍然具有物质的形态——流体，成为一种半物质的状态，能量能够流动到其他地方。这个观点与现代的能量观点不同。现代能量观点认为“热”仅是伴随着分子、原子机械运动而产生的抽象的物理量。在迈尔和焦耳发现关于热的守恒定律后，“卡路里”理论才被现代理论所代替。这一理论表明能量与物质是截然不同的两个概念。

3. 能量与生命的区分

对于生命研究起源的几个基本问题的思考：什么是生命？生物与非生物的区别是什么？为什么生物能够生长和繁殖，而非生物却不能？亚里士多德再一次第一个提出了关于生命的理论。根据他的理论，所有的生命都有“灵”，是“灵”造就了生命：植物具有“营养灵”来获得生长和繁殖；动物具有“感知灵”，从而不仅能够生长和繁殖，还能运动和感知；人具有“理智灵”，使得我们具有以上所有的本领以及思考的能力。“灵”是一个无法区分为生物或心理范畴的概念，但这一思想一直统治着人们关于生命的认识长达数千年，直到 19 世纪现代生物学的建立。

在 19 世纪，关于生命的研究主要在两个学科内进行。在机械生物学中，按照机械和化学的结构与过程来研究生命体；心理学则调查人的思维与推理。许多生物学家认为物理与化学是不足以理解生命现象的。在他们之中，有人认为“活力”是使得生命发生的原因，如细胞的繁殖。“活力”曾一度被认为是生命体的“能量”。其他生物学家提出了一种与之竞争的理论，将生命看作自组织系统的显性特质。组成细胞的原子与分子本无生命，然而，当他们形成一个生命网络（细胞）时，生命便从原子、分子形成的特殊组织中显化出来。同样要注意的是，细胞中的有机分子含有能量却没有生命。因此，有机理论将生命与能量完全区分开来，并且将生命和能量也与心理特质（如“灵”）区分开来。

综上，科学家最初对能量的认识与学生的原始认识一样，将能量与力、物质和生命纠缠在一起。最初利用简单因果推理的方式，将能量看作理解物体运动的原因来对现象做出解释，而后逐渐意识到能量与生命一样，系统所具有的某种特征，能量只有在系统中研究才更有意义。与作为运动的原因相比，能量更多的是强调对运动和事件发生的限制。由此可见，科学家群体对能量的认识和学生的认识具有相同的出发点，经过发展后逐渐成熟完善。因此，有理由认为学生对能量概念的认识也会经历大致的思维过程而逐步走向成熟。

5.2.3　对于“能量”的现代科学认识

经历了以上曲折的发展历程，现代科学对能量有了全新的认识，费恩曼在其

《物理学讲义》一书中对“能量”给出了如下描述:“这里有一个事实,或如你们所说,一个定律,决定着世间一切自然现象,它异常精准,这就是能量守恒定律。它描述了一个我们称之为‘能量’的抽象数量,任凭自然现象的万千变化却毫无改变。这个想法非常抽象,因为它是个数学原理,它表示这里有这么一个数量,它在其他事情发生时自身却不随之改变。在今天的物理学中,很重要的是应该意识到我们并不知道能量的本质是什么,我们无法用具体的图画来描绘能量。它是一个抽象的东西,并且并不是用来解释各种公式背后的原因与机理的。”

正如费恩曼所说,在现代物理学看来:第一,能量仅是一个抽象的数量,它与力、生命和物质不同;第二,能量强调对事件发生的限制而非事件发生的动因。能量总是守恒却又是有方向性的,意味着能量来自一方而必须去向另一方。这就是为什么有的事情能发生,而有的却不能。

在美国国家研究委员会(NRC)2011 年颁布的《K-12 科学教育框架》以及 2013 年颁布的《下一代科学标准》中,“能量”与“系统”均被认为是学科共通概念(学科共通概念是科学家依据各个重要概念在科学和技术领域的价值,从众多的备选概念中挑选而出的。《K-12 科学教育框架》共挑选出了 7 个概念作为共通概念)。共通概念是将各个学科联系起来的纽带,能够为描述和解释自然科学与工程技术领域的绝大多数现象和问题做出贡献。这些共通概念为学生提供了一个组织框架,帮助学生将不同学科的知识进行整合,从而形成内在一致并且科学的世界观。这两个课程文件强调能量与系统紧密相关。然而需要指出的是,虽然系统与能量密切相关,但并非一一对应。与能量概念相比,系统的应用范围更加广阔,所牵涉和包含的知识也更加丰富,能量仅是与系统的某个部分或侧面紧密相关。能量及能量原理是对系统进行分析判断的工具,目的是为了理解系统内什么样的事件有可能发生,而什么样的事件不可能发生。

从以上内容可以看出,科学家对能量的认识经历了从将能量看作解释事件发生的机制“物理量”(即用“能量”来解释事件发生的内部机理)到将能量看作判断系统内事件能否发生的依据;从使用简单因果推理的思维方式到将能量与系统相结合,视能量为系统的特征量,利用热力学第一定律和第二定律来分析系统内事件发生的各种可能性。由于学生与早期科学家对能量的认知具有相似性,因此科学家这种对能量的认知发展过程将为揭示学生所具有的不同能量认知状态提供有益信息。

5.3　能量的进阶框架构建

5.3.1　能量的横向进阶分析

“能量”作为物理学，乃至自然科学中的大概念，可以广泛地用来解释和预测物理、化学、生物和环境科学中相关的现象，在构建各个自然学科的相关理论时均发挥着不可替代的作用。然而，实践发现高中学生在物理学科学习中对于“能量”概念的理解表现出诸多困难，将“能量”概念进行横向分层，分为“能量的形式”“能量的来源”“能量的传递和转化”“能量的退降”“ 能量的守恒”五个维度，如表 5.1 所示，以更好地描述和评估学生在学习“能量”概念时所处的水平和认知状态，为课堂教学和评价提供有效的指导。

表 5.1　“能量”的横向进阶分析

进阶框架	横向进阶	高中物理的具体内容
能量	能量的形式	动能、势能、内能、光能、电磁能和核能
	能量的来源	机械系统的能量来源于一些力的做功
	能量的传递和转化	做功、热传递、电磁辐射等是其原因
	能量的退降	能量的转化和转移具有方向性
	能量的守恒	在转移和转化过程中系统内各种形式的能量总和保持不变

具体而言，能量的形式方面包括对各种形式的能量的命名、对重要形式的能量的含义以及定量理解(如动能、势能、内能等)；能量的来源具体包含对能量本质的思考(从哪里来)，能量与力、物质和生命的区别；能量的传递和转化包括能量转移和转化的途径，以及这些过程中所涉及的原理和定律(如功、能之间的关系，动能定理，但不包括热传递)；能量的退降强调能量转移和转化具有方向性，同时也包括能量耗散的相关内容；能量的守恒包括机械能守恒定律(以及条件)和能量守恒定律等。

5.3.2　大概念理解的纵向进阶模型

北京师范大学郭玉英物理教育研究团队在深入研究国内外关于学习进阶理论并对其进行实践研究的基础上，结合层级复杂度等相关认知理论，提出了针对某个具体大概念的学习进阶理论，建构了大概念理解的 5 级发展层级模型，如表 5.2 所示。

表 5.2　大概念理解的发展进阶层级模型

层级	发展层级	层级描述
1	经验	学生具有尚未相互关联的日常经验和零散事实
2	映射	学生能建构事物的具体特征与抽象术语之间的映射关系
3	关联	学生能建构抽象术语和事物数个可观测的具体特征间的关系
4	系统	学生能从系统层面上协调多要素结构中各变量的自变和共变关系
5	整合	学生能由大概念统整对某一科学观念的理解并建构科学观念(例如物质观念、能量观念)间和跨学科概念(例如系统、尺度)之间的关系

5.3.3　能量的 5×5 进阶框架

基于上述分析，笔者将“能量”概念按照横向和纵向两个维度进行分析，构建了“能量”的 5×5 进阶框架，如表 5.3 所示。

表 5.3　能量的 5×5 进阶框架

横向 纵向	能量的形式	能量的来源	能量的传递和转化	能量的退降	能量的守恒
经验	与人进行的具体活动有关	认为能量来源于食物或生物的休息	人通过进食或休息获得能量，通过具体活动失去能量	失去的能量以汗水和热量的形式释放出去	
映射	定性知道动能和势能的大小决定因素，知道内能	不再认为能量仅与生物有关，而是物质自身的属性，通过如运动和燃烧等形式显现出来	通过碰撞、流动或其他可由直接观察得出的理由解释能量的转移和转化	意识到能量在传递时会产生热量	

续表

横向 纵向	能量的形式	能量的来源	能量的传递和转化	能量的退降	能量的守恒
关联	能够定量地利用数学表达式描述动能和势能，区分力和能量，认识内能、光能、电磁能和核能	用力做功来解释能量的来源，理解机械系统的功能关系	能量通过做功进行转化，用力来解释能量的转移和转化	使用摩擦力或阻力的做功来解释机械能的损失，意识到能量在传递的过程中会以放热的方式减少	定性分析机械系统内动能减少时势能会增加，势能减少时动能会增加
系统	用动能、势能来描述机械系统的能量	能够站在系统角度分析机械系统的能量来源	能从系统的角度分析机械系统能量的流入和流出	意识到内能不能参与机械能守恒，能量具有等级性	理解机械系统的能量守恒及其条件，用机械能守恒来判断系统的目标活动能否发生
整合	按照科学的定义清晰表征相应的能量形式	理解能量是系统的一种属性；能在系统的角度上分析系统能量的来源	从系统的整体出发，分析能量的流入和流出	统整考虑内能虽然可以参与能量转化，但无法自发地转化为其他形式的能量，能量的转移和转化具有方向性，利用方向性判断一些现象能否发生	能够清晰、深刻理解各种形式能量参与的能量守恒；将能量守恒作为判断系统活动能否发生的判据

5.4 基于学习进阶的学科大概念教学策略

5.4.1 进行逆向教学，化大为小

逆向教学倡导“以终为始”进行单元教学设计与实施，共分为 3 个阶段：阶段 1——预期结果；阶段 2——评估证据；阶段 3——学习计划。强调首先以掌握知能、理解意义和学会迁移为单元预期结果；其次以开放性、真实性表现任务为单元评估依据；最后以探究整合、实践反思、问题解决为单元学习活动主线，实现从整体到局部的教学，促进“大概念—单元—课时”的深度融通。逆向教学设计从学科大概念本身的结构出发，进行“阶”的设计与教学，化大为小。

5.4.2 创设挑战任务，化教为学

真实的、挑战性的核心任务能促进对学科大概念的理解和迁移，通过创设核心任务加多个子任务进行教学。其中，核心任务与学科大概念对应，多个子任务与每个“阶”相对应。挑战性任务能促进学生对学习资源的积极主动应用，进行自主探索和互动协作的学习，化教为学。挑战性学习任务将问题融于生活情境中，激发探究的热情和兴趣。另外，挑战任务使得教学落在学生的“最近发展区”内，不断挑战自己的思维极限，有助于将静态的、沉重的知识转化为动态的、带得走的能力。

5.4.3 基于微型专题，化零为整

学生对某一主题或学科大概念的理解不是一蹴而就的，而是要经历许多个“阶”，每个“阶”就是大概念理解过程中的一个关键概念，其可以通过微专题教学突破，把多个微专题关联、整合、融通后就可以获得学科大概念，实现化零为整。具体关系可参考图 4.8。

微专题就是为突破某个重要问题、关键概念而开展的一个或几个课时的教学活动。多用于复习课教学，新课教学也可以用。微专题复习有助于帮助学生查找漏点、扫清盲点、厘清疑点和突破难点。微专题教学通过将相关或相似的“物理点”提炼而成，使原有认知与提炼的问题点发生相互作用，整合相关的物理概念、规律、原理、模型和思想方法等，形成一种联系紧密、逻辑清晰的微型专题结构，微专题内容可以是一个单元，也可以是几个单元相关知识的整合。

5.5　基于学科大概念的进阶探究教学案例分析

大概念的理解是逐层深入、不断揭示知识本质并建立结构化知识网络的过程，基于进阶式、层进式的探究与整合是揭示大概念的有效路径。可通过以下六个策略说明"楞次定律"的进阶探究过程：① 巧用魔术引入，明确核心任务；② 基于开放实验，体验影响因素；③ 采用控制变量，初步得出结论；④ 借助问题转化，归纳一般规律；⑤ 通过学科联结，建立核心观念；⑥ 解决实际问题，拓展知识内涵。

5.5.1　进阶探究

进阶探究依据学习进阶理论，学习进阶是对学生在一个时间跨度内学习和探究某一主题时，依次进阶、逐级深化的思维方式的描述。进阶探究是在教师对知识本质深刻解读和对学生学情的全面分析基础上，设计层层递进的挑战性任务让学生探究，促进高阶思维发展。

5.5.2　"楞次定律"的进阶探究策略

"楞次定律"是一条实验规律，并且"楞次定律"的发现过程中蕴含着丰富的物理思想方法和简洁美、对称美等，让学生在学习中不断体验和感悟，从而把握"阻碍"的本质。另外，学生通过前面的学习，已经知道了电磁感应产生的条件，且有一定的实验基础。

1. 巧用魔术引入，明确核心任务

魔术化的教学设计能很好地激发认知冲突和学习兴趣，对启迪学生思维以及加深对所学知识的深层次理解也有极其重要的作用。将魔术和物理知识相结合并让学生一起参与作为课堂引入效果会更好。"楞次定律"教学的引入有很多种方式，笔者设计的"隔墙猜抽签" 魔术不仅十分有趣，还能凸显本节课的核心学习任务。

"隔墙猜抽签"

将一个可拆变压器的线圈取下来，用白纸将导线包起来，并引出使匝数最多的两个接线柱，做成签筒。将两个完全相同的条形磁铁和一个与条形磁铁形状相同的铜条用白纸包起来，分别在白纸外面写上：上上签、上签和上平签，都放在签筒中，其中两个条形磁铁一个 N 极向下，另一个 S 极向下放在铜条的两侧(防止两磁铁吸在一起)。用长导线将"签筒"的两个引线和一个灵敏电流计串在一起,用一个边长为1.5 m的正方形不透明塑料板隔在"签筒"和灵敏电流计中间,如图5.1所示。

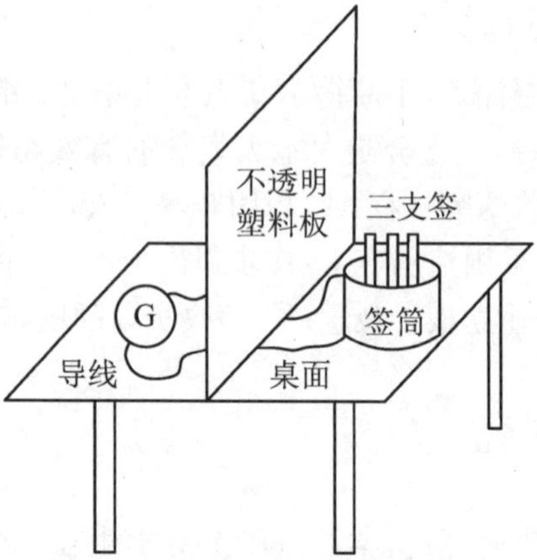

图5.1 魔术"隔墙猜抽签"的装置

教学案例5-1

将灵敏电流计用一块布遮起来,只有站在旁边的老师能看到表盘。让一位同学上来在"签筒"中抽签,老师由于站在桌子对面,完全被不透明塑料板挡住,所以看不到抽签结果。这位同学抽签后向班级同学展示(不出声),老师虽然低着头(可以让另一位同学站在老师旁边公正)但每次都能猜中抽签的结果。

教学案例5-2

在学生惊讶之余,将白纸和遮挡的布都拿掉,再次进行"抽签",为了让学生看清楚,可以用投影仪投影灵敏电流计表盘。发现当S极拔出和N极拔出时,灵敏电流计指针偏转并且方向相反;当铜条拔出时指针不偏转。

教师:为什么会有这样的现象呢?

学生1:根据感应电流产生的条件,当S极拔出和N极拔出时,线圈的磁通量发生变化,产生感应电流,指针偏转;当铜条拔出时,线圈的磁通量始终为零,所以指针不偏转。

教师:很好,S极拔出和N极拔出时,指针偏转方向不同说明了什么呢?

学生2:说明产生的感应电流方向相反。

明确本节课的核心任务:探究感应电流的方向与哪些因素有关以及有怎样的关系或规律。

2. 基于开放实验，体验影响因素

切身体验是教学的重要环节，只有通过体验才能为知识的自我建构奠定基础。为了探究影响感应电流方向的因素，进一步打开思维，可以通过开放实验让学生研究。

给每一小组相同的实验器材：一个线圈、导线、一个灵敏电流计、一个条形磁铁。实验探究影响感应电流方向的因素有哪些。

学生结论 1　当 S 极拔出和 N 极拔出时，指针偏转方向相反，说明感应电流的方向与磁极的极性有关，即与磁场的方向有关。

学生结论 2　当 N 级插入后，等一会拔出时感应电流的方向相反，插入时线圈的磁通量增大，拔出时磁通量减小，说明感应电流的方向与磁通量的变化情况有关。

学生结论 3　当将磁铁 N 极向下竖直拿着，在上方靠近和远离线圈时，感应电流的方向相反，也说明感应电流的方向与磁通量的变化情况有关。

为了帮助学生认识感应电流方向与线圈绕向的关系，演示一组对比实验：用两个绕向不同的线圈先后与同一个灵敏电流计相连，并且两次都是将 N 极插入，让学生观察指针的偏转情况。

通过上面的系列实验学生知道感应电流的方向与磁场的方向、磁通量的变化和线圈的绕向有关。

3. 采用控制变量，初步得出结论

在学生理解感应电流方向影响因素的基础上，让学生再次实验探究，这里采用控制变量的思想。实验前，先用一节干电池通过试触法确定电流流向与指针偏转的关系。由于每一个线圈的绕向是可以看出来的，结合电流计指针偏转情况就能知道感应电流方向，所以线圈绕向这个因素不是学习重点，实验时只要选用绕向相同的线圈就可以了。另外借助控制变量的思想也可以让学生设计下面的表 5.4，而不是由老师直接给出。

让学生继续小组合作实验探究，完成表格中的内容，如表 5.4 所示。

表 5.4　自主设计表格探究

磁铁运动情况	N 极下插	N 极上拔	S 极下插	S 极上拔
线圈中产生的感应电流方向（俯视）	逆时针	顺时针	顺时针	逆时针
磁铁产生磁场方向	向下	向下	向上	向上
线圈磁通量变化	增加	减少	增加	减少

在得出上面的表格后，让学生小组讨论：感应电流的方向与磁场的方向、磁通量的变化有什么关系。

学生在讨论后得出一个初步结论：B 向下 Φ 增加、B 向上 Φ 减少时，电流方向为逆时针；B 向下 Φ 减少、B 向上 Φ 增加时，电流方向为顺时针。

4. 借助问题转化，归纳一般规律

转化法是物理学科研究过程中一种很常用的思想方法。学生发现上面的结论只适用于竖直放置的线圈，所以需要进一步研究和总结归纳，得出更一般的规律。因为这里有磁铁的磁场和磁通量变化，所以研究磁场之间的关系应该更加科学合理，而感应电流正好能产生磁场。知道感应电流的磁场方向，根据右手定则就可以判断出感应电流的方向，从而将问题进行了转化。在表 5.4 的基础上增加 3 个比较项目，得出表 5.5，让学生填写相应内容。

表 5.5　深度探究

磁铁运动情况	N 极下插	N 极上拔	S 极下插	S 极上拔
感应电流的磁场方向	向上	向下	向下	向上
感应电流的磁场方向与原磁场方向的关系	相反	相同	相反	相同
感应电流的磁场方向与磁通量变化的关系	阻碍增加	阻碍减小	阻碍增加	阻碍减小

让学生继续讨论：感应电流的磁场方向与原磁场的方向、磁通量变化之间的关系。

讨论后得出一个规律：由磁通量的增加产生的感应电流，其激发的磁场一定阻碍原来磁通量的增加；由磁通量的减少产生的感应电流，其激发的磁场一定阻碍原来磁通量的减少。

这样学生更能清晰地理解“阻碍”的内涵：不是阻碍引起感应电流的原磁场，而是阻碍原磁场磁通量的变化。

5. 通过学科联结，建立核心观念

知识只是教学的载体，通过知识的学习关键要把握知识背后的逻辑、思想、意义和观念等，也就是在将知识忘掉之后留下的东西。可以在学科内进行纵向挖掘、学科间进行横向关联，建立大概念或大观念。

先给学生设置一个挑战性任务：尝试对刚才得出的规律用一句话进行概括，看谁的既简洁又准确。

学生在经过一番尝试和讨论后得出：感应电流具有这样的反向，即感应电流的磁场总是阻碍引起感应电流磁通量的变化。这就是楞次定律的内容。

学到这里，老师可以提出化学中化学平衡移动的规律（勒夏特列原理）：如果改变可逆反应的条件，化学平衡就被破坏，并向减弱这种改变的方向移动。

让学生对这两个规律的内容进行比较和讨论，并谈谈自己的体会。

不难发现，物理学中的楞次定律和化学中的勒夏特列原理十分相似，另外与"天之道，损有余而补不足"（《老子》）的道理也相同。即一个系统在外部条件改变时，具有自我调节阻碍变化保持稳定的性质。从而通过学科联结和融通，帮助学生建立了一个跨学科核心观念。

6. 解决实际问题，拓展知识内涵

能够迁移应用所学知识和方法解决实际问题是深度学习的标志。在物理知识学习过程中，引导和鼓励学生在体验和理解的基础上，解释生活现象或解决实际问题，不仅能拓展知识本身的内涵，还能够提升学生问题解决这一关键能力。

课堂上演示"跳环实验"，器材有：动态"楞次定律"演示仪（内部有一个大电容，开关打开先充电，开关闭合后瞬间，产生的大电流通过线圈）、线圈、铁芯和一个闭合铝环（其内径比铁芯大，比线圈的外径小），如图 5.2 所示。

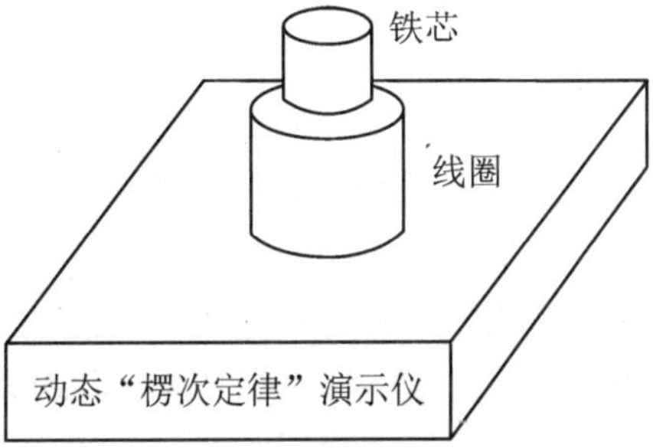

图 5.2　跳环实验

先将铝环套在铁芯上，闭合开关，过几秒钟，断开开关，发现铝环神奇的跳起 20 多厘米高（挑起的高度与线圈匝数、铝环质量等有关）。接下来让学生分析和解释产生这一现象的原因。

学生在讨论后得出：电容器的放电电流通过线圈时，在铁芯作用下，产生一个很大的磁场，从而使穿过闭合铝环的磁通量增加。根据"楞次定律"，铝环将产生感应电流，感应电流的方向与线圈中的电流方向相反，因此与原线圈相斥，相斥的力大于铝环重力使得铝环跳起。

铝环通过远离线圈，实现了阻碍磁通量的增加，铝环跳起时其机械能增加，进一步拓展让学生分析"跳环实验"中的能量是如何转化的？通过分析能帮助学生对楞次定律内涵的理解更加全面和深刻。

第6章　基于学科大概念促进深度学习

基于学科大概念的教学有助于促进深度学习的发生，同时揭示、理解和应用学科大概念需要深度学习的支撑，所以两者是相辅相成、和谐统一的。

6.1　学习科学视阈内的深度学习兴起

深度学习是用以描述学生学习效益的术语，最初是由马顿和赛尔乔在布鲁姆认知目标分类理论的基础上，分析学生在阅读课文时表现出的不同学习取向而提出的。比格斯(Biggs)描述了深度学习和浅表学习的行为特点：深度学习旨在理解阐述、批判思考，并将一个概念与另一个概念相互联结整合；而浅表学习通常采用记忆和复述的策略。此后，关于深度学习的研究日渐增多，不同研究者也从多样化的角度阐释了深度学习的概念。随着科学技术的发展和经济全球化的影响，社会对深度学习能力的需求飙升，深度学习也被赋予了更多的涵义。比格斯进行有关"学生学习方法"的研究。20世纪70年代末期，他开发了学习方法评价问卷，包括面向中学生的"学习过程问卷(LPQ)"，以及面向高校学生的"学习过程问卷(SPQ)"。问卷将学习过程分为"浅层""深层"和"目的达成"三个层次，以及每个层次相应的学习动机和学习策略。他将学习过程聚焦于"深层"和"浅层"两个层次，并验证了该问卷在特定教学环境中，用于评价学生学习方法的有效性。20世纪80年代初，比格斯基于皮亚杰的认知发展阶段理论，提出了SOLO分类法，即依据学习结果的复杂性进行分类，分别为学习结果的前结构水平、单一结构水平、多层结构水平、相关结构水平和拓展抽象水平。

2014年，我国教育部基础教育课程教材发展中心在全国多个实验区开展了"深度学习"教学改进项目研究，努力在自觉的教育实验活动中探索教学规律，促进学生核心素养的发展，使教学活动真正成为培养人的理智活动，成为能够回应时代和社会发展要求的社会实践活动。

在学习科学视阈下的"深度学习"强调知识的理解与整合，注重学习者的迁移与批判，关心沟通和协作能力的掌握。21世纪以来，随着科学技术的发展和经济全球化的推进，"深度学习"已经跨越了认知界限，融合了时代元素，成为了社会迫切需要的学习能力。促进学生的深度学习亦成为了教育界的重要议题。

深度学习和浅层学习在学习动机、学习目标、学习方式和思维方式等方面有显著的区别，具体对比如表 6.1 所示。

表 6.1　深度学习与浅层学习的区别

特征	深度学习	浅层学习
学习动机	出于内部动机，有积极学习的心向	出于外部动机，是目标导向的学习
目标	以理解为目标	以完成学习任务为目标
知识结构	会把新知识与原有知识联系起来	不会把新知识与原有知识联系起来
学习方式	能从整体上理解问题，并找出学习材料中各个部分之间的联系	采用机械的方式记忆知识，持续性弱
思维方式	关注学习内容的真实性，批判性地思考	不关注学习内容的真实性，孤立地学习
迁移能力	容易产生知识和方法的迁移	不产生迁移
元认知	使用元认知技能	不使用元认知技能

通过以上差异对比，分析得出以下结论：① 深度学习是一种高水平、高阶思维的认知，是一种高级学习状态，更接近知识和智慧的本质；浅层学习则限于较低水平的学习，为数据的获得，信息的单向获取。② 深度学习和浅层学习不完全对立，我们提倡深度学习但并不彻底否定浅层学习。两者之间从时间维度存在着延续性，即浅层学习是深度学习的基础和前提，深度学习是浅层学习的深化与升华，我们必须有一定的浅层学习得来的知识（如事实程序和定义）才能进行深度的更有意义的学习。这种关系可以用一种递进图示来解释，如图 6.1 所示。

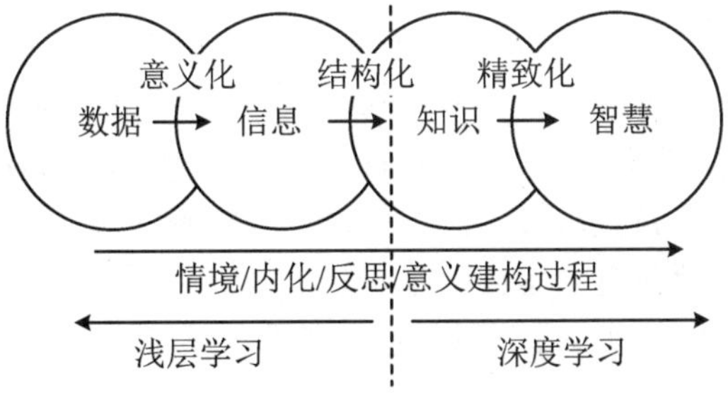

图 6.1　浅层学习与深度学习的关系

6.2 深度学习的基本特征

深度学习主要具有注重批判理解、强调信息整合、促进知识建构、着意迁移运用、面向问题解决五个基本特征。

6.2.1 批判理解

深度学习是一种基于理解的学习，强调学习者批判性地学习新知识和思想，把它们纳入原有的认知结构中，在各种观点之间建立多元连接。这要求学习者在理解事物的基础上善于质疑辨析，用怀疑的眼光去看待事物，以充分的理性和客观事实进行理论评估与客观评价，在审度评价的同时加深对知识的理解。

6.2.2 信息整合

信息整合包括内容整合和过程整合。其中，内容整合是指多种知识和信息间的联结，包括多学科知识融合及新、旧知识联系，将其整合到原有的认知结构中。过程整合是指形成内容整合的认知策略和元认知策略，使其存储在长时记忆中，如利用图表、概念图和思维导图等方式更利于梳理新、旧知识之间的联系。

6.2.3 建构反思

建构反思是指学习者在信息整合的基础上通过新、旧经验的双向相互作用实现知识的同化和顺应，调整原有认知结构，并对建构产生的结果进行审视分析、调整的过程。这不仅要求学习者主动地对信息做出理解和判断，运用原有的知识经验对新概念(原理)或问题进行分析、鉴别、评价，形成自我对知识的理解，构建新知序列；而且还需要不断对自我建构结果审视反思、吐故纳新，形成对学习积极主动的检查评价、调控、改造、修炼。可以说，建构反思是深度学习和浅层学习的本质区别。

6.2.4 迁移运用

深度学习要求在深入理解新情境的基础上，对关键要素进行判断和把握，新情境中分析判断概念的复杂性和差异性并将原则思路进行重组性迁移运用。

6.2.5　问题解决

深度学习与浅层学习的另一个重要区别就在于是否能够将知识运用到新情境中解决问题。这里所指的问题不是那种套用规则和方法就能够解决的结构良好问题，而是需要在原有的基础上重新分析能够解决复杂的、结构不良问题。学会解决复杂的、结构不良问题正是学习深度的体现和必由之路。

实际上，在我国新课程改革中所提倡的抛锚式教学、基于问题的学习、基于项目的学习、基于设计的学习等众多现代教学模式中，一定程度上也都有深度学习的理念，这些学习模式均要求学习者进行有意义的学习、批判性的高阶思维、对知识的主动建构、积极的反思性学习、有效的知识迁移及真实问题的解决。

6.3　指向深度学习的高中物理教学改进

6.3.1　基于实践反思形成高中物理"一四五"教学模式

1. "一中心"(宏观层面)

以高阶思维能力发展为中心，深度学习就"深"在思维的层次上。物理学科以实验为基础、以思维为中心，明确高阶思维和思维品质发展在高中物理教学中的核心目标地位，提升物理课堂教学内涵，促进物理大概念形成，让学生能创造性地解决实际问题，落实物理学科核心素养。

2. "四要素"(中观层面)

基于对身心二元论的批判和反思，引发了将主体身体体验引入认知过程的身心一元论的第二代认知科学产生，即具身认知。镜像神经元的发现为具身认知理论建构奠定了生理基础。研究表明，主体在表征、加工或运用抽象概念时，由对物体的观察或操作而诱发的运动系统的激活过程，实际上就是"镜像神经系统的激活"过程。如图 6.2 所示，传统教学三要素是教师、学生和知识，具身认知认为教学是四要素，主要包括：① 知识：知识结构——知识序；② 学生：认知结构——思维序；③ 环境：交互结构——具身序；④ 教师：教学结构——教学序，教学中要"四序合一"。它们之间是通过身体联系在一起的，如图 6.2 所示。

3. "五环节"(微观层面)

主要包括：① 生动的问题情境；② 交互的具身体验；③ 意义的自主建构；④ 批判的自我反思；⑤ 真实的问题解决。五个环节相互关联，每个环节对应的教学原则如图 6.3 所示。

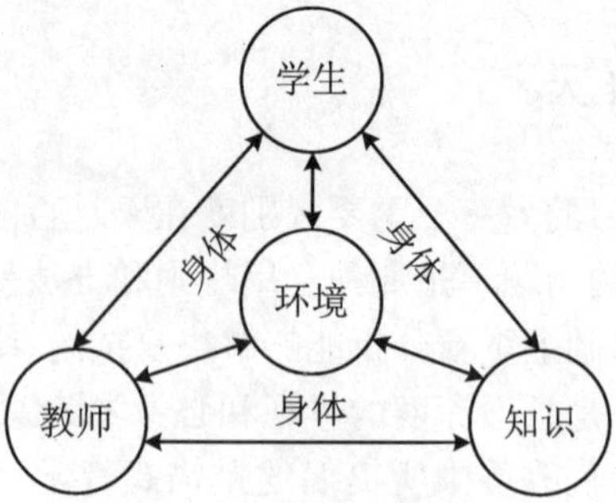

图 6.2　教学四要素关系图

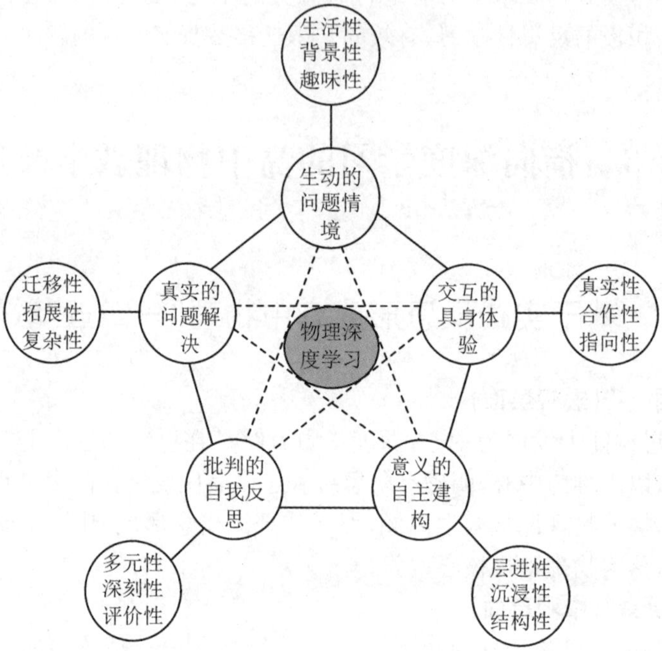

图 6.3　“五环节”关系图

(1) 生动的问题情境

生动的问题情境是深度学习发生的基础,问题情境越生动、越逼真就越能引发个体的身体体验,特别是在学习抽象概念时或者学生缺乏已有感性经验时,情境的再造与渲染至关重要。高中物理可以回归生活世界或借助实验创设真实的问题情境,也可以借助其他手段对现实情境再现,如视频、图片、语言或文字描述等,甚至还可以是借助计算机创设的虚拟情境。

(2) 交互的具身体验

交互的具身体验是深度学习发生的催化剂,目前由于课时的限制,一些课堂教学教师代替或缩短了学生对知识感悟、体验的过程,从具身学习角度而言,体验方式、体验内容、体验结果决定认知方式、认知内容与认知结果,教师应根据教学内容，创设多种能引发具身效应产生的情境，大大增强或者延长感受、体验的环节，使学生能够产生身心融入的具身学习。

(3) 意义的自主建构

意义的自主建构是深度学习发生的关键环节，引导学生将自己的感知、体验与自己的生活背景或已有的经验建立联系，促进学生自主地、能动地建构新知识，把握知识背后的思想方法、逻辑、意义和价值。新知识建立的过程也是新意义生成的过程，只有生成新意义的学习才是有深度的学习。

(4) 批判的自我反思

批判的自我反思是深度学习的核心标志，教学中引导学生对自己体验的方式、内容和结果进行总结、反思、评价和批判，不仅能促进学生理清知识的内在结构和逻辑，更好地把握学科思想方法，并且批判性的自我反思也是提升高阶思维能力和思维品质的有效途径。

(5) 真实的问题解决

真实的问题解决是深度学习发生的判断准则，物理学与生活息息相关，生活中许多复杂的实际问题都可以作为教学材料，在物理知识学习过程中，引导和鼓励学生在体验和理解的基础上，综合运用多种知识和方法解决实际问题，提升学生综合应用跨学科知识解决问题的能力，并且促进深度学习从课内延伸到课外。

6.3.2　基于课堂观察形成高中物理四种基本课型的教学流程

指向深度学习的思维型课堂物理概念教学如表 6.2 所示。

表 6.2　指向深度学习的思维型课堂物理概念教学

教学原则	对应教学过程	教师主要活动	学生主要活动
生动的问题情境	唤醒前概念	创设实验、视频和图片等情境	将当前情境与已有前概念建立联系
交互的具身体验	定性感知物理概念形成过程	设置与概念有关的体验活动	亲身参与活动对概念形成感性认识
意义的自主整合	同化或顺应构建概念模型	设置有思维空间和挑战性的学习任务	构建物理模型，形成科学概念
批判的自我反思	深化物理概念的内涵和外延	提供与科学概念相关的正例和反例	通过辨析和反思内化物理概念的本质
真实的问题解决	应用物理概念解决实际问题	创设待解决的真实问题情境，适当引导	应用所学概念自主或合作解决问题

首先，通过设置生动的实验或视频、图片等情境，唤醒学生已有的前概念；其次，通过设置系列活动让学生体验、感知物理概念的形成过程；再次，在“同化”或“顺应”的基础上建立科学概念；然后，通过批判的自我反思内化物理概念，深度把握物理概念的内涵和外延；最后，应用物理概念解决生活中的实际问题。

指向深度学习的思维型课堂物理规律的教学过程、教师主要活动和学生主要活动如表 6.3 所示。

表 6.3　指向深度学习的思维型课堂物理规律教学

教学原则	对应教学过程	教师主要活动	学生主要活动
生动的问题情境	激发认知冲突	通过实验、逻辑等创设“两难”情境	提出研究的问题
交互的具身体验	还原物理规律的建立过程	设置与规律建立相关的实验或体验活动	亲身参与活动对规律形成初步认识
意义的自主整合	深度理解物理规律的意义	创设理论和实验探究的问题与情境	通过理论和实验探究建立物理规律
批判的自我反思	辨析物理规律的适用范围	引导学生对物理规律建立的过程进行反思	在反思中明确物理规律的适用范围
真实的问题解决	应用物理规律解决实际问题	创设待解决的真实问题情境，适当引导	应用所学规律自主或合作解决问题

首先，通过实验情境或逻辑推理激发认知冲突；其次，通过自主或合作探究亲历物理规律的建立过程；再次，总结、归纳得出物理规律；然后，反思物理规律的建立过程探寻物理规律的适用范围；最后，应用物理规律解决实际问题。

指向深度学习的思维型课堂物理习题的教学过程、教师主要活动和学生主要活动如表 6.4 所示。

表 6.4　指向深度学习的思维型课堂物理习题教学

教学原则	对应教学过程	教师主要活动	学生主要活动
生动的问题情境	引出习题教学主题	创设实验或视频、图片等情境	明确要研究的主题
交互的具身体验	独立解决物理习题	提供学生独立解决习题的时间和空间	独立思考解决物理习题并展示交流

续表

教学原则	对应教学过程	教师主要活动	学生主要活动
意义的自主整合	还原物理习题，联系生活实际	回归生活背景，让学生尝试还原物理习题	联系生活，还原物理习题，生成意义
批判的自我反思	反思物理习题解决过程	引导学生对物理习题解决的过程进行反思	通过反思形成方法性知识，发展元认知
真实的问题解决	关联拓展解决实际复杂问题	变式或迁移拓展形成要解决的实际问题	应用所学思想方法解决问题

首先，通过实验或视频、图片等情境引出研究的主题；其次，让学生独立解决物理习题，然后让个别学生展示交流，同伴间相互学习；再次，还原物理习题，联系生活实际情境，生成意义；然后，对习题解决的过程进行相互评价和自我反思，形成程序性知识和元认知知识；最后，应用所学知识和方法解决实际问题。

指向深度学习的思维型课堂实验探究教学的过程、教师主要活动和学生主要活动如表 6.5 所示。

表 6.5　指向深度学习的思维型课堂实验探究教学

教学原则	对应教学过程	教师主要活动	学生主要活动
生动的问题情境	引出实验探究主题	提供生活情境或现象的视频或图片	明确实验探究的主题
交互的具身体验	设计实验方案，实验操作	问题驱动学生实验方案设计和操作	独立或合作设计实验方案和装置并操作
意义的自主整合	实验数据分析	帮助学生寻找处理实验数据的方法	分析实验数据，寻找证据
批判的自我反思	论证实验结论并进行误差分析	引导学生对实验探究过程和结论进行反思	得出实验结论，探寻误差产生的原因并分析可能出现的结果

续表

教学原则	对应教学过程	教师主要活动	学生主要活动
真实的问题解决	解决实际复杂问题	创设待解决的实际问题	应用所学实验结论和实验方法解决问题

首先,通过生活情境或现象等情境引出实验探究的主题;其次,让学生设计实验方案,组装实验装置并动手操作进行数据测量;再次,分析实验数据寻找证据;然后,对实验的结论进行论证,并进行实验误差分析;最后,应用实验所得结论解决实际问题。

6.3.3 基于高阶思维目标形成高中物理教学"七策略"

1. 创新实验情境,衔接新、旧知识,提升思维的逻辑性

实验是物理学的基石,也是学物理的基石。创新实验内容或实验演示的方式,一方面有助于增强具身体验,激发学生学习的兴趣;另一方面有助于透过现象分析问题的本质,建立新、旧知识间的逻辑关联,提升学生思维的逻辑型。

2. 回归生活背景,放宽研究视野,提升思维的广阔性

促进深度学习需要回归学生的生活世界和生活背景,与时俱进,从学生丰富的生活经验出发设计学习路径,放宽课堂教学研究的视野,充分展示知识的广度,提升思维的广阔性。

3. 适度关联拓展,从定性到定量,提升思维的深刻性

不同知识点间总有千丝万缕的联系,两个不同知识点间的过渡可以通过关联拓展实现,同一知识的纵深学习,也可以通过适度拓展实现。

4. 借助问题驱动,促进自主建构,提升思维的独立性

有效的思维进阶和思维品质的提升离不开有效问题的引导和驱动,设置适合学生的问题和问题串,与学生互动对话,有助于学生独立思考,自主建构知识,提升思维的独立性。

5. 倾听学生心声,捕捉生成资源,提升思维的灵活性

促进深度学习需要对话触及学生心灵深处,这就要求教师必须倾听学生的心声,倾听学生对所学知识的个性化理解,从而及时的调整教学策略。不同学生的心声也是重要的生成性教学资源,充分利用可以提升思维的灵活性。

6. 通过自我反思,理解知识本质,提升思维的批判性

在学习过程中适时地引导学生对学习知识的内容、学习过程和方式进行反思,有助于发展学生的元认知能力和提升思维的批判性。这里的自我反思不等同于课堂上浅表的"课堂小结"和知识罗列,而是要理解知识的本质。

7. 解决实际问题,应用知识方法,提升思维的创造性

能否灵活应用所学物理知识和思想方法解决实际复杂问题是判断深度学习发生的重要标志,面对实际问题,进行综合分析和提出解决方案的过程,本身就是一个创造性过程。所以,在教学中设置待解决的实际问题,有助于提升思维的创造性。

6.3.4　基于 SOLO 分类理论形成高中物理教学评价方式

新课标中的"学业质量"评价把物理学科核心素养的四个方面(物理概念、科学思维、科学探究和科学态度与责任)划分为 5 个层级进行"质性"描述,这正好与 SOLO 结构的五个维度一一对应,以"物理观念"为例,如表 6.6 所示。

表 6.6　新课标学业质量描述与 SOLO 结构的对应关系

水平层级	新课标有关"物理概念"的学业质量描述	SOLO 结构	学习层次
1	初步了解所学物理概念和规律,能将其与相关的自然现象和问题解决联系起来	前结构	浅层学习
2	了解所学物理概念和规律,能解释简单的自然现象,解决简单的实际问题	单点结构	
3	了解所学的物理概念和规律及其相互关系,能解释自然现象,解决实际问题	多点结构	
4	理解所学的物理概念和规律及其相互关系,能正确解释自然现象,综合应用所学物理知识解决实际问题	关联结构	深度学习
5	能清晰、系统地理解物理概念和规律,能正确解释自然现象,能综合应用所学物理知识灵活解决实际问题	抽象扩展结构	

基于 SOLO 分类指向深度学习的高中物理教学评价是注重反馈和促进发展的形成性评价。通过师生间多维对话、开放性问题解决和批判性自我监控三个策略,及时判断学生的思维发展层次,适时改进课堂教学路径,引导学生从"浅层学习"走向"深度"学习,以评价促进深度学习真实发生。基于 SOLO 分类评价以学生的"学"为中心,以学生的真实性核心表现任务为依据,以评促学、以评促教。

1. 师生间多维对话:深度学习评价的外部维度

高中物理课堂教学中通过师生、生生间的深度对话,促进思维碰撞来诊断学生的思维发展层次,适时改变教学策略,借助多维深度对话、问题驱动促进学生思维进阶发展,达到深度学习层次。

2. 真实的问题解决:深度学习评价的核心维度

将所学物理知识和思想方法灵活迁移到新问题、新情境的能力是判断学习的适应性与灵活性的重要内容,也是评价深度学习的核心指标,开放性问题解决是促进灵活迁移的良好载体。开放性问题是没有明确指向性的问题,是具有思维空间和挑战性的问题情境。从解决的结果判断学生的思维发展层次,适时引导,促进深度学习。

3. 批判性自我反思:深度学习评价的内部维度

深度学习是深入学科本质的批判性学习,所以在高中物理教学中实施反思性教学,引导学生对问题探究或解决的过程、结果以及思维方法进行批判性的自我思维监控、自我评价,促进自我调整和改进学习方式,达到自我教育。

6.4　基于大概念促进深度学习的教学探讨

以大概念为核心设计和组织教学是促进深度学习的有效路径。大概念能统领分散知识促进关联整合、能揭示核心知识把握内涵本质、能超越符号知识实现意义生成。真实性情境是深度学习的条件,挑战性任务是深度学习的基础,结构性知识是深度学习的保障,迁移性应用是深度学习的核心。

6.4.1　基于大概念实施教学是促进深度学习的有效路径

大概念和深度学习都注重对核心内容的深刻理解、对所学知识和方法的迁移应用、对结构和意义的整体把握。基于大概念促进深度学习主要体现在以下三个方面。下面以“单摆”教学为例进行阐述。

1. 大概念能统领分散知识促进关联整合

大概念能纵向统领学科内核心内容、横向联结学科间关联知识,以大概念为核心选择、组织和整合分散的概念、事实、经验和问题等,并进行整体设计和实施教学是促进深度学习的必由之路。

在“单摆”教学中,确定的大概念是单摆及其周期。整合关联问题:什么是单摆?如何表征单摆运动?单摆是怎样的一种运动?和以前学习的运动有哪些区别和联系?单摆的周期和哪些因素有关?单摆及其周期在生活生产中有哪些应用?

2. 大概念能揭示核心知识把握内涵本质

大概念是学科领域中最精华、最有价值、最核心的内容,对大概念的学习、理解和应用的过程,本身就是揭示核心知识、把握学科本质的过程。因此,对大概念的理解和应用就是深度学习的目标。

以“单摆及其周期”为核心需要把握单摆模型的建构过程、单摆运动性质和单摆运动周期的探究过程。在这些过程中提升学生的高阶思维能力和思维品质。

3. 大概念能超越符号知识实现意义生成

研究表明，知识只有上升到抽象概念层次才能被灵活迁移应用。所以，教学必须超越表面的符号知识，进行抽象概括，理解知识背后的逻辑、方法和意义，也就是要聚焦大概念。大概念有助于使新的、不熟悉的概念看起来更熟悉。大概念不只是一个抽象的概念，也是促进知识意义生成的工具。

在“单摆”的学习中不仅仅是记住单摆的概念、单摆的周期公式等符号化的知识，更重要的是要将单摆与机械能守恒、圆周运动等联系起来，并发现其在生产生活中的实际应用。

6.4.2　如何基于大概念促进深度学习

基于大概念促进深度学习需要真实性情境为条件、挑战性任务为基础、结构性知识为保障、迁移性应用为核心。

1. 真实性情境是深度学习的条件

真实性情境是深度学习发生必不可少的条件，创设基于学生生活背景的情境让学生体验，由于时间和空间的限制，可以模拟真实性情境。另外，也可以创设让学生参与的实验情境，在体验的基础上引发深度思考。

在“单摆”的引入阶段可以应用如图 6.4 所示的模拟荡秋千情境：一个结实的绳子一端连接一质量较大的铁球，另一端固定在天花板上。一同学紧靠墙站立，将铁球拉到紧靠鼻尖处，接下来让该同学放手，让其他同学观察铁球的运动情况。

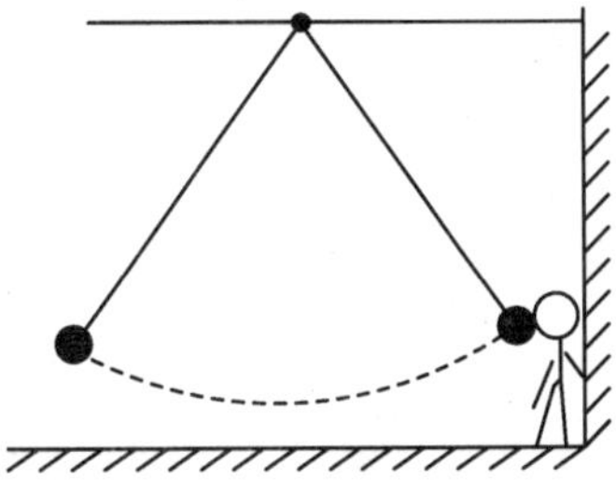

图 6.4　摆球实验

实验发现铁球来回摆动，每次回来时基本刚好能接触到该同学鼻尖。

这个情境在机械能守恒定律和圆周的教学中也有应用，但研究的角度不同，通过这个情境帮助学生建立单摆的模型。如果忽略空气阻力和重物的大小，一根轻绳吊着质点在单一平面内的来回摆动就称为单摆。

为引导学生进一步探究，可以给每一小组提供细线、钢球、米尺和铁架台，让学生自己动手组装一个单摆。在组装的过程中一方面可以加深对单摆模型的认识，另一方面会引发新的探究问题(如此时摆长如何计算？摆动过程中有什么规律?)。

2. 挑战性任务是深度学习的基础

挑战性的学习任务是促进学生深度学习的基础，让学生在任务的探索中学习，并在完成既定任务的同时，理解知识本质，完成学习实践活动，实现知识的自我意义化建构。

挑战性任务1 1582年，伽利略在教堂里观察到晃动的吊灯来回摆动的时间总是相等的，不同振幅的单摆具有同样的周期。伽利略的上述结论是否正确呢?接下来请同学们借助自己组装的单摆进行探究。

子任务1 猜想单摆的周期可能与那些因素有关。采用什么样的方法进行研究?

学生提出：单摆的周期可能和摆长、振幅和小球的质量有关；周期和多个因素有关需要借助控制变量法进行研究。

子任务2 实验探究：周期与摆长、振幅和小球的质量的定量关系。

三个小组探究：摆长和振幅不变时，探究周期和小球质量的关系，并在表6.7中记录实验数据。

表6.7 单摆周期和小球质量的关系

质量(g)	20	30	60
20个周期的时间(s)			
单摆的周期(s)			

学生探究后得出结论：单摆的周期与小球质量无关。

三个小组探究：摆长和小球质量不变时，探究周期和振幅的关系，并在表6.8中记录实验数据。

表6.8 单摆周期和振幅的关系

振幅(cm)			
20个周期的时间(s)			
单摆的周期(s)			

学生探究后得出结论：当振幅比较小时，单摆的周期与振幅无关。当振幅比较大时，单摆的周期与振幅有关，并且振幅越大，周期越大。

综上，伽利略的结论不完善，当振幅或摆角比较小时周期才与振幅无关。

最后三个小组探究：小球质量和振幅不变时，探究周期和摆长的关系，并在表6.9中记录实验数据，即可得到9组周期和摆长的数据。

表 6.9　单摆周期和摆长的关系

摆长(cm)			
20 个周期的时间(s)			
单摆的周期(s)			

学生探究后得出结论：单摆的周期与摆长有关，摆长越大，周期越大，但不成正比。

接下来通过作图法进一步研究单摆周期 T 和摆长 l 的定量关系，发现周期 T 与 $\sqrt{l}$ 成正比。

挑战性任务 2　确定单摆的运动性质。

子任务 1　借助 DIS 实验平台的位移传感器观察单摆的位移—时间关系，装置如图 6.5 所示。将位移传感器的反射和接受装置分别固定在两个铁架台上，发射端固定在铁质重锤上，一起做小角度摆动，得到如图 6.6 所示的图像。

图 6.5　实验装置

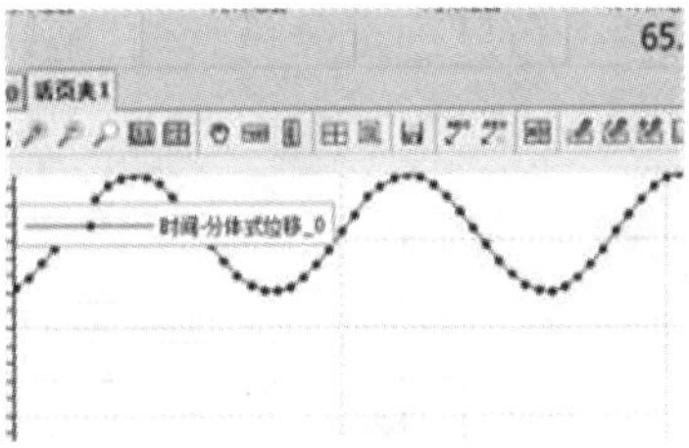

图 6.6　位移时间图像

初步得出结论：单摆应该属于简谐运动。

子任务 2　理论探讨，单摆运动的受力分析，如图 6.7 所示，沿着细绳方向的合力提供向心力，所以需要将重力分解。沿着切线方向的分力为 $F=mg\sin\theta$，当角度比较小时，$\sin\theta\approx\frac{x}{l}$，其中，$x$ 为偏离平衡位置的位移大小，l 为摆长。不难发现，位移的方向与切向分力的方向相反，再令 $k=\frac{mg}{l}$，就可以得到 $F=-kx$。这就是回复力。所以，单摆是一种典型的简谐运动。

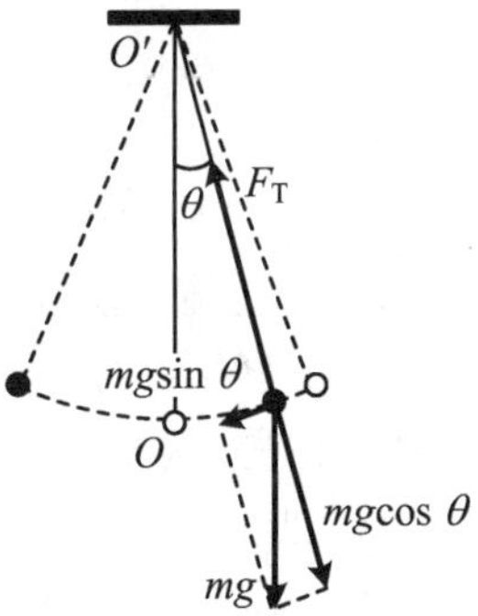

图 6.7　理论分析

3. 结构性知识是深度学习的保障

结构性知识是指规范的、拥有内在逻辑系统的、从多种情境中抽象出的基本概念和原理等。学校教学中课时和每节课的容量都是有限的，学生不可能掌握所有的知识点，所以需要以建构的方式学习结构性的知识，实现“少而精”的课程目标。

在明确单摆的运动性质后，借助简谐运动的周期公式理论推导得出单摆的周期公式。

简谐运动的周期 $T=2\pi\sqrt{\frac{m}{k}}$，单摆运动中的 $k=\frac{mg}{l}$，带入即可得到单摆周期公式：

$$T=2\pi\sqrt{\frac{l}{g}}$$

这与实验探究的结果一致，从而实现了新、旧知识的关联和结构化。这里，为了进一步帮助学生理解单摆周期和重力加速度的关系，可以在铁质重锤正下方放置一块大磁铁，这样等效的重力加速度变大。让重锤摆动起来，用位移传感器再次测其周期，发现周期明显变小。

思维导图或结构图是实现知识结构化的有效途径。在单摆学习后，可以建立如图 6.8 所示的知识结构图，帮助学生总结和理解。

还可以将单摆模型和机械能守恒、圆周运动等知识结合起来，从运动与相互作用观、能量观两个角度进行分析，综合解决一些问题，并在问题解决的过程中实现知识的结构化。

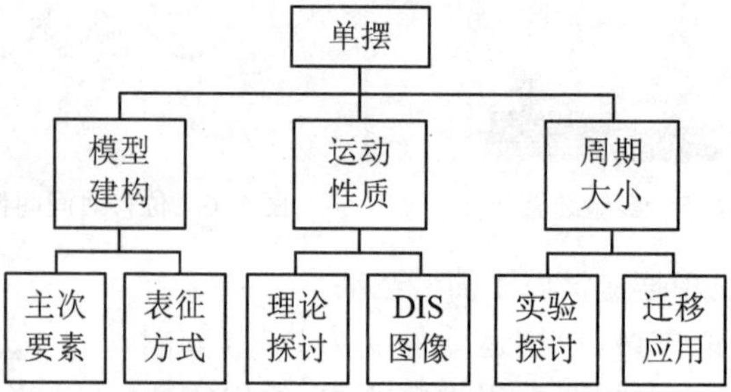

图 6.8　单摆知识结构图

4. 迁移性应用是深度学习的核心

能灵活迁移应用所学知识是促进深度学习核心，也是评价标准之一，实现“用中学”。物理学与生产生活息息相关，在学习中，引导和鼓励学生在理解的基础上，解决实际问题，提升学生综合应用跨学科知识解决问题的能力，促进深度学习从课内延伸到课外。

例如，小红从黑龙江搬到海南去，搬家时把家中一直很准的一个大摆钟也完好的带到了海南。这个摆钟到海南后是否还准时？若不准，是偏慢还是偏快？请通过查阅资料，提供具体方案帮助小红进行校准。

6.5　基于学科大概念的深度教学设计范式

6.5.1　大概念的内涵

大概念是倡导概念性理解和协同思维的教学过程，林恩·埃里克森认为知识的结构包括事实主题、概念、概括原理和理论四个维度，其中概括原理和理论就是大概念。依据深层动机、具身体验、意义理解和迁移实践四个深度学习层级构建了大概念的教学设计范式和模板，并在教学实践中取得了很好的效果。

教学设计是个系统工程，但一线教师对其的认识和重视程度不够，常常导致“覆盖教材的设计”和“活动导向的设计”两种错误倾向。教学设计是根据课程标准的要求和教学对象的特点，将教学诸要素有序安排，确定合适的教学方案的设想和计划。正如著名教学设计专家加涅认为：教学设计是一个系统化规划教学系统的过程，教学系统本身是对资源和程序做出有利于学习的安排。教学设计一般包括教学目标、教材分析、学情分析、教学重难点、教学方法、教学流程等环节。

教学设计的理念和出发点决定教学设计的品位和成败，传统教学设计过于机械主义和工具主义，在新课改背景下不能很好促进学科核心素养落实，大概念导向的教学设计提供了一个全新的视角，因其实用和高效的特性，俨然成为当下研究和实践的一个热点话题。

林恩·埃里克森建立了一个“知识结构”模型，以解释他倡导的“大概念”的课程与教学。在该模型中，知识被分为两个层面共五个层级，由下往上排列第一层面是事实性知识，分两个层级，即“事实”和“主题”；第二层面是“程序性知识”，由下往上分三个层级，即“概念”“概括原理”和“理论”。

一般来说，可以将大概念进一步分解成一定数量的较小概念，较小的概念又可以进一步分解成更小的概念，以此类推。同样，任何对较少现象适用的概念，也都可以联系到一个适用于更多现象的较大概念，较大的概念又可以归入一个更大的、更广泛的概念。理论上讲，这种将概念连接在一起而形成较大概念的过程，可以一直延续下去，直到归纳成数目很少的几个顶层概念，即大概念。这种大概念体系的逐级建构过程是揭示概念与概念间本质联系的高度概括过程，也是实现论据与结论之间论证关系的高阶思维过程。可见，“大概念”的教学本质是在事实的基础上逐级实现大概念的意义建构以及自主迁移的教学。

6.5.2 大概念的教学设计范式与模板

依据林恩·埃里克森的观点，大概念的层次包括事实主题、概念、概括原理和理论，其中概括原理就是大概念，是对概念间联系的总结和升华。笔者对李松林教授构建的深度学习发生机制进行了反思，提出深层动机、具身体验、意义理解和迁移实践四个层级，并与知识结构相结合构建了大概念的二维教学设计模型，如图6.9所示，最终指向大概念的理解和应用。

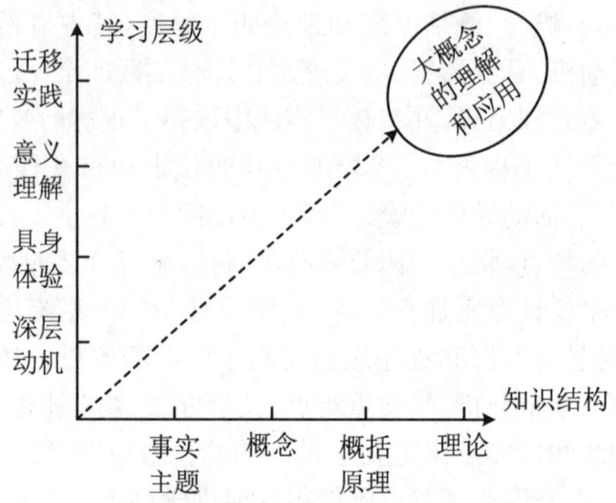

图6.9　大概念的教学设计范式

1. 事实主题

事实主题就是生活和生产中的物理现象和情境，是学习物理和研究的基础，如海市蜃楼等自然主题情境，自锁现象等生活主题情境，链球等体育主题情境，“天问一号”等科技主题情境；概念指基本的物理概念和物理规律，如质点、电场强度、库仑定律和万有引力定律等；概括原理是对概念间相互关系的总结和升华，是协同思维的过程，如对电场强度和磁感应强度的对比和分析，提升对“场”内涵的理解；理论是对一“类”知识的深度理解和抽象表达，从而形成相应的大概念和物理观念，如对能量转化及其关系的进阶认识形成能量理论。

2. 深层动机

深层动机是学习的情感维度，深层动机来自于学生对学习本身的兴趣，主要体现为两个方面：一是原始的好奇心、求知欲和探究欲；二是后天自我成长的需要，包括认知需要、审美需要和自我实现的需要。激活深层动机的有效手段是创设真实、精妙、巧妙的问题情境。

3. 具身体验

具身体验是学习的过程维度，从具身认知角度而言，体验的方式、内容和结果决定认知的方式、内容和结果，教师应根据教学内容，创设引发学生具身效应的情境，增强或者延长体验的时间，使学生能够产生身心融合的深层次学习。

4. 意义理解

意义理解是学习的内化维度，意义理解一方面是知识层次，包括知识的产生与来源、事物的本质与规律、学科的方法与思想、知识的关系与结构以及知识的作用与价值；另一方面是自我层次，包括自己的需要与兴趣、意识与思想、愿望与理想、情感与精神以及价值与信念等。

5. 迁移实践

迁移实践是知识的外显维度，迁移实践是基于自己理解了的大概念，综合应用来解决复杂的实际问题。对大概念的意义理解为迁移实践提供了前提和基础，迁移实践又激活和增进对大概念内涵的进一步理解。

在教学设计时可以应用表 6.10 模板，将对应内容填入表格中，并且越向右下角在教学中要越重要。一方面这个模板为教师提供了一个教学设计的有效工具；另一方面也为检视与修正已有设计指明了方向。

表 6.10　大概念的教学设计模板

	事实主题	概念	概括原理	理论
深层动机				
具身体验				
意义理解				
迁移实践				

6.5.3　大概念的教学设计实践

“牛顿第一定律”蕴含着对力和运动关系的深刻理解，是高中物理学习过程中的关键内容，有着承上启下的作用：上承运动学和相互作用的基本知识，下启“牛顿第二定律”，对它的学习必须达到概念性理解和应用层次。基于大概念模板的“牛顿第一定律”教学设计如表 6.11 所示。

表 6.11 基于大概念模板的“牛顿第一定律”教学设计

	事实主题	概念	概括原理	理论
深层动机	(1) 情境：一个加速运动的鸡蛋撞上一个静止的鸡蛋(撞在大致相同部位)，统计鸡蛋破的组数。提出力和运动关系的话题。 (2) 现象：手推课本，课本运动，手撤去，课本停止，让学生根据观察到的现象得出一个结论，进一步阐述亚里士多德的观点的“合理性”。	力和运动之间到底是什么关系呢？这是一个困扰人类两千多年的问题。	力不是维持运动状态的原因，物体受到不为零的合外力后，运动有什么变化呢？	汽车刹车，人的身体向前倾，惯性现象生活中无处不在。惯性大小与哪些因素有关？生活中如何避免惯性的危害？
具身体验	(1) 用一个正方形的硬塑料板，中间有一个可通气圆柱桩，通过圆柱桩气流可以从上面到硬塑料板下方，如图 6.10 所示。  **图 6.10**	(1) 第一次在“V”轨道上铺上纱布，小球从斜面一侧某一位置无初速释放，然后到达另一侧某一位置，记录下来。 (2) 去掉纱布，重复上述实验，发现运动较远的距离。	(1) 让一个带帆板的小车在轨道上向前运动，第一次帆板后面用吹风机向前吹，给小车一个与前进方向相同的风力，发现它运动得越来越快。	(1) 观看汽车碰撞测试过程中不系安全带的视频，提出在汽车行驶的过程中应该注意什么？ (2) 让学生小组合作，分析论证惯性分别与质量和速度的关系，并举例说明。

续表

	事实主题	概念	概括原理	理论
	刚开始让学生在桌面上尝试用力推该塑料板，其向前运动一小段距离后停止。 (2) 第二次将气球吹大后直接套在通气的圆柱桩上，这样气球内的气体通过小孔流到塑料板和接触面间，形成一个气垫，有效的减少了摩擦。轻推一下发现可以运动很长一段距离才停止。	(3) 通过自制通气导轨实验，说明它可以达到对面等高的位置。 (4) 没有摩擦的轨道斜面另一侧倾角度越小，小球运动过的路程越远。	(2) 第二次在帆板前面用吹风机向后吹，给小车一个与前进方向相反的风力，发现它很快停止并反向加速运动。	
意义理解	撤去外力物体停下来是由于摩擦力的缘故。	如果将轨道放平，小球将永远运动下去。所以力不是维持运动的原因，没有外力，物体将永远运动下去。	一切物体总保持匀速直线运动或静止状态，直到外力迫使它改变运动状态为止。一切物体总有保持静止或匀速直线运动状态的性质即惯性；力是改变运动状态的原因，即力是产生加速度的原因。	(1) 惯性只与质量有关，物体的质量越大，惯性越大。 (2) 惯性的“惯”和我们生活中“习惯”的意义相同，都是保持原来的状态。包括后面学习的“楞次定律”和化学上的勒夏特列原理都类似，《老子》中说：“天之道，损有余而补不足。”他们的本质是相同的，就是惯性定理：一个

续表

	事实主题	概念	概括原理	理论
				系统具有保持自身稳定状态的性质。在社会领域，也存在惯性定理。 (3) 实现跨学科主题学习，打通学科间的界限，促进深度学习，建立学科大概念。
迁移实践	足球在草坪上运动一段距离后会停下来是由于摩擦阻力的缘故。	在绝对光滑的水平面上，给小球一个初速度，它将永远运动下去。	解释为什么在课堂开始的鸡蛋碰撞实验中，静止的鸡蛋破的概率更大。	将一瓶还没开过的矿泉水水平放在书桌上，发现上面有一个小气泡，实验观察：当矿泉水瓶突然向前加速运动时，气泡相对水瓶向哪里运动？如果突然停下来呢？并解释原因。

大概念的设计范式为教学设计提供了新的视角，以大概念为指引有助于实现从“教”到“学”的根本转向，从“教学设计”走向“学习设计”，让教师真正成为学生学习的设计师与教练，帮助学生深刻领会知识背后的逻辑、意义和价值，实现学科育人的功能。

6.6 基于大概念促进远迁移的高中物理教学策略

深度学习的最终目的不是将知识储存在头脑中，而是要灵活应用，实现跨情境、跨时间和跨文化的迁移应用，而知识只有上升到概念层次才能被有效迁移，大概念是实现远迁移的思维工具。教学中基于大情境，促进还原与下沉，实现物理模型的迁移；基于大问题，促进探究与整合，实现物理思想的迁移；基于大反思，促进上浮与应用，实现物理观念的迁移。

正如英国著名教育家怀特海所说：不能加以应用的知识是相当有害的……不能让知识僵化，而要让它生动活泼起来，这是所有教育的核心问题。在这个知识和信息爆炸的时代，学生在学校有限的时间和空间里不可能学习和研究所有的知识，所以，学会将所学知识和方法迁移到其他领域、迁移到校外以及未来生活和工作实践中去是唯一出路。迁移是教与学的主要目的，迁移可分为“近迁移”和“远迁移”，远迁移决定了学生能否将所学习的知识运用到今后遇到的问题解决，是需要掌握的关键能力，如果需要迁移得越“远”，理解得越“深”，概念要越“大”。

6.6.1　远迁移的内涵

“迁移”一词的意义是：在一种情境中获得的技能、知识或态度对另一种情境中技能、知识或态度形成的影响。所谓远迁移是指个体能将所学的知识经验迁移到与原初的学习情境极不相似的其他情境中。

6.6.2　为什么大概念能实现远迁移

揭示学科大概念的过程需要以现象和事实等大情境为基础进行“解构”和“重构”，需要以大问题为引领，纵向联结、横向整合学习内容，需要以挑战性任务为评估依据不断反思，促进物理概念的“生长”和“变大”，表现为向上理解概括，在获得观念性知识的基础上去解决陌生情境的实际问题，表现为向下迁移应用。

下面从认识论、方法论和价值论三个角度进行分析。

首先，从认识论上看，学习者面对未曾遇到的问题情境，如果对先前所学知识没有充分的理解，仅停留在知识点的学习和“下位概念”层次，很难进行解决。所以在学习时要充分把握知识的本质，学会触类旁通、举一反三，实现远迁移，正所谓站得高看得远，这个“上位概念”就是大概念。

其次，从方法论上看，大概念能纵向统领学科内核心内容、横向联结学科间关键知识，在学科中发挥着概念“文件夹”和“透镜”的作用，有助于使新的、不熟悉的概念看起来更熟悉，实现“少而精”的课程理念；所以，大概念不只是一个聚合概念，也是促进迁移应用的工具。

最后，从价值论上看，大概念不仅对各种具体的事实、经验、问题和概念具有连接与整合作用，而且能促进学习者的持久记忆、深度理解和广泛迁移。不仅对事物的理解、知识的建构与迁移具有重要价值，而且它本身还可能蕴含着人们对于自我、环境和社会的价值观念。

6.6.3 如何基于大概念实现远迁移

基于对大概念和远迁移内涵的理解，教学中经历还原与下沉、探究与整合、上浮与应用的“U”形过程，实现物理模型、物理思想和物理观念的远迁移，如图 6.11 所示。

图 6.11 基于大概念的教学过程

1. 基于大情境，促进还原与下沉，实现物理模型的迁移

大情境是指在简化、剪辑与凝练人们的生产生活实践、学生的生活体验基础上，设置适合学生学习、具有较大程度的综合性、与大量物理知识相关的问题情境，如图 6.12 所示，从不同的角度分析与相应的知识产生关联。教学中设置大情境，促进对物理知识还原和下沉，让学生亲身经历物理模型的建立过程，理解不同知识间的联系，更好地实现模型的远迁移。

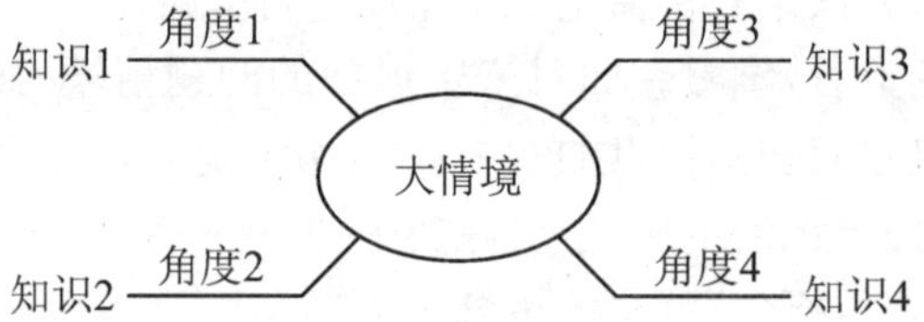

图 6.12 基于大情境的教学

教学案例 6-1

对于荡秋千的实际情境，让学生分析其结构特点，为了研究的方便，当绳子很长，人的尺寸可以忽略不计，绳子相对人的质量也可以忽略不计时，建立模型：轻绳一端固定，另一端拉着质点在竖直平面内来回摆动，并且由于质点质量较大，空气阻力的影响也可以忽略不计。这一模型在历史上被伽利略、惠更斯等充分利用，对物理学发展起到极大的推动作用，在高中物理教学中也在多个地方用到，可以广泛迁移，并且从不同角度分析得出不同的知识，它就是一个“大情境”。

角度 1：分析其运动特点，总可以在另一侧上升到原来的高度，并与伽利略斜面模型结合，得出“牛顿第一定律”。

角度 2：分析其能量转化，动能和重力势能转化过程中总量保持不变，得到机械能守恒定律。

角度 3：分析其受力特点，写出动力学方程，说明其属于简谐运动。

角度 4：分析其时间特点，经过探究得到单摆的周期公式。

角度 5：分析其与另一个模型的碰撞，结合碰撞前的过程和碰撞后的过程机械能守恒，得到动量守恒定律。

2. 基于大问题，促进探究与整合，实现物理思想的迁移

大问题是聚焦于学科大概念，处于学科或课程的核心位置、超越知识本身并能够促进对某一特定主题内容的理解、激发知识间联系和迁移的综合性问题，大问题可以分解为若干具体问题，通过对一个个具体问题串的探究与整合，实现大问题的解决，如图 6.13 所示，从而深刻理解探究过程中蕴含的物理思想方法。

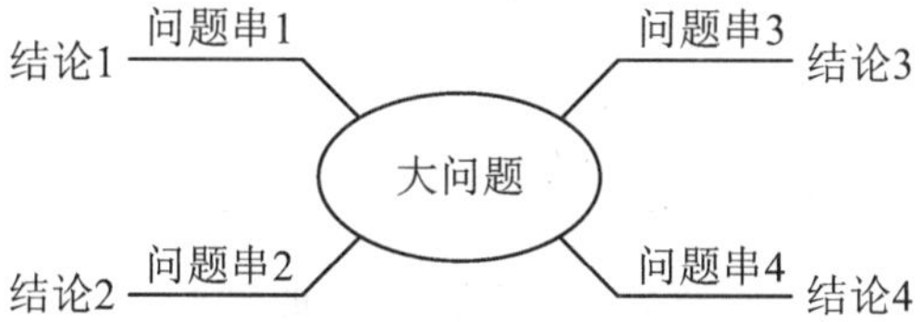

图 6.13　基于大问题的教学

教学案例 6-2

在“平抛运动”教学中，对于大问题：如何研究这个曲线运动？通过多个问题串的探究，整合得到“分解”这一重要物理思想方法，这一思想方法在“功”的计算、带电粒子在匀强磁场中的螺旋运动等新情境中被迁移应用。

在教学中可以以中国女排在 2019 年 9 月 29 日世界杯夺冠为背景，某次进攻中朱婷在最高点将球水平击出，如何才能保证排球既不触网又不越界？利用这个实际性、开放性问题一方面是对探究的大问题实现了转化，激发学生学习的兴趣；另一方面有助于引导学生联系实际经历模型建构、分析、探究等过程。设置以下问题串进行研究：

问题串 1：忽略空气阻力和排球的旋转，它的受力有什么特点？受力方向与初速度方向什么关系？

问题串 2：排球运动的轨迹是什么样子？用什么方法可以得到排球的轨迹？请大致画出来。

问题串 3：对于这个曲线运动如何处理？说说你这样处理的依据是什么，用到了什么思想方法。

问题串 4:在水平和竖直方向上分别做什么运动?为什么?设计什么样实验方案进行研究呢?

通过问题串 1 帮助建立平抛运动的物理模型;通过问题串 2 迁移前面描绘运动图像的方法;通过问题串 3 从受力特点出发提出“化曲为直”的方法,用到“分解”的物理思想;通过问题串 4 利用“分解”思想从理论和实验两个角度探究得出平抛运动的规律。

3. 基于大反思,促进上浮与应用,实现物理观念的迁移

大反思是引导对学生对自己学习的结果、关系、过程和方式进行反思、评价与批判,如图 6.14 所示。通过全方位的反思促进学生理清知识内在的逻辑结构,理解知识背后蕴藏的意义和观念,这也就是获得大概念的过程,然后应用大概念解决具体问题。

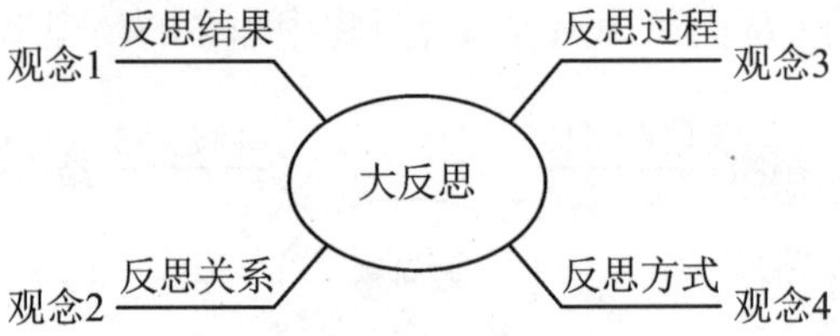

图 6.14 基于大反思的教学

教学案例 6-3

对机车起动过程进行分析,通过研究 a,$F_{牵}$,v 三者的循环关系,找出机车起动过程达到平衡的条件,接下来利用假设法判断机车的加速度为零时的平衡状态是否为稳定平衡。引导学生对探究的过程、方式和结果进行反思得出大观念:系统趋于最稳定状态(能量最低态)。

反思过程:引导学生回顾额定功率起动时机车达到稳态的过程,画出分析流程图,如图 6.15 所示。

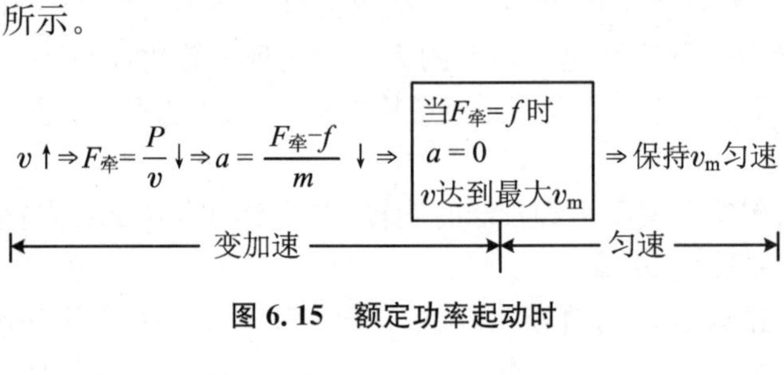

图 6.15 额定功率起动时

反思关系:引导学生构建循环分析 a,$F_{牵}$,v 的动态变化关系,再让学生自己寻找循环结束的条件。机车起动速度不断增大,额定功率保持不变,牵引力在不断减小,加速度也在不断减小,加速度减小但由于加速度和速度同向,速度还要继续增大，具体关系如图 6.16 所示。

当加速度 a 减小到 0 时，即 $F_{牵}=f$，速度不再变化，系统达到平衡状态。但这个平衡状态是否稳定平衡呢？让学生利用假设法对这一结论进一步分析和反思。

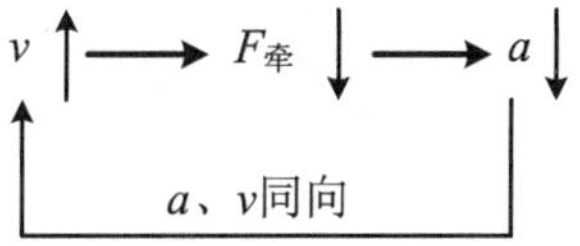

图 6.16　关系图

反思结论：当机车速度比 $a=0$ 对应的瞬时速度增大时，系统有如下调节过程：

$$v\uparrow \Rightarrow F_{牵}\downarrow \Rightarrow F_{牵}<f \Rightarrow a<0 \xrightarrow{a、v反向} v\downarrow$$

当机车速度比 $a=0$ 对应的瞬时速度减小时，系统有如下自我调节过程：

$$v\downarrow \Rightarrow F_{牵}\uparrow \Rightarrow F_{牵}>f \Rightarrow a>0 \xrightarrow{a、v同向} v\uparrow$$

所以系统趋于稳定状态，接下来对大概念的获得方式进一步自我反思。

反思方式：大概念的获得用到从现象到本质、从特殊到一般、从部分到整体的方法。这一大概念可以远迁移到雨滴下落的“收尾速度”、匀强磁场中“U”形导轨上导体棒的最终速度等问题。

6.7　指向深度学习的物理概念教学策略及案例分析

下面以“电容”概念教学为例阐述物理概念教学。

6.7.1　基于比较，确定研究方案

在理解电容器的功能和结构后，提出问题：电容器是储存电荷的仪器，两个不同的电容器储存电荷的本领大小如何比较呢？可以用同一电源给两电容器充电，很显然带电量大的储存电荷的本领强。带电量的比较可以用如图 6.17 所示电路。将一电容器接入电路，当单刀双掷开关 k 接 1 时，电容器充电，k 接 2 时电容器放电，会有电流流过灯泡，灯泡会发光；再将另一电容器接入电路，同样会观察到灯泡发光，可以通过比较两次灯泡亮暗程度和时间来比较带电量的多少。

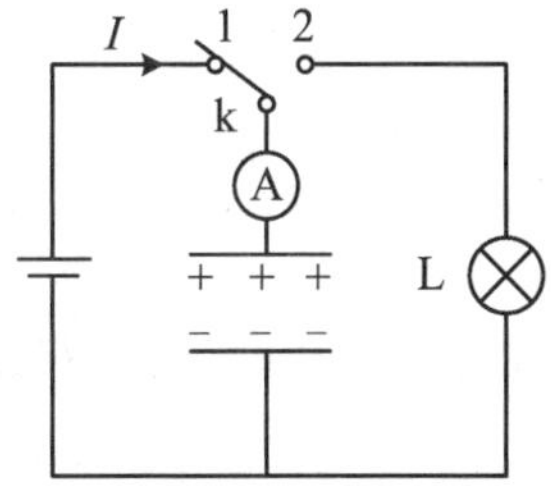

图 6.17　电容器充、放电

对于上面的方案，有学生提出不同时刻不好比较灯泡谁亮谁暗，为了便于比较，两电容器能不能同时放电？于是提出如图 6.18 所示的研究方案，两灯泡完全

相同，两单刀双掷开关同时接1、3和2、4。为了方便进一步操作，可以用一双扫双掷开关代替两单刀双掷开关，最终得到如图6.19所示的实验研究方案。

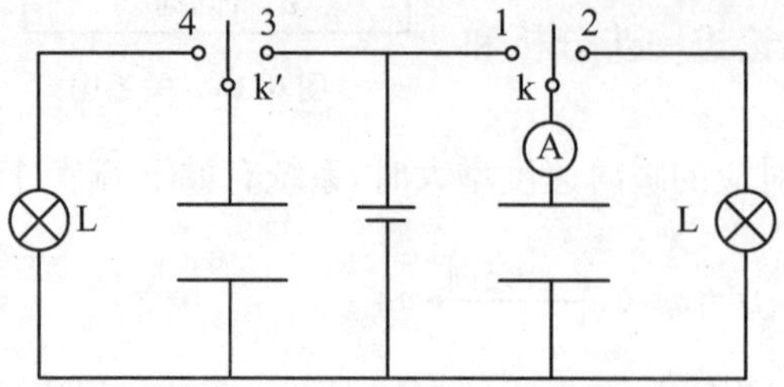

图6.18　两电容器同时充、放电

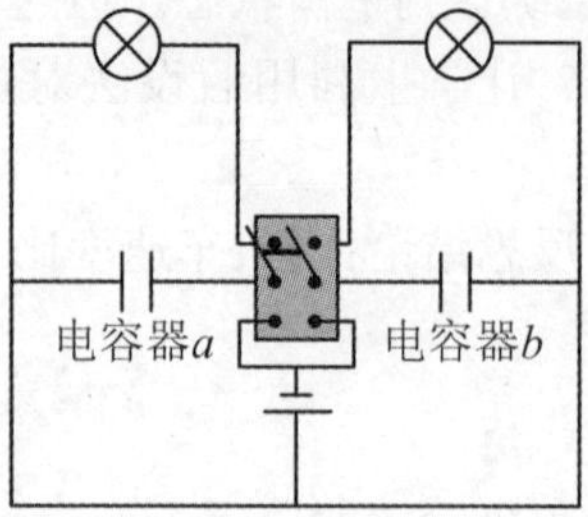

图6.19　改进后的实验方案

6.7.2　现象分析，得出定性结论

在前面和学生一起实验方案设计的基础上，笔者自制了如图6.20所示的实验装置，充电电源用的是学生电源，两灯泡用的是“12 V、12 W”的LED灯，电容器用的是两电容相差10倍的电解电容器。

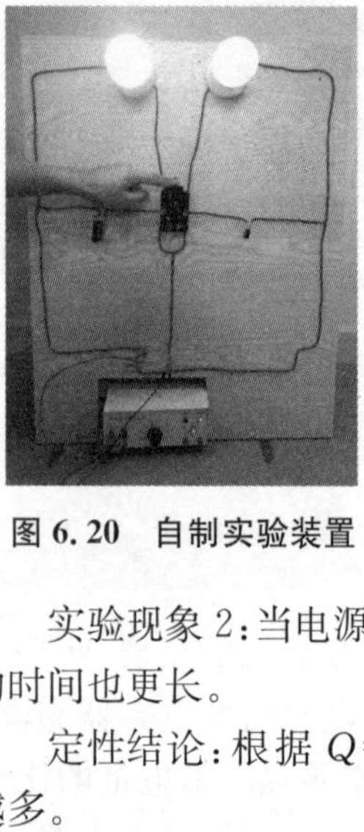

图6.20　自制实验装置

实验现象1：电源电压用6 V时，发现其中一个灯泡比另一个灯泡更亮，并且亮的时间更长。

现象分析：更亮说明流过电流I大，时间t也大，根据$Q=It$，说明其储存的电荷量多。

定性结论：说明不同电容器用相同电源充电后，储存电荷的本领不同，储存的电荷量越多其储存电荷的本领越强。

实验现象2：当电源电压增大到8 V时，发现两灯泡明显的都比原来更亮，亮的时间也更长。

定性结论：根据$Q=It$，对于同一个电容器，充电电压越大，储存的电荷量越多。

6.7.3　问题驱动，渗透比值思想

在上面定性分析的基础上，提出两个讨论的问题，渗透比值定义的思想，帮助学生学会如何科学地描述电容器储存电荷本领的大小。

问题1：如果两电容器在不同充电电压下带电量相同，如表6.12所示。谁储存电荷本领强？如何比较？

表 6.12　不同充电电压、相同的电荷量

电容器	充电电压	储存的电荷量
a	U_0	Q_0
b	$2U_0$	Q_0

问题分析：借助前面的结论：对于同一个电容器，充电电压越大，储存的电荷量越多。当电容器 a 的充电电压增加到 $2U_0$ 时，其储存的电荷量将大于 Q_0，相同充电电压下，电容器 a 储存的电荷量多，其储存电荷的本领强，即电容器储存的电荷量相同时，电压越低，储存电荷的本领越强。

问题 2：表 6.13 中三个电容器谁储存电荷本领最大？如何比较？

表 6.13　不同充电电压、不同电荷量

电容器	充电电压	储存的电荷量
a	U_0	Q_0
b	$2U_0$	$3Q_0$
c	$4U_0$	$5Q_0$

问题分析：这三个电容器充电电压各不相同，储存的电荷量也不同。可以在相同充电电压下比较储存的电荷量大小，也可以在储存相同的电量时比较电压大小，即可以用储存的电荷量 Q 与充电电压 U 的比值来反映电容器储存电荷本领大小，电荷量 Q 与电压 U 的比值越大，储存电荷的本领越强。

6.7.4　具身体验，尝试解决问题

如果用电荷量和电压的比值反映电容器储存电荷本领的强弱，那么对于一个确定的电容器，在不同电压下的带电量 Q 与电压 U 的比值应该是一个定值，如何证实这一想法呢？可以通过实验进行定量测量，其中电压 U 容易测量，关键是如何测量电荷量 Q，Q 可以通过测量电流 I 和时间 t 来计算。

基于上述学习，笔者自制了实验装置，学生每两人一组，如图 6.21 所示，通过体验研究充电电流和放电电流的变化特点，用电流表测量电流变化。学生观察到：当单刀双掷开关让电容器充电时，指针先偏大后回到 0；当开关让电容器放电时，指针向相反方向偏大后也回到 0，大致得到的图像如图 6.22 所示。

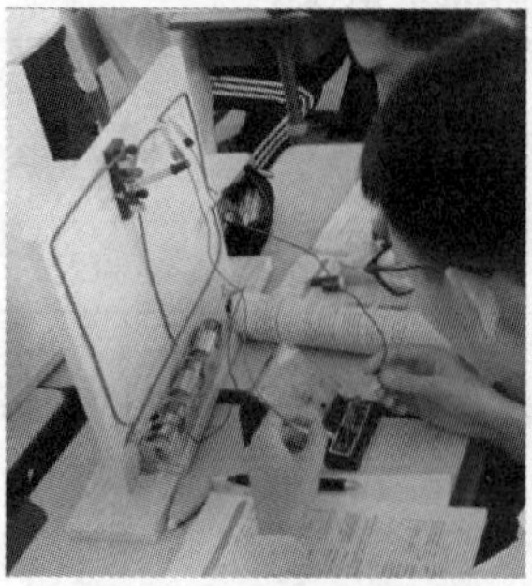

图 6.21　学生体验观察

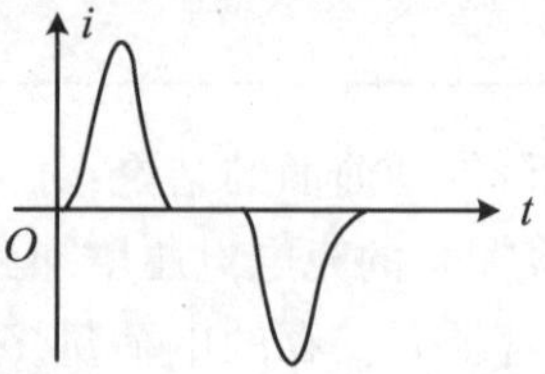

图 6.22　学生画出的 i-t 草图

提出问题：得出 i-t 图像后，如何求得电容器的带电量 Q？

学生根据之前 v-t 图求位移、F-x 图像求功的方法和经验，想到求 i-t 图像与坐标轴围成的面积算电荷量。

很显然学生做出的草图得到的电荷量偏差很大，为了精确测量画出图像，用电流传感器进行实验。

6.7.5　定量探究，建立电容概念

用电流传感器代替学生实验中的电流表，得到的 i-t 图像如图 6.23 所示。然后借助 DIS 平台的“积分”功能，求出图像和坐标轴围成的面积，发现充电时的电荷量 Q_1 比放电时的电荷量 Q_2 略大一点点。这里采用充电时的电荷量作为电容器带电量。

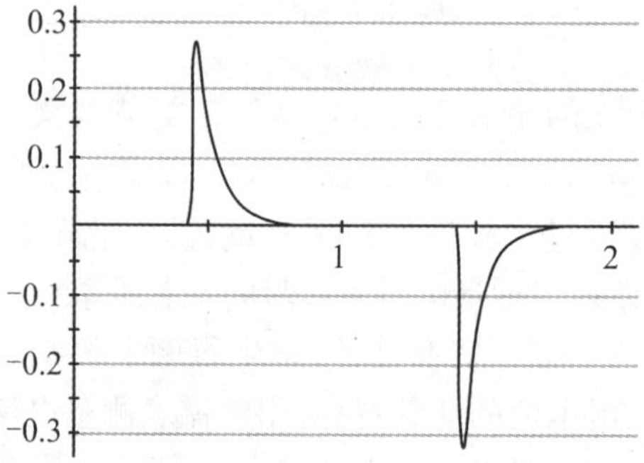

图 6.23　电流传感器测得 i-t 图

用两不同电容器进行实验，电压 U 用电压传感器进行测量，分别得到 5 组实验数据，如表 6.13 所示。

表 6.13　电容器的带电量和电势差的测量数据

实验次数	1	2	3	4	5
充电电压 U(V)	1.45	2.97	4.51	6.03	7.52
电容器 a 电荷量 Q(C)	0.00712	0.01428	0.02141	0.02849	0.03542
电容器 b 电荷量 Q(C)	0.00089	0.00176	0.00265	0.00356	0.00443

为了形象直观的反映出 Q 与 U 间的关系，让学生分别做出两个电容器的 Q-U 图像，如图 6.23 所示。

从图像可以得出：对于同一个电容器，Q 与 U 成正比，即 Q 与 U 的比值相同，不同的电容器 Q 与 U 的比值不同。

这个比值就反映了一个电容器储存电荷本领的强弱，把这个比值就定义为电容器的电容，用符号 C 来表示，即 $C=Q/U$。

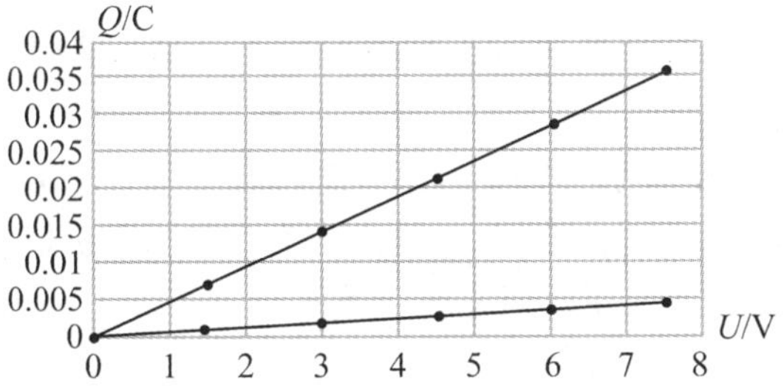

图 6.24　两电容器 Q 和 U 的图像关系

6.7.6　类比反思，深度理解电容

为了帮助学生深度理解电容器的电容概念，可以用如图 6.25 所示的类比，大水库通过连通器对两个圆柱形容器充水，由于水库水量很大，打开闸门后，水库的高度保持不变，两储水容器的高度相等，底面积大的储存水的本领更强。这里大水库相当于电源（高度不变相当于电压保持不变），闸门相当于开关，两储水容器相当于电容器（底面积相当于电容），如图 6.26 所示。

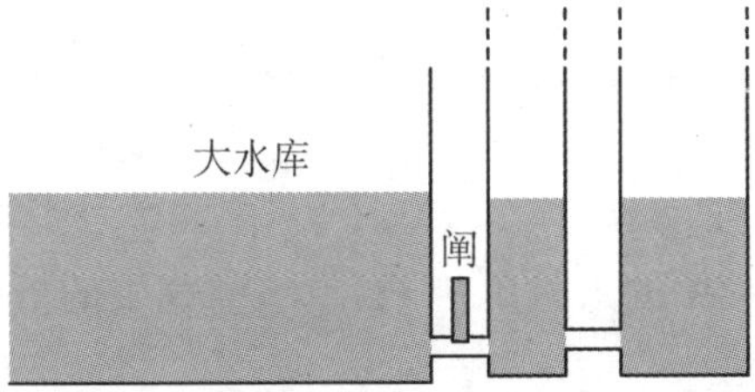

图 6.25　水容器充水

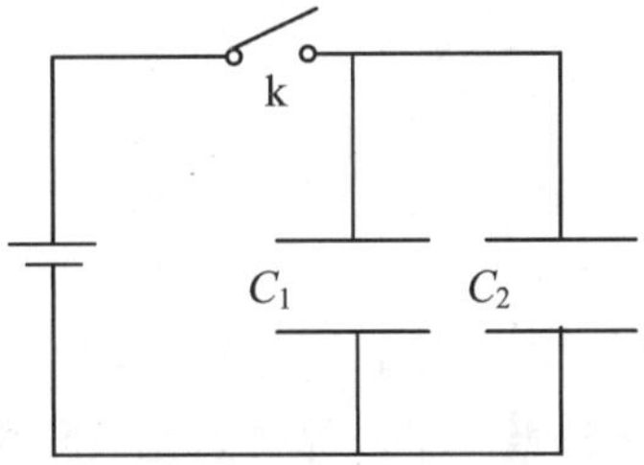

图 6.26　电容器充电

还可以继续类比帮助学生理解击穿电压。对于一个确定底面积的储水容器，高度越高，其能容纳水的总量越大，根据“帕斯卡裂桶实验”，高度高到一定程度后水桶底部会被压裂；同理，电容器的电压也不能无限增大，增大到某一个值，电容器中间的绝缘介质会被击穿，这个极限电压就是击穿电压。

“全反射”也是一个典型的概念教学，下面论述促进深度学习的有效策略：以情境创设诱发认知冲突，以序列问题促进自主建构，以批判反省达成思维监控，以变式拓展驱动迁移应用。

教学的起点应基于学生的知识储备，学生在学习新概念或解决具体的问题之前，并不是一张白纸，而是带着原来的生活经验和前概念的影响，教学过程中可以从前概念出发，设置恰当的问题情境引发学生的认知冲突，促进旧概念的转变和新概念的诞生。

在“全反射”教学中，笔者采用制造悖论来开启学生的认知冲突。以复习前一节所学习的光的折射为源头，对节后习题再研究。新版教材光的折射节后习题第二题：光以 60°的入射角从空气射入折射率为 $n=\sqrt{3}$ 的玻璃中，问折射角是多大？笔者对此题进行了如下改造：

变式 1：若一束光从玻璃射向空气，第一次入射角 $\theta_1=30°$，求折射角 θ_2？

变式 2：第二次从玻璃射向空气，入射角 θ_1' 为 53°时，求折射角？

学生根据光路的可逆性用折射定律迅速解出变式 1，但是用同样的方法来解变式 2 时，根据 $\frac{1}{n}=\frac{\sin 53°}{\sin \theta_2'}$，竟然求得 $\sin \theta_2'=1.34>1$，这与正弦函数值小于等于 1 相矛盾。此时，学生认知上出现了巨大冲突，引起内心强烈的“破案动机”，引起探究兴趣。

因为受前概念光的折射影响，学生普遍认为光从一种介质射入另一种介质会发生折射，就一定遵循折射定律。这里出现 $\sin \theta_2'=1.34>1$，问题的突破口隐藏的比较深，一些“浮云”遮住了学生的眼睛，他们自己很难找到切入点，不禁产生一种“春雨断桥人难渡”的困苦感觉。

在思维型课堂中，以思维碰撞促进概念的自主建构显得尤为重要，而真实情境下的问题驱动是实现学生进行思维深度加工的有效手段。教师贴近学生最近发展区层层设问，把学习任务合理分解，学生会不自觉地主动“入瓮 ”。这里，笔者设置由 5 个问题构成的问题链驱动学生一步一步深化思维，拨开“浮云”。

(1) 当玻璃中的入射角 θ_1 增大时，空气中的折射角 θ_2 如何变化？

(2) θ_1 和 θ_2 能否无限制的增大？

(3) 哪个角先增大到最大值？最大值是多少？

(4) 当空气中的角度 θ_2 增到 90°，玻璃中的入射角 θ_1 再增大，空气中的折射角 θ_2 也无法增大了。那折射光线会在哪里呢？

(5) 我们可以推想这时一定出现了新的物理现象。请猜想：会是什么现象呢？

这里的序列化问题对调动学生知识的难度和思维层次上的要求越来越高，但是有序的问题预设也是在给学生搭建台阶，让学生在问题解决中感受到攀登的喜悦。

对待猜想的最好办法就是用实验寻找证据，然后进一步进行论证。学生在利用半圆形玻璃砖进行分组探究之前，再一次设置问题链，维持连续思索的动力，帮助学生走出猜想的迷思。

(1) 从玻璃中以入射角30°和53°分别入射，观察现象有什么区别？

(2) 这两种现象的转折变化是从何时开始的呢？请通过实验寻找发生突变的临界时刻？

(3) 临界时空气中的折射光线有什么特点？

(4) 归纳总结光从玻璃射到空气时，全反射现象出现的条件？

(5) 除了从玻璃射入空气，若改变介质，从介质1射入介质2时发生全反射，介质1与介质2有什么不同？

(6) 用自己的语言概括什么是全反射。

实验发现：从玻璃中以30°角入射时，既有反射光线又有折射光线；而以53°角入射时，折射光完全消失，只剩下反射光。此时连折射光线都不存在了，如果还用折射定律，自然会推出一个荒谬的结果。逐渐增大玻璃中的入射角，从量变到质变，会突然出现折射光线消失的临界状态。随后把玻璃射到空气合理外推到从光密介质射到光疏介质，对实验现象进行归纳总结，顺利得出全反射概念以及全反射产生条件，这无疑培养了学生的抽象概括能力。问题的层次决定了学生思维的层次。合理外推之后，又一次抛出问题：恰好发生全反射时，临界角怎样求呢？一个问题把学生引向理论推导。

在问题链驱动下，经过层层上升的思维加工过程，除尽繁华识真颜，最终自主建构新概念——光的全反射。科学推理和科学论证是物理学习与研究中重要的思维方法，是科学思维的主干，教科书主要的概念、规律学习都用到了推理与论证。在变式2的认知冲突刺激下，从对两个角同时变大的科学推理开始，走向用实验进行科学论证，最终又回到科学推理求得临界角。学生亲身经历了概念的"来龙"过程，理解了为什么要引入全反射概念，在自主建构中形成全反射概念，经历了有意义的学习。

思维监控需要监控什么？监控自己和他人思考的内容、思考的过程、物理概念和规律建立的过程、思维的方式以及结果；思维监控之后对以上各点进行评估和反思，从而能更深刻把控物理概念和规律的内涵和本质。思维监控有助于规范学习者的思考过程，帮助学生形成自己的思维策略。

全反射的概念及其条件都比较抽象，在实验探究之后，引导学生反思全反射条件建立的过程，用流程图进行总结概括，进一步体会从前概念获得新概念的过程。同时，还需要把实验中的具体介质外推到一般情况，分别为光密介质与光疏介质，并进一步简化成具体的光路模型，画出光路图，给学生留下具象化的认知图示，如图 6.27 所示。反思全反射条件构建的过程，把内隐的思维过程显性化，有助于学生以后遇到复杂实际物理问题时能顺利简化出光路图。

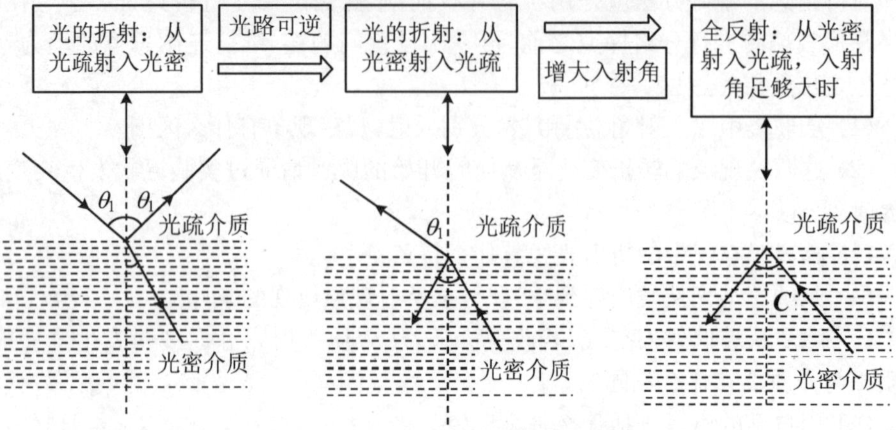

图 6.27　全反射条件形成的认知图示

课堂伊始，得到 $\sin\theta_2'=1.34>1$，这是一极好的对学生进行批判性思维训练的机会。新知是在对旧知的批判中，走出对前概念（光的折射）的理解迷思，才能深度理解新概念。面对正弦值大于 1，引导学生反省自己的思维过程。学生会禁不住怀疑自己计算出错，甚至怀疑折射定律出错。不管哪种怀疑，都促使学生进行思维重现，重新检查推导过程。当发现推导过程没有问题时，就会猜想：折射定律的运用难道有条件吗？

在课堂的后半程，当从实验探究与理论分析两条道路得到全反射的概念以及全反射的条件之后，为了论证上述猜想，笔者及时发出 3 个追问：

追问 1：光从一种介质射入另一种介质，一定会发生折射吗？

追问 2：教材对折射定律的表述严谨吗？

追问 3：需要加上附加条件对折射定律进行修正吗？

大多数学生受到 $\sin\theta_2'=1.34>1$ 的影响，提出要分类讨论以避开 $\sin\theta_2'=1.34>1$ 的厄运，课堂上就此发起争辩。笔者要求学生退出辩论，一起回扣书本，重新研读教材，体会折射定律的内涵。教材中折射定律表述为：折射光线与入射光线、法线处在同一平面内，折射光线与入射光线分别位于法线的两侧；入射角的正弦与折射角的正弦成正比，即 $\frac{\sin\theta_1}{\sin\theta_2}=n_{12}$，式中 n_{12} 是比例常数。折射定律的表达中隐含的是，得先有折射光线才能用折射定律。讨论后大家达成共识，折射定律不需要修改完善。从发现 $\sin\theta_2'=1.34>1$，想到要修改折射定律，经过对学习内容的思维监控，特别是质疑后的辨析过程，折射定律又重新获得肯定。从肯定到否定又到肯定，在对已知规律的怀疑、批判中不仅获得对折射定律的深度理解，同时也深度理解了全反射这个新知，更培养了学生的批判性思维技能与批判性思维倾向。规律没有绝对的对与错，都有一定的前提条件。“春雨断桥人不渡，小舟撑出柳阴来”，思维监控正是帮助学生渡过“春雨断桥”的小舟。

经历概念的“来龙”，还要交代概念的“去脉”。物理概念和规律只有在真实情境下进行迁移应用，才能进一步明晰、把握物理概念的内涵和外延，才能使学生理解得更深刻，掌握得更牢固。

教学案例 6-4

光纤已经走进千家万户，如果要使任意角度入射的光从光导纤维的一侧入射时都能在光导纤维里发生全反射，那么光导纤维的折射率需要满足什么条件？

思维需要载体，需要必要的知识储备，光导纤维对学生来讲是个未知的事物，首先要分析光导纤维的结构，如图 6.28 所示，画出光导纤维的截面图，有内芯和外套，最外面是保护层。光导纤维太细，为了便于观察光的行进路径，特意放大实验现象，采用有机玻璃棒模拟光导纤维做演示实验，当激光射入一根弯曲的有机玻璃棒的一端时，观察有机玻璃传输光线的特点，发现激光在弯曲的有机玻璃棒中并不沿直线传播，而是沿着锯齿形的折线传播，如图 6.29 所示。在此基础上，去掉情境，简化出光导纤维的光线传播模型来，如图 6.30 所示。

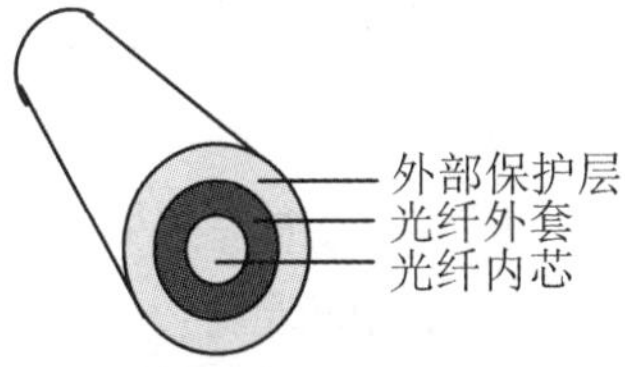

图 6.28　光导纤维截面

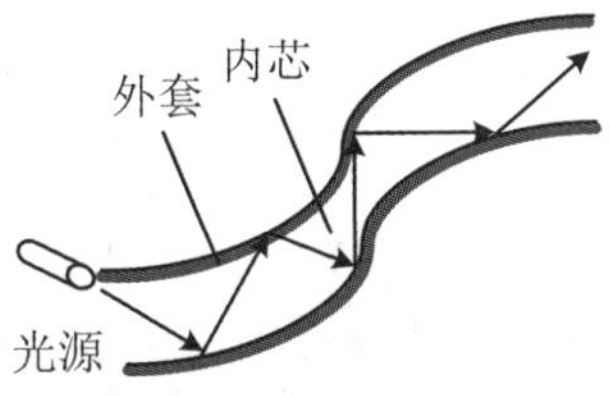

图 6.29　光源传播路径

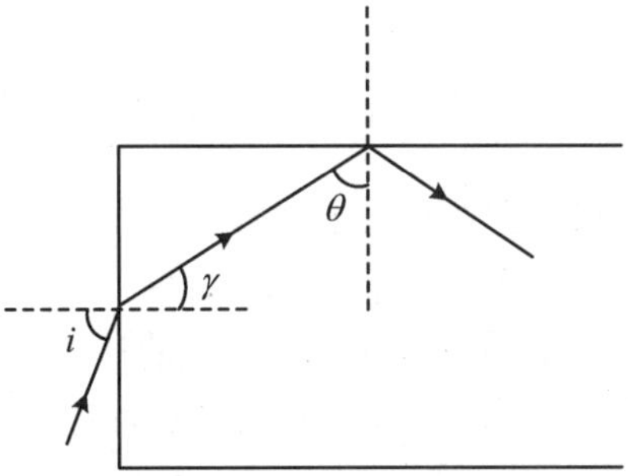

图 6.30　光线传播模型

分析过程：若光导纤维的折射率为 n，当入射角为 i 时，进入端面的折射光线传到侧面时，必须抓住临界状态。当恰好发生全反射时，应该满足：$\sin C=\frac{1}{n}(\theta=C)$，光从左端面射入光导纤维时：$n=\frac{\sin i}{\sin r}$，$\theta+\gamma=90^\circ$。综上 $\sin i=\sqrt{n^2-1}$。

当 i 增大时，γ 增大，θ 减小，当 $i=90^\circ$ 时，仍有 $\theta=C$，则所有进入纤维中的光线都能发生全反射，即有 $\sin 90^\circ=\sqrt{n^2-1}$，解得 $n=\sqrt{2}$。以上是光从纤维射向真空时得到的折射率。由于光导纤维包有外套，外套的折射率比真空的折射率大，因此折射率要比 $\sqrt{2}$ 大些。

学生在解决实际问题的过程中之所以会想偏、会用错知识说明该物理问题要么思维难度较大，要么条件具有迷惑性，要么物理情境物理模型的构建比较困难。因而，养成学生思维的程序非常关键。对于实际物理问题解决的思维流程，首先是从文字中构建出物理情境来，其中去掉情境，简化出光导纤维的光线传播模型来最关键。然后判定遵循的物理条件，转生成数学问题，写出表达式进行函数运算。在解决实际问题的迁移应用中，这种思维的程序性知识，不是教师的单方面引导能直接赋予学生的，需要学生自己反思、反省、归纳、概括。需要通过思维监控来形成解决此类问题的程序，形成思维的序，如图 6.31 所示。

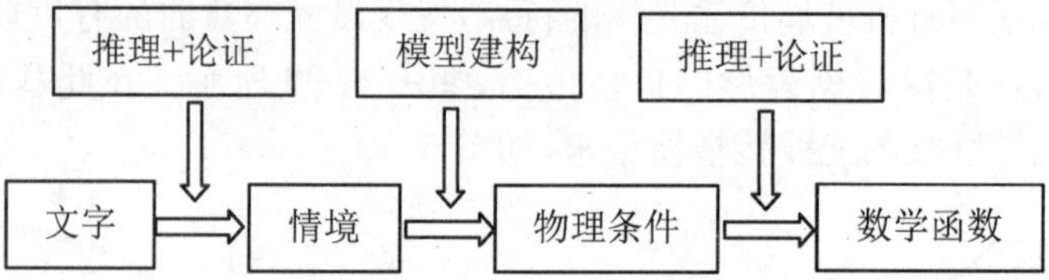

图 6.31　迁移应用中思维的序

认知冲突、自主建构、思维监控、迁移应用，从时间的进程来看，没有绝对的划分。自主建构贯穿物理课堂的始终，知识的建构从时间的维度，从难易的维度来看存在着延续性。思维监控应该是学生自觉自愿的过程，随时用质疑、批判的眼光对待学习的全程，反思和评估自己和他人思考的内容、思考的过程、物理概念和规律建立的过程、思维的方式以及结果。因而，对每一节课来讲，思维监控也要贯穿始终。在反思中建构，在建构中再反思，只有经历这样的循环过程，才是进行了有意义的学习。

对于每一个课例，如果教师都能够首先深刻挖掘教材是如何体现科学思维的，然后根据班级学情，以思维活动为主轴，从认知冲突、自主建构、思维监控、迁移应用各个角度创造机会，让学生经历思维深度加工的过程，不仅促成学生对概念规律的深度理解，还能在思维监控作用下，形成思维的程序性知识，帮助学生形成思维的序。学生在思维型课堂中经历概念、规律发生、发展以及应用的过程，在教师引领下进行各种科学思维活动，一定会还师者以惊喜。

6.8　指向物理深度学习的物理规律教学设计

学生的学习是由表及里、从浅到深的螺旋前进过程，物理深度学习的发生离不开层进式、沉浸式的学习路径。

指向物理深度学习的物理规律教学是基于学习进阶理念，以教师对知识本质与结构的深刻理解和多维解读为基础，以真实挑战性任务和核心问题为台阶，促进学生层进式、沉浸式的参与学习过程，从浅到深地把握核心知识，发展高阶思维和提升思维品质的教学方法。

6.8.1　设计原则

1. 总—分—总原则

第一个“总”是从课程标准的总目标出发，深刻解读教材，熟悉学情并明确教学的方向，是教师课前备课和主导的过程；“分”是分层进阶，将教学总目标分解为一个个小目标，各个击破；第二个“总”是教学的结果要能促进学生对知识的结构化掌握、大概念发展和意义性理解。

2. 层次性原则

一方面基于对知识内在结构的理解，设置的挑战性任务、问题串、学生活动要有层次性并与相应的目标相对应，通过知识从浅到深的学习达到思维的不断进阶；另一方面基于对知识本质的多维解读，把握知识背后的思想方法、逻辑、意义和价值，超越知识本身，提升物理学科核心素养。

3. 沉浸性原则

指向物理深度学习的物理规律教学设计体现了学生学习的高投入性，经过还原与下沉、经验与探究、反思与上浮的“U”形的学习过程。还原与下沉是把符号知识具体化、情境化，将知识变为与学生生活背景相符的学习材料；经验与探究是通过体验、展示和对话等活动对知识深度理解、自我整合和内化；反思与上浮是通过自我反省将公共知识转化为个人知识。新版教材“法拉第电磁感应定律”的层进式设计如表 6.14 所示。

表 6.14　“法拉第电磁感应定律”的层进式设计

总目标	分层目标	学习活动	各层关系
(1) 通过实验探究理解感应电动势大小计算公式。 (2) 领悟控制变量、比值定义等科学方法。	通过分组实验定性感知影响感应电动势的因素。	小组合作实验并展示交流。	这三个环节是本节课的重点和难点,前面层是后面层进阶的基础;让控制变量的思想贯穿始终。
	通过 DIS 平台半定量分析感应电动势大小。	借助 DIS 平台,师生深层次互动。	
	通过控制变量定量探究,并归纳感应电动势的大小计算公式。	基于控制变量研究: (1) Δt 不变时,感应电动势与 $\Delta\Phi$ 的定量关系。 (2) $\Delta\Phi$ 不变时感应电动势与 Δt 的定量关系。	
	推导导体棒切割磁感线产生的感应电动势大小。	设置问题情境,学生自助推导并理解 $E=BLv$ 的意义和适用条件。	从一般到特殊。
	设置待解决实际问题应用所学知识和方法。	介绍高铁信号定位系统,让学生解释其工作原理。	灵活迁移解决实际问题。
总	分		总

6.8.2　教学实施过程

1. 模拟发电地板,提出问题

首先播放发电地板的视频,如图 6.32 所示,人站在上面跳动就能使得灯泡发光,发电地板也被成为“城市发电站”。为了激发学生的学习兴趣,揭秘其发光原理,老师自制了一个模拟装置,其原理如图 6.33 所示。

图 6.32　发电地板

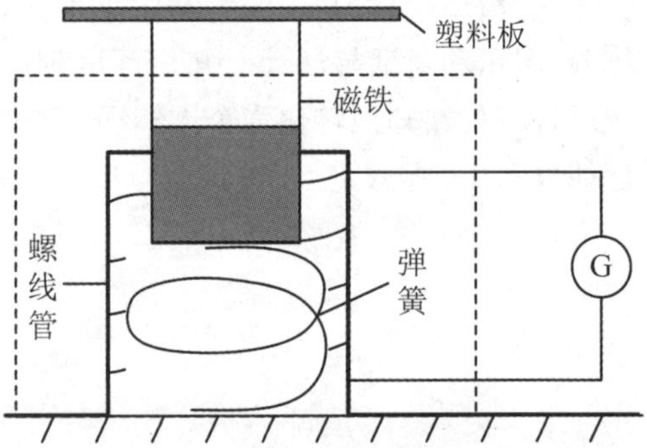

图 6.33　模拟装置原理图

一个圆柱形磁铁一端和一个塑料板固定在一起，一端吸住一个弹簧，将弹簧和磁铁一起插入一个放在桌面的线圈中，上课时为了增强神秘性可以将螺线管和磁铁隐藏在黑箱中，向下压塑料板时弹簧形变，磁铁在线圈中向下运动，撤去外力后，弹簧恢复形变，磁铁在线圈中向上运动。可以观察到与线圈相连的检流计指针发生偏转。

让学生猜想黑箱中的装置可能是什么，然后展示内部构造，发现没有电源可以产生电流，说明磁铁在螺线管中运动时，就相当于电源，会产生电动势，这个电动势称为感应电动势。

提出问题 1：大家观察到检流计指针偏转有什么特点？说明了什么？

提出问题 2：这个电流大小能不能反映感应电动势的大小？为什么？

2. 学生分组实验，定性感知

为了让学生提出合理猜想，引导学生通过小组合作实验，具身体验、定性感知感应电动势的大小可能与哪些因素有关。

给每个小组提供的实验器材有：两根条形磁铁、一个螺线管、一个检流计和导线，原理与图 6.32 类似。让学生通过尽可能多的方式和途径，产生不同大小的感应电动势。

(1) 学生方案 1：用一根磁铁，在螺线管中插入或拔出的快慢不同产生的感应电动势大小不同。

(2) 学生方案 2：用一根磁铁，在靠近螺线管上方水平来回移动，移动的快慢不同产生的感应电动势大小不同。

(3) 学生方案 3：第一次用一根磁铁，第二次用同名磁极绑在一起的两根磁铁，在螺线管中插入或拔出的快慢不同感应电动势大小不同。

得出定性结论：感应电动势的大小与磁通量变化量 $\Delta\Phi$ 以及磁通量变化所用的时间 Δt 有关。

3. 借助 DIS 平台，半定量分析

为了检验学生的结论是否正确，可以用 DIS 平台的微电流传感器代替检流计，接入电脑将图像直接展示出来。

第一次老师用一根磁铁慢速拔出，得到图 6.34 中的图像 a，比较小。

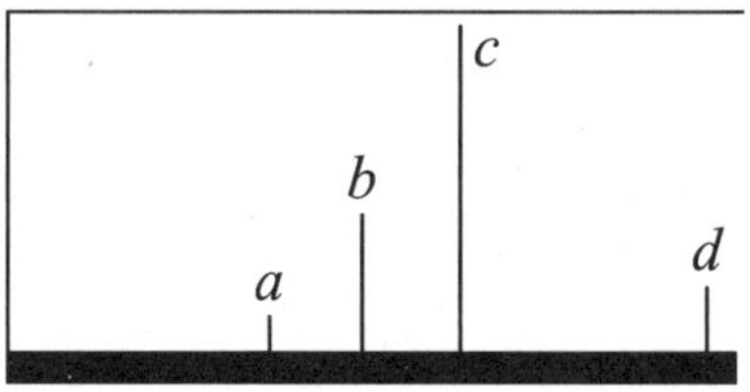

图 6.34　DIS 不同电流大小图像

教师：哪位同学可以产生更大的电流吗？上来试一试。

（一位同学用一根磁铁从螺线管中快速拔出，得到了图像 b，发现比刚才大。）

教师：这一对比现象说明了什么？

学生 1：说明在相同磁通量变化量下，所用时间越短产生的感应电动势越大。

教师：哪位同学还可以产生更大的电流吗？请来试一试。

（另一位同学用同名磁极绑在一起的两根磁铁，从螺线管中也是快速拔出，得到了图像 c，发现比刚才更大。）

教师：这一现象说明了什么？

学生 2：说明在时间基本相同情况下，磁通量变化量越大感应电动势越大。

接下来教师将两根磁铁的异名磁极吸在一起，从螺线管中快速拔出，发现没有感应电流。再用同名磁极绑在一起的三根磁铁，从螺线管中慢速拔出，得到了图像 d，发现比刚才小。

教师：这一现象又说明了什么？

学生 3：说明感应电动势大小应该和 $\Delta\Phi$ 与 Δt 的比值有关。

4. 基于控制变量，定量探究

感应电动势大小具体是与 $\Delta\Phi/\Delta t$ 的一次方有关，还是与二次方、三次方有关呢？采用什么实验方法进行探究呢？

学生很容易想到用控制变量法，接下来让学生小组合作设计实验方案。

(1) 方案 1：控制时间 Δt 不变，成倍增加 $\Delta\Phi$，研究感应电动势 E 的变化。

(2) 方案 2：控制磁通量变化量 $\Delta\Phi$ 不变，成倍增加时间 Δt，研究感应电动势 E 的变化。

教师：如何控制 Δt 不变，成倍增加 $\Delta\Phi$ 呢？

学生 1：第一次用一根磁铁从某一高度释放，让其做自由落体运动穿过线圈，第二次用同样的磁铁两根从同一高度释放，让其做自由落体运动穿过相同线圈，则时间相同，磁通量变化量 $\Delta\Phi$ 加倍。

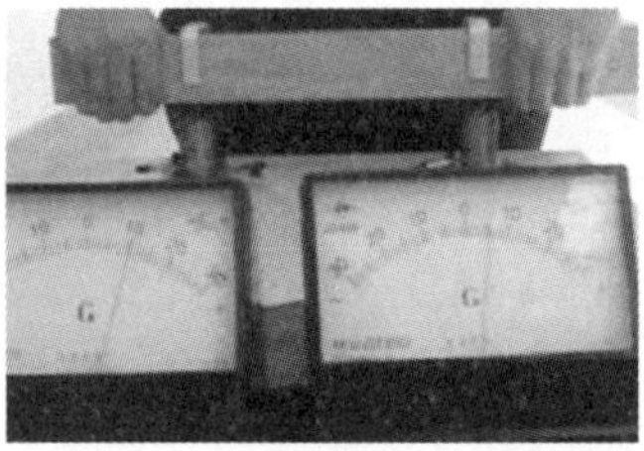

图 6.35　Δt 不变，$\Delta\Phi$ 加倍

由于在具体操作中，不好控制线圈自由落体轨迹和线圈中心在同一竖直线上。则可以借助逆向思维，将一根磁铁和同名磁极绑在一起的两根磁铁固定在一个木杆上，并同时拔出，观察两检流计的示数，如图 6.35 所示。实际操作中不好同时读出两个检流计的示数，可以将实验过程拍成视频，在电脑上逐帧播放，发现任何一个时刻，用两根磁铁产生的感应电动势近似是一根磁铁的 2 倍。

教师：如何控制 $\Delta\Phi$ 不变，成倍增加 Δt 呢？

学生 2：用一根磁铁从 h、$4h$ 高度自由释放，则磁通量变化量 $\Delta\Phi$ 相同，时间 Δt 加倍。

学生的方法很好，但操作比较困难，可以采用如图 6.35 所示的改进方案。将一磁铁以不同速度从较远处水平移到线圈的上方，就可以实现磁通量变化量 $\Delta\varphi$ 相同，时间 Δt 改变。

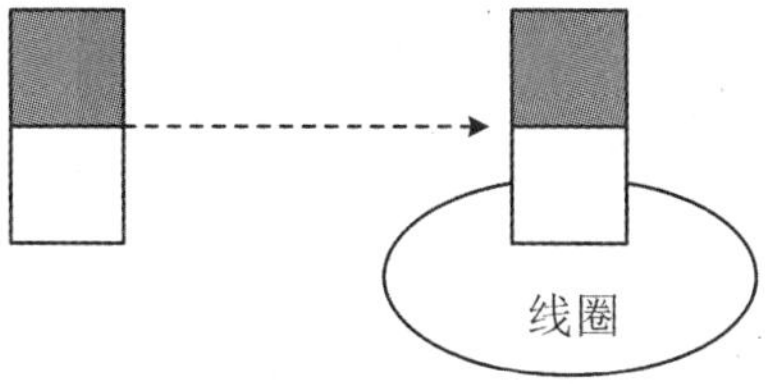

图 6.36　改进实验方案

自制的实验装置如图 6.37 所示，同步电动机连接一木杆一端，木杆另一端连接一磁铁，线圈与微电流传感器相连，线圈是单匝，电动机转动时带动磁铁从线圈下方穿过。调节变频器就可以实现电动机的转速改变，频率调节为 5 Hz、10 Hz、15 Hz、20 Hz、25 Hz，则磁铁通过线圈的时间依次减倍，测量感应电流变化，得到的感应电流图像如图 6.38 所示。其中在 t 轴上方表示磁铁靠近线圈，在 t 轴下方表示磁铁远离线圈，由于感应电流是变化，可以取 t 轴上方部分计算的平均值。最后采用作图法进行数据处理，得到在相同磁通量变化量 $\Delta\Phi$ 时，感应电动势 E 与 Δt 倒数为一条过原点的直线，说明 $\Delta\Phi$ 一定时，感应电动势 E 与 Δt 成反比。

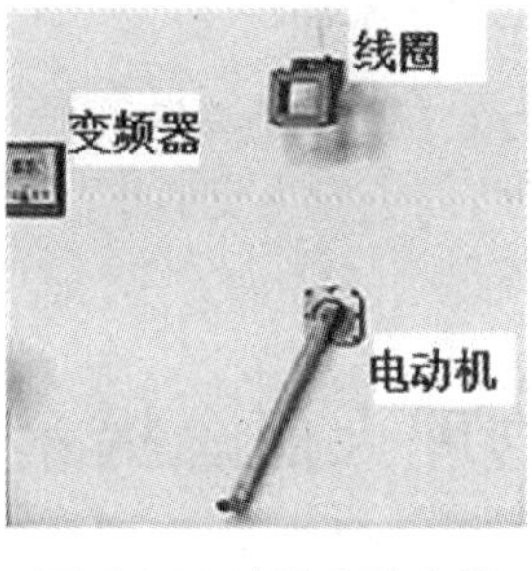

图 6.37　改进实验方案

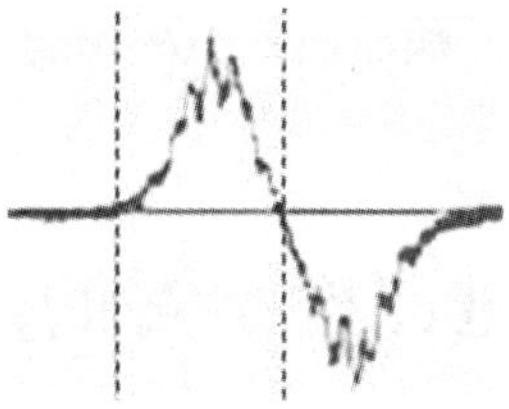

图 6.38　感应电流图像

通过以上实验可以归纳出感应电动势大小，即

$$E = k\frac{\Delta\Phi}{\Delta t}$$

当 $\Delta\Phi$，Δt 为国际单位，线圈为单匝时，$k=1$。

教师：当线圈为 n 匝时，感应电动势大小为多少呢？

学生 3：应该为 $E=n\dfrac{\Delta\Phi}{\Delta t}$

教师：为什么？

学生 4：多匝线圈相当于一圈一圈的串联，串联后匝数加倍则感应电动势也应该加倍。

接下来用图 6.39 实验装置，成倍增加匝数，验证刚才的理论分析。

5. 解决实际问题，迁移应用

(1) 导体棒切割磁感线的感应电动势大小

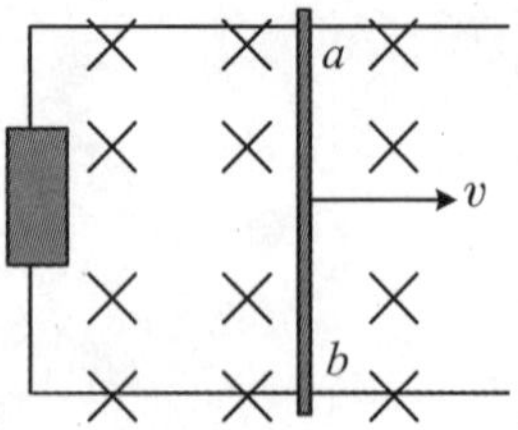

图 6.39

问题：如图 6.39 所示，两平行金属导轨间距为 L，处于匀强磁场中，两导轨左端连接阻值为 R 的电阻，一导体棒 ab 以速度 v 向右匀速运动，求其能产生的感应电动势大小。

引导学生应用前面得出的法拉第电磁感应定律推导出 $E=BLv$。

(2) 复杂问题解决

高铁已经成为我国新时代发展的一张“名片”，一种电磁式的高铁信号定位系统原理如图 6.40 所示。

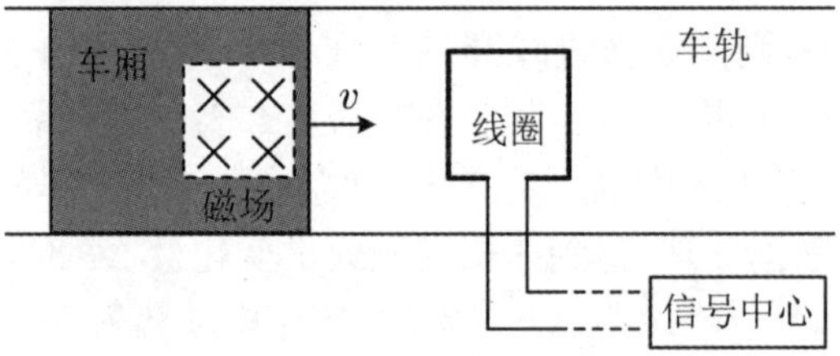

图 6.40　电磁式定位系统原理图

课后问题 1：信号中心是如何对高铁进行定位和测速的？

课后问题 2：如何提高定位和测速的精度，以免发生交通事故？

6.9　促进深度学习的高中物理大概念揭示教学策略

对知识的深刻理解永远无法通过“灌输”实现，而是要经过不断的“揭示”，只有揭示了知识的本质、意义和关联，才能产生深度理解和有效迁移。本书以“波的形成和传播”为例，探讨以下几个问题：① 基于实验情境，结合生活经验，揭示概念内涵；② 基于问题引领，进行关联整合，揭示知识本质；③ 基于迁移应用，帮助实践反思，揭示意义价值的教学策略。

揭示教学是必要的和迫切的，因为对知识的深刻理解永远无法通过“灌输”来实现，当“灌输”教学内容时，基本在同一水平上对待所有的知识，而要真正理解某一主题，需要揭示知识点背后“隐藏”的关键问题和大概念。

6.9.1　揭示教学的内涵

揭示教学意味着要深入表层以下，进入知识的逻辑、意义和价值层次。因为所有的概念都是抽象的，所以学生需要知道如何透过表象获得理解。表象有时会造成误导，只有教师帮助学生揭示了隐藏在文本和概念中的问题、差异、疑问和矛盾，揭示了知识的本质、意义和相互关联，才能产生有效迁移，才能促进深度学习。

6.9.2　揭示教学能促进深度学习的原因

1. 从知识意义的角度看

知识具有不可传递性，正如杜威所说：知识不能直接进行传授，而需要让学习者经历一个复杂的过程，即还原与下沉、体验与探究、反思与上浮的"U"形过程。因此教学要超越知识符号化的表象，理解知识的产生与来源、知识的关系与结构、知识的作用与意义，实现知识"深"层次的架构和理解，促进深度学习真实发生。

2. 从思想方法的角度看

揭示教学的过程中要深入挖掘知识背后隐藏的思想与方法，让学生在知识获得的过程中感受物理思想方法的价值，使内隐的思想方法显性化、意义化，实现方法"深"层次的感知和领悟。笔者认为，揭示教学不仅是一种方式，更是一种理念，在"揭示"的过程中超越经验与事实，获得大概念。

6.9.3　基于揭示教学促进深度学习的教学策略

1. 基于实验情境，结合生活经验，揭示概念内涵

教学中帮助学生基于实验情境并结合经验将大概念与生活相联系，因为学生不仅需要与大概念相关的经验，还需要经历获得这些大概念的现象，体验知识产生与发展的关键过程，揭示大概念的内涵。

教学案例 6-5

教学引入环节在一面鼓上放一些碎纸屑，用木棍敲击鼓面，可以观察到纸屑和鼓面作用后上下运动，如图6.41所示，此时学生也能听到声音，为什么相隔很远的地方能听到声音？基于这个生活事实让学生讨论和提炼值得研究的物理问题。

图6.41　敲鼓振纸

学生讨论后提出：鼓的声音是如何产生的？又是如何隔空传到远处的？这就

是本节课研究的问题:波的形成与传播。

教师:生活中大家体验过哪些波?

学生1:生活中有水波、声波、彩带波、麦浪波还有电磁波。

教师:波有很多种类型,本节课只研究机械振动引起的波,说说对机械波的理解。

学生2:机械振动在介质中传播就形成机械波。

教学意图:通过让学生看到纸的振动,听到鼓发出的声音,引出"波的形成与传播"这一研究问题,并结合生活经验使其理解机械波的概念。

2. 基于问题引领,进行关联整合,揭示知识本质

揭示知识本质的过程需要深入挖掘知识背后隐藏的逻辑、问题、观点、思想发展的历史,并围绕关键问题进行教学组织,让学生进行深入持续的探究,从而获得对新知识的深刻理解和新旧知识的结构关联。

教学案例 6-6

利用抖动绳子产生波,让学生观察和体验。每一小组提供一直径约为1 *cm*的弹性绳,用红、蓝两种笔在弹性绳上相距较远的地方做两个标记,分别记为红点和蓝点。将绳子的一端通过夹子固定在水平桌面上,保持绳子松弛状态,另一端用手左右较大幅度往复振动,提出下面三个问题让学生在体验的过程中探究。

(1) 问题1:红、蓝两个点做什么运动?

(2) 问题2:绳上各点运动的先后顺序。

(3) 问题3:绳上红、蓝两个点是否随波前进?

接下来进一步体验体验人浪实验,请15名同学到教室前面,其他同学认真观察实验现象。第一次:学生之间不挽手,都闭眼,大家都半蹲,老师悄悄告诉第一位同学指令:起立—下蹲—起立,第一位同学做动作时,发现其他同学都没反应。第二次:学生之间手挽手,都闭眼,半蹲,老师再次悄悄告诉第一位同学相同的指令,发现第一位同学做动作时,其他同学也跟着起伏,如图6.42所示。

图 6.42　人浪实验

在体验后让学生自主提出值得研究的问题,学生提出以下三个问题:

(4) 问题4:第一个同学振动后,为什么其他同学都跟着振动起来?

(5) 问题 5：后一位同学与前一位同学相比，他们的运动有何异同？

(6) 问题 6：人浪沿水平方向传播，人随人浪向前传播了吗？

为了进一步探究波的传播的本质，理解传播方向上各质点间的相互关系，先用波演示器分析，再引导学生探究问题，如图 6.43 所示。

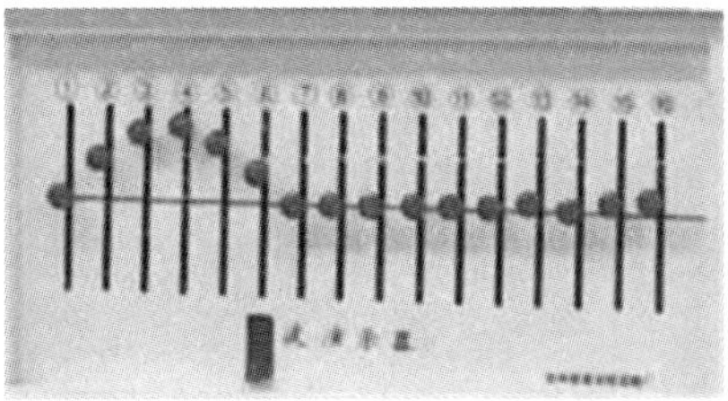

图 6.43　横波演示器

(7) 问题 7：当波源开始向上振动后，后面质点刚开始向哪个方向振动？后面质点做什么运动？

观察发现后面质点跟波源最开始的振动方向相同，由于做受迫振动，所以后面质点与波源有相同的周期和频率。

教学中先和学生分析$\frac{1}{4}T$和$\frac{1}{2}T$这两个时刻波的形状。然后让学生学生自主画出$\frac{3}{4}T$和T时刻波的形状，如图 6.44 所示，其中虚线部分是前一个$\frac{1}{4}T$时刻的波形图。

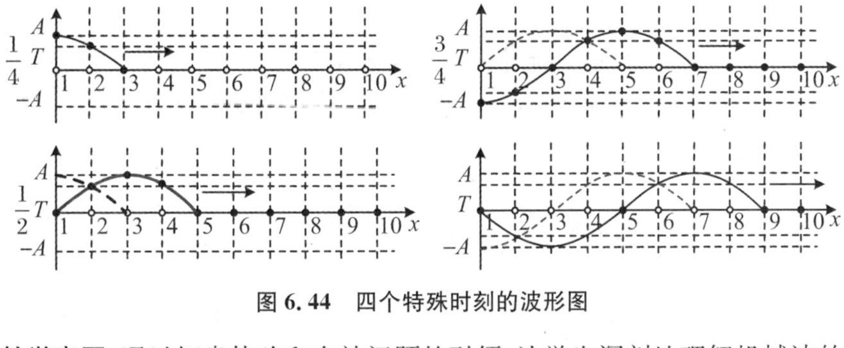

图 6.44　四个特殊时刻的波形图

教学意图：通过切身体验和有效问题的引领，让学生深刻地理解机械波的形成与传播，通过问题促进学生对知识的关联与整合。正所谓，有了问题，思维才有方向；有了问题，思维才有动力；有了问题，思维才有创新。

3. 基于迁移应用，帮助实践反思，揭示意义价值

能应用所学知识和方法解释现象、解决问题是揭示教学的根本目的和深度学习的价值追求，在迁移实践的过程中帮助学生对学习的内容、过程和结果进行反思与升华，深刻理解所学知识的意义和价值。

教学案例 6-7

有几个小孩在池塘边踢足球玩耍，不小心将足球踢到池塘里，能否通过往池塘丢入石块，借助石块激起的水波把球冲到岸边?

当提出这个问题后，班级有学生很积极举手，说自己小时候有过类似的经历，尝试这样做过但没有成功。笔者充分利用机会让这个学生解释没成功是偶然的还是必然的? 为什么?

教学中为了增加趣味性和体验性，可以用鱼缸代替池塘，乒乓球代替足球，现场模拟这一过程。

教学意图: 设置真实的问题情境，引导学生进行解决，让学生深刻领会所学知识与方法的意义和价值，增强学习的意义感、获得感和效能感。

6.10 基于多维体验，促进深度学习的教学实践

学习不仅是靠理解和记忆进行的理性活动，也是通过体验才能完成的具身性、情感性、领悟性活动。知识的产生源于体验、思维的进阶源于体验、意义的获得源于体验，促进深度学习的多维体验:强调主动参与，促进具身性体验；模拟真实情境，引起替代性体验；科学合理外推，激发想象性体验；解决实际问题，实现情感性体验。

2019 年 6 月发布的《关于新时代推进普通高中育人方式变革的指导意见》明确指出要积极探索体验式课堂教学，说明基于体验的教学将成为未来教学改革的一个重要方面。

6.10.1 体验的内涵

体验是人对某事或某物的一种融入式的感受与领悟。它强调主体经过亲身经历而形成对事物独特的、具有个体意义的经历、情感和体会。体验包含三个层次的内容:一是“以身体之”，强调学习者的亲历性，没有身体的参与很难产生体验；二是“以情感之”，强调情感上的激荡，要引发学习者内心情感的变化；三是“以心验之”，强调学习者的内心感受与体会，有助于形成信念。

6.10.2　为什么体验能促进物理深度学习

1. 知识的产生源于体验

知识本身的产生与人的体验密切相关，没有体验就没有知识，例如，哥白尼的"日心说"和牛顿的万有引力猜想等，都是出于对已有知识的质疑和批判，这种质疑与批判本身就是科学家一种独特的个人体验。基于教学重演律，学生学习知识的过程本身就是重演科学家研究的关键步骤，也就是经历关键的体验环节，深刻理解知识的产生背景和发展过程。

2. 思维的进阶源于体验

物理学科是培养学生高级思维和思维品质肥沃的土壤，有时学生对于一些综合性问题很难理解，说明思维深度还不够，此时最好的方式就是通过体验和探究，促进自主建构，帮助学生实现思维的突破，也就是在学生思维进阶的关键点进行体验。

3. 意义的获得源于体验

如何将公共知识转化为学生的个人知识？答案是体验，体验是将显性知识转化为隐形知识、将隐形知识内化为个人观念的重要途径。内化为观念也就实现了知识的意义化，只有理解了知识的内涵和意义才能灵活地进行迁移和应用，真正凸显学习的价值。

6.10.3　如何基于多维体验促进深度学习

下面以"生活中的圆周运动"教学为例，探讨四个维度的体验：具身性体验、替代性体验、想象性体验和情感性体验。

1. 强调主动参与，促进具身性体验

学习者主动积极亲身参与是获得体验最好的方式，基于对身心二元论的批判和反思，引发了将主体身体体验引入认知过程的身心一元论的第二代认知科学产生，即具身认知。具身认知最重要的特征就是学习的具身性，知识根植于人的身体以及身体与世界的相互作用中。涉身性、体验性和情境性是其三大主要特征，其中体验性是核心特征，体验的方式、过程和结果直接决定着认知的方式、过程和结果。

教学案例 6-8

在新课的引入环节，设置一个趣味小魔术：倒杯移物。将一个小球放在矮一点的桌面上，用一个圆柱形杯子，如图 6.45 所示，如何只用这个杯子并保持倒立状态将小球从矮桌子移动到高的桌子上呢？

图 6.45　倒杯移物

让同学们主动来挑战和体验这个小魔术，很多学生都想到让小球在杯子内壁转动起来从而实现转移。学生在经过几次尝试后终于成功了，此时引发学生思考：为什么小球在杯子内壁转动的速度比较大时才不掉下来？

教学意图：通过对这个小魔术的体验，一方面激发学生的学习兴趣和热情，另一方面引发学生思考魔术背后隐含的物理问题。

2. 模拟真实情境，引起替代性体验

在实际教学中，很多问题由于时间、空间的限制，无法在课堂上完成，此时教师可以通过模拟相似的情境，让学生去感受，引起替代性的体验，替代性体验往往能够促使其联系已有的生活经验，并将这种体验迁移于自身。

教学案例 6-9

在研究汽车在水平面内转弯所需向心力的来源问题时，学生分析起来比较困难，此时可以用身边的教科书和物块模拟这个情境，如图 6.46 所示，进行合作体验，在书上放一物块，小组成员全部起立，小组内一同学手托着书在水平面内转动，第一次慢慢转，第二次快点转动，小组内其他同学仔细观察物块的运动状态，并解释这一对比说明了什么问题。

图 6.46　模拟汽车转弯

小组讨论后得：第一次物块随书一起在水平面内转动没有相对滑动，第二次物块沿着径向相对书向外滑动，说明小物块随书一起转动时有沿径向向外相对运动的趋势，说明汽车转弯时受到指向圆心的静摩擦力提供的向心力。

教学案例 6-10

在研究火车转弯向心力的来源问题时，为了增强替代性体验，笔者用钢材为每个小组制作了缩小版的火车车轮和铁轨模型，如图 6.47 所示。首先让学生仔细观察火车车轮的结构特点；其次让学生分析火车如果在水平面内转弯时靠什么力来提供向心力。

图 6.47　车轮和铁轨模型

学生在认识火车轮缘的基础上分析得出火车在水平面内转弯时，轮缘与外轨道间有侧向挤压，从而产生一个指向圆心的弹力来提供向心力。但由于火车质量很大，靠这个侧向挤压来提供水平面内转弯的向心力很容易磨损轮缘和轨道，造成脱轨事故。自然而然提出讨论话题：如果你是铁路设计师，转弯处铁轨该如何设计？请小组交流提供解决方案。

事先为每个小组提供两个小木块，在方案设计的过程中有助于为学生提供体验和启发（用两个木块将轨道一侧垫高）。

教学意图：通过模拟真实的情境，将不能直接观察到的抽象问题具体化、可视化，通过替代性体验深刻理解汽车转弯和火车转弯时向心力的来源。

3. 科学合理外推，激发想象性体验

通过对某一个结论和原理进行合理外推或拓展，得到一些特殊的情况，并让学生大胆想象，从而激发想象性体验。所谓想象性体验就是学生能够想象性地将自身置于某种特定的情境当中，这样便能够体验到超越于学习内容本身所描绘的图景，实现对所学内容的深度理解。

教学案例 6-11

在研究汽车过拱形桥问题时，为了帮助学生理解向心力的来源，提出具体问题：汽车静止在桥顶和以一定的速率通过桥顶，两次对桥的压力相同吗？此时一些学生根据自己已有的经验：过桥顶时有一种"变轻"的感觉。接下来引导学生建立物理模型，具体分析和计算汽车过拱形桥顶时对桥的压力与速率之间的关系。

学生建立如图 6.48 所示的物理模型，得出汽车和桥之间的相互作用力大小为

$$F_{\mathrm{N}} = mg - m\frac{v^2}{r}$$

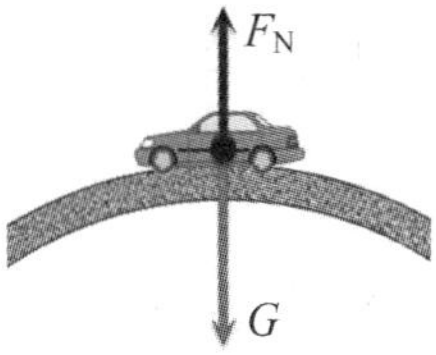

图 6.48　汽车过桥

此时，进一步通过问题激发想象性体验：当汽车过拱形桥顶的速度越来越大时，会有什么现象发生？

通过计算发现汽车过桥顶时的速率一旦超过 $\sqrt{gr}$，就会"飞"离桥面做抛体运动。另外，地球表面就是一个巨大拱形桥，接下来引导学生进一步大胆想象：如果一个物体在地表运动的速度足够大会发生什么现象？

教学意图：基于现有结论进行合理外推，充分激发学生的想象性体验，得出一些特殊情境下的规律是科学研究的常用方法，如伽利略对自由落体运动的研究。

4. 解决实际问题，实现情感性体验

物理学与生活息息相关，生活中许多实际问题都可以作为教学素材，并引导和鼓励学生进行体验和解决。实际问题与学生的生活背景联系越紧密，越容易引发学生的情感共鸣，让学生站在学习内容的角度来反省，实现情感体验的拓展和升华。

教学案例 6-12

在学习拱形桥时可以设置这样一个实际问题：东仓大桥是很多同学往返学校的必经之地，东仓大桥桥面半径约为 50 m，为了避免汽车脱离桥面造成交通事故，交警部门需要在桥上设置一限速牌，限速牌上应该写__________km/h。

教学案例 6-13

研究汽车过凹形桥时，基于前面的学习可以直接设置待解决的真实问题：泸定桥是横跨在大渡河上的一座铁索桥，如图 6.49 所示，试估算当自己跑过泸定桥最低点时，对桥的压力为多少。（泸定桥的圆弧半径约为 100 m）

教学意图：通过这些实际问题的解决一方面有助于评估学生对所学知识的理解情况，促进迁移应用；另一方面这些情境与学生生活密切联系，有助于促进情感性体验，增强学习的意义感、价值感和获得感。

图 6.49　泸定桥

6.11　指向深度学习的物理实验教学

6.11.1　实验探究是促进深度学习的有效路径

深度学习是对学习状态的质性描述，涉及学习的投入程度、思维层次和认知体验等层面，强调对知识本质的理解和对学习内容的批判性吸收与利用，追求有效的学习迁移和真实问题的解决，属于以高阶思维为主要认知活动的高投入、有意义学习。

实验探究教学是在教师的引导下，学生通过自己实验、探索、分析、研究得出结论，从而形成科学概念的一种认知活动。实验探究教学能充分促进学生全身心参与学习过程，帮助学生深度理解和把握知识的本质，同时获得模型建构、分析综合和质疑创新等科学思维能力，充分挖掘实验蕴藏的逻辑、思想方法、意义和价值，以促进学生高阶思维能力提升和思维品质发展。因此，实施实验探究教学是促进高中物理深度学习的有效途径。

6.11.2　指向深度学习的高中物理实验探究教学策略

1. 模拟真实情境,激发认知冲突

课堂教学由于时空的限制,无法再现生活中的一些现象或场景,但为了增强学生切身体验,可以模拟生活中的实际问题情境,选用的问题情境最好能激发认知冲突,引发学生积极思考和探究的欲望。

教学案例 6-14

在“导体的电阻”教学引入环节模拟野外求生的场景,在野外生存学会生火是一项基本技能,现有两节干电池和一盒随身携带的口香糖(中间有一层铝箔纸)。

现在有两个不同形状的锡箔纸,其中一个呈长方形,另一个中间有一个缺口(中间很窄),如图 6.50 所示。如果将两节干电池和两个铝箔纸首尾相接构成一个闭合回路,由于短路,哪个容易着火呢?

图 6.50　生火实验器材

一些同学猜想是长方形铝箔纸上容易着火,还有一些同学猜想是有缺口的容易着火,到底是哪一个呢?然后老师进行实验演示,竟然神奇地发现是铝箔纸缺口的地方冒烟燃烧了起来,本实验引发了强烈的认知冲突。接下来引导学生对这一现象深入分析,揭示其本质。

2. 创设挑战任务,设计实验方案

引导学生积极主动地解决具有思维空间的挑战性学习任务是促进深度学习的重要措施,实验探究教学中教师通过创设开放式情境和问题链驱动等方式让学生设计实验方案,并对实验方案进行科学性和可行性分析论证。

教学案例 6-15

学生基于事实和经验猜想导体的电阻与导体的长度、粗细、温度和材料有关,定量研究一个物理量与多个变量之间的关系时采用控制变量的思想方法。引导学生尝试设计实验方案:当保持材料、温度和导体的粗细不变时,如何设计实验电路研究导体的电阻与其长度的定量关系?让同学们以小组为单位进行合作设计并分析说明。

学生在小组讨论后给出如下 3 种实验方案:

(1) 方案 1:如图 6.51 所示,基于欧姆定律,用电流表和电压表直接测出电流和电压求得导体的电阻,用刻度尺测量出导线的长度。再换几根长度不同,材料和横截面积相同的导线实验,寻找规律。

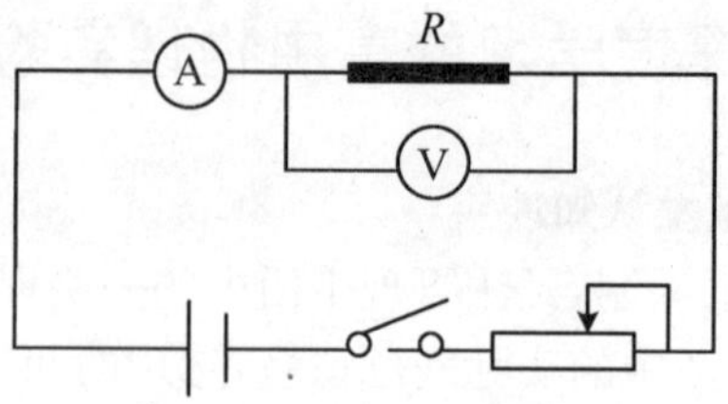

图 6.51　方案 1 电路图

(2) 方案 2:如图 6.52 所示,根据串联电路电流处处相同的特点,将长度成倍数关系的两个导线串联,用电压表分别测量它们两端的电压,寻找比例关系。

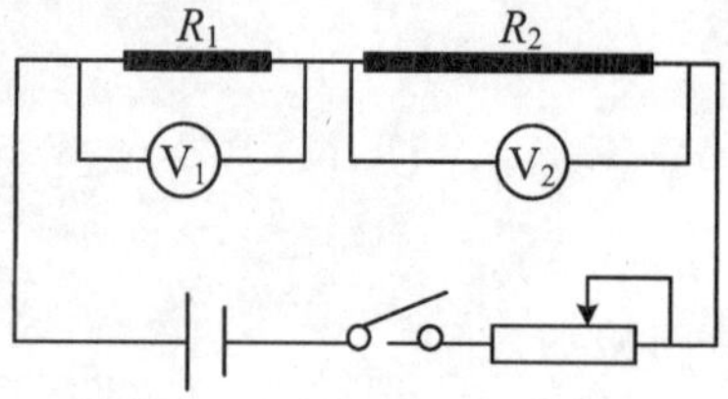

图 6.52　方案 2 电路图

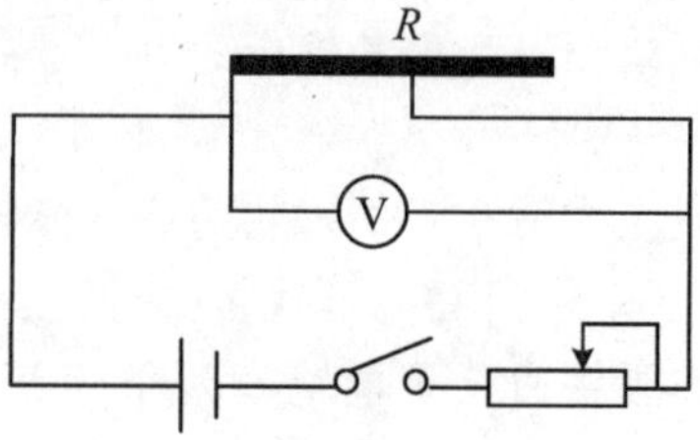

图 6.53　方案 3 电路图

(3) 方案 3:如图 6.53 所示,将一根裸导线拉直,用带夹子导线在裸导线上夹不同位置,从而改变接入电路的导线长度,为了测量方便,先在裸导线上提前标出中点、三等分点、四等分点的位置,记录电压表读数,分析实验数据得出规律。

教师组织学生评价上述三个方案各自的优缺点,以确定本实验的最优方案。

学生认为三个方案都是可行的,并进行了详细分析:① 方案 1 采用直接测量的方法,但需要的操作步骤较多,比较耗时;② 方案 2 操作简单,设计巧妙,用时少,但一次只能测量两组数据;③ 方案 3 操作简单且能方便的测量多组实验数据。综上,研究导体的电阻与长度之间的定量关系用方案 3 最优。

接下来研究导体的电阻与另外三个因素的关系时,引导学生对上述三个实验方案进行论证,分析采用哪一种方案比较合理。分析后发现,由于横截面积和材料不像长度那样容易改变,方案 3 不是很合理,基于倍增法的思想,可以采用方案 2,在控制其他量不变的情况下,让 R_1 和 R_2 的横截面积与材料分别成倍数关系,测量它们两端的电压,比较电压的倍数关系。

3. 小组合作探究,促进具身体验

在得到最优实验方案后,提供所需要的实验器材,让学生小组合作进行实验操作、数据记录与处理,分析与综合。让学生经历该经历的、体验该体验的,以增强学习的具身效应。通过对实验数据的交流、分析和论证,得出实验结论。

教学案例 6-16

根据所给的实验器材，小组分工合作进行实验数据的测量、记录和处理，这里需要留给学生充足的探究时间，导体的电阻随长度的变化关系可以通过作图法来直观的表示。

画出图像后每个小组交流分享他们的实验数据和结论，学生一致认为导体的电阻与它的长度成正比，与它的横截面积成反比，与本身材料也相关，可以用数学公式表示为 $R=\frac{\rho L}{S}$，其中 ρ 与导体的材料有关，称为电阻率。

为了进一步研究电阻率与温度的关系，可以设计如图 6.54 所示电路，电路中接入电流传感器，先用酒精灯加热电阻，然后撤去酒精灯，观察电流传感器记录的数据，记录图像的变化情况，这里相比传统用小灯泡，观察其亮暗更加科学和直观，得出电阻率 ρ 与温度相关。然后向学生介绍不同材料在不同温度下的电阻率数值，并进一步说明超导现象，这里不再赘述。

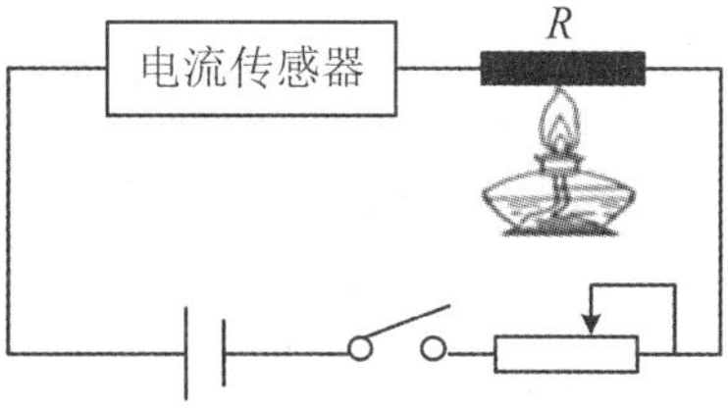

图 6.54

教学案例 6-17

教师可以通过一个自制的演示实验装置帮助学生进一步加深实验探究认识。

自制实验装置如图 6.55 所示，取 6 根长度都为 1.0 m、横截面积相同的金属丝，金属丝两端固定在一个木条上，木条上有刻度，金属丝两端引出两个接线柱。从上到下，最上面的金属丝和下面的 5 个材料不同，可以研究导体电阻和材料的关系。下面 5 个金属丝任取一个，接入电路长度依次为 0.2 m、0.4 m、0.6 m、0.8 m、1.0 m，研究导体电阻和长度的关系。接下来将下面 5 个金属丝依次一个接入电路、两个并联接入电路、三个并联接入电路、四个并联接入电路、五个并联接入电路研究导体电阻和横截面积的关系。为了提高精确性可以用电流传感器和电压传感器进行测量。

图 6.55　自制实验装置

4. 基于分析论证，得出一般规律

由于时间的限制，课堂上实验数据测量的个数是有限的，并且个别小组测量的数据误差较大，为了将实验结论内化为学生的观念还需进一步分析论证，借助逻辑推理得出一般规律。

教学案例 6-18

提出实际问题：现在有几段长度相等的短导线，如何得到一根长导线？

学生提出可以将短导线串联起来。如果原来每段短导线的电阻为 R_0，现在串联后的长导线电阻为多少呢？这里学生恍然大悟，导线长度加倍可以看成两个相同的电阻串联，所以电阻也加倍，即导体的电阻与其长度成正比。

接下来继续追问：如何分析得出导体的电阻与其横截面积成反比呢？横截面积加倍相当于将两个相同长度、相同材料做成的导线并联。这样可以将上面用到的思想方法进行迁移，最终从理论上佐证实验探究的结果。接下来让学生对课堂引入的生火实验进行解释和理论分析，做到前后呼应。

5. 解决实际问题，灵活迁移应用

能否灵活应用所学知识解决生活中的实际问题是判断深度学习发生的重要标志，将实验探究的结论和方法拓展迁移解决实际问题，一方面是对本节课教与学的反馈评价，另一方面也是接下来新知识学习的起点。

教学案例 6-19

在得出电阻定律后，设置如下实际问题让学生解决：

本节课研究了固体的导电，很多液体也是导体，如家里每天用的自来水。请大家设计一个方案并课后付诸实施，测量出家里自来水在 5 ℃（冬天）、20 ℃（夏天）下的电阻率分别为多少。

实验是物理学的基础，实验探究是促进物理深度学习的重要途径，实验探究过程不仅能培养学生模型建构、分析综合、设计论证和批判反思等关键能力，还能培养学生交流表达、合作分享和严谨认真等必备品格。

6.12 指向深度学习的物理习题课教学策略及案例分析

如何将深度学习理念在高三复习课中得到落实？如何发展学生的高阶思维和思维品质是一个值得研究的问题。下面以微专题“圆周运动的临界问题”教学为例，主要介绍以下五个教学策略：① 明确高考考向，把握热点问题；② 借助原始问题，促进模型建构；③ 通过实验探究，增强具身体验；④ 持续变式追问，理解知识本质；⑤ 及时小结反馈，不断反思提升。

指向深度学习的高三复习课教学就是通过习题教学促进学生高阶思维和思维

品质发展，避免就题论题，以题组、变式、实验和反思等教学途径促进学生理解知识本质，形成意义联结，建立知识结构。

6.12.1　明确高考考向，把握热点问题

高三的复习课要明确高考考向，把握住热点问题，进行微专题教学，突破学生的学习难点。“圆周运动的临界问题”虽不是教材中单独的一节，但是是热点和学习难点，通过对近几年全国各地高考卷的研究梳理，得到表 6.15。

表 6.15　近几年高考中“圆周运动的临界问题”示例

高考示例	图例	考向
2012 · 浙江卷理综第 18 题	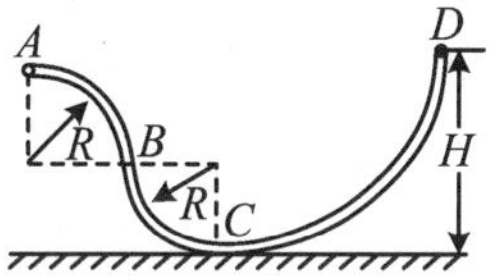	圆周运动、平抛运动、动能定理
2014 · 新课标全国卷Ⅰ第 20 题	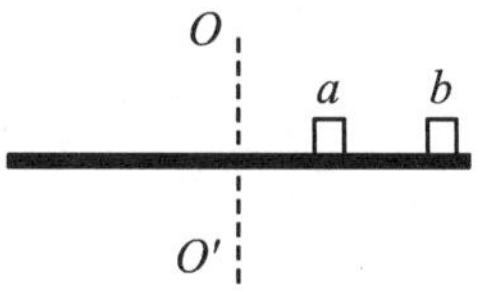	受力分析、水平平面内圆周运动
2016 · 新课标全国卷Ⅲ第 24 题	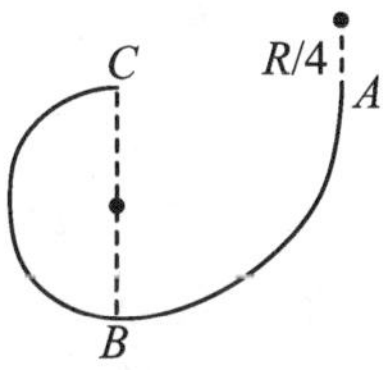	受力分析、圆周运动临界问题、机械能守恒定律、“牛顿第二定律”
2017 · 江苏卷第 5 题	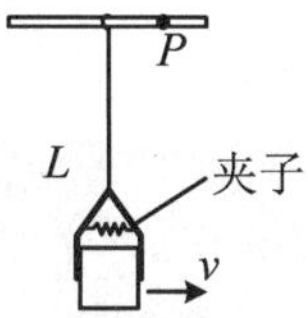	圆周运动、最大静摩擦力
2018 · 新课标全国卷Ⅲ第 25 题	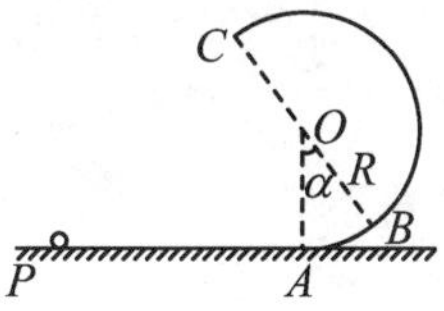	圆周运动、等效重力场

续表

高考示例	图例	考向
2019 · 江苏卷第6题		竖直平面内圆周运动、受力分析

教学意图:将高考示例在课前呈现给学生,学生自己很容易发现本微专题的重要性,引起学生的注意和学习热情。

6.12.2　借助原始问题,促进模型建构

原始物理问题基于实际情境,是自然界及社会生活、生产中客观存在且未被加工的物理问题,具有生态性和开放性的特点。原始物理问题不同于物理习题,它们之间的关系如图 6.56 所示。

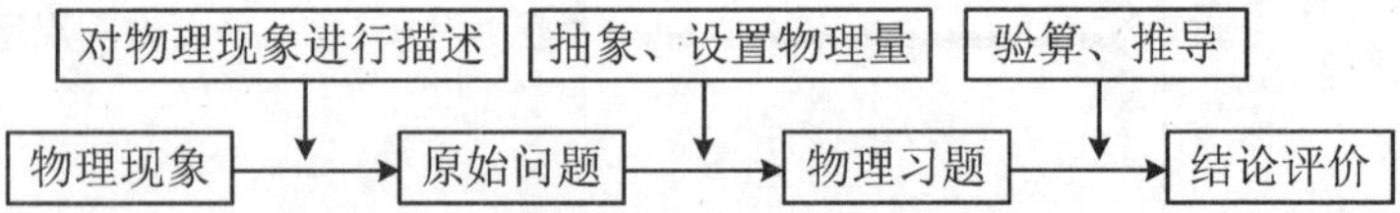

图 6.56　原始物理问题与物理习题的关系

本节课教学中采用了如下原始问题:

原始问题 1:(播放视频)2017 年 3 月 17 日,特技车手特里 · 格兰特驾驶一辆捷豹 SUV 在上海的黄浦江畔星外滩,利用足足有 19 m 高的庞然大物——世界最大垂直环形跑道,再一次进行了极具危险性的环形跑道挑战,欲打破吉尼斯世界记录,如图 6.57 所示,估算车要通过最高点其速度须满足什么条件。

图 6.57　挑战吉尼斯竖直环形轨道

原始问题 2:东仓大桥是很多同学来校的必经之地,东仓大桥桥面半径约为

50 m，为了避免汽车脱离桥面造成交通事故，交警部门需要在桥上设置一限速牌，限速牌上应该写________km/h。

教学意图：借助这两个原始问题让学生建立竖直平面内的竖直轨道模型，其中一个为内轨道模型，另外一个为外轨道模型，有效提升学生的模型建构能力。

6.12.3　通过实验探究，增强具身体验

在复习课中进行实验探究，一方面能激发学生的学习兴趣，毕竟复习课相对枯燥；另一方面通过实验探究能增强切身体验，帮助学生认识问题的本质，实现意义建构。

为了帮助学生认识“完整圆周运动”和“不脱离轨道”的区别，用如下例题：

典型例题 6-1：游乐场的过山车可以底朝上在圆轨道上运行，游客不会掉下来。我们把这种情形抽象为如图 6.58 所示的模型：弧形轨道的下端与竖直圆轨道相接，使质量为 m 的小球从弧形轨道上端滚下，小球从圆轨道下端进入后沿圆轨道运动。如果已知圆轨道的半径为 R，重力加速度为 g，不考虑阻力。

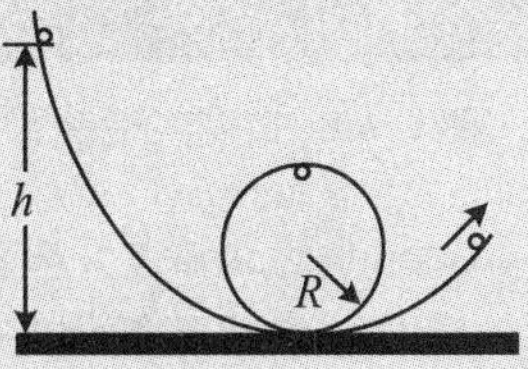

图 6.58

(1) 若小球从高为 h 由静止释放，求小球到达圆轨道底端时对轨道的压力？

(2) 若要使小球做完整的圆周运动，小球由静止释放时的高度满足什么条件？

对于第(2)问学生还是容易解决的，接下来进行变式：若要使小球不脱离轨道，小球由静止释放时的高度满足什么条件？

很多学生认为不脱离轨道和做完整的圆周运动结果是一样的，即使一些学生感觉不一样，但也不知道怎么解决，为了帮助学生更好地理解，可以采用如图 6.59 所示的过山车轨道实物模型。

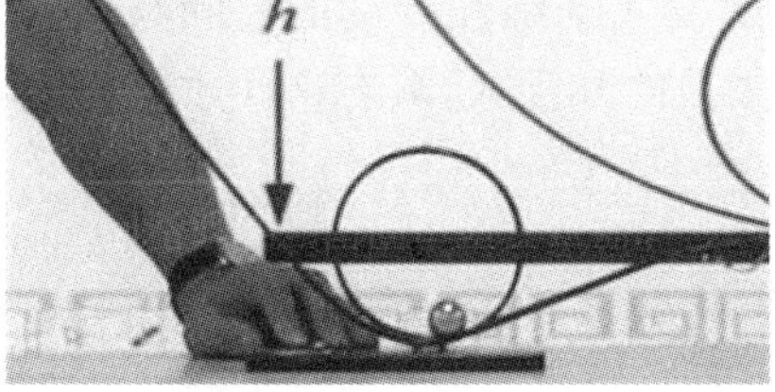

图 6.59　过山车实物模型

实验演示步骤：

第一次：将小球从最高点由静止释放，发现小球可以通过圆轨道最高点，做完整的圆周运动。

第二次：从差不多和圆弧等高的高度由静止释放，发现小球在到达最高点前脱离轨道。

第三次：从差不多和圆弧圆心等高的高度由静止释放，发现小球到某个位置（比圆心高度低一点）又返回，但没脱离轨道。

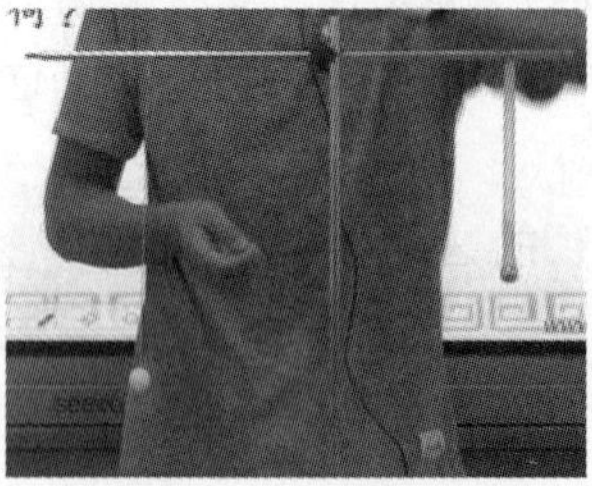

图 6.60　自制实验装置

第四次：从比圆弧圆心低的高度由静止释放，发现小球到某个位置返回，但没脱离轨道。

学生观察后很容易发现小球不脱离轨道且高度 $h \leqslant R$。

另外，为了帮助学生理解细绳拉球和轻杆拉球在竖直平面内做圆周运动临界条件不同的本质，笔者自制了一个实验装置，如图 6.60 所示。

实验器材：铁架台，一个光滑铁质细杆，细线，长约 23 cm 的奶茶吸管，两个小球。

其中一小球和细线一端连接，细线另一端做成小绳套，套在光滑铁质细杆上；另一小球和奶茶吸管一端连接，吸管另一端连接一细铁丝制成的小圆环，把小圆环套在光滑铁质细杆上。分别给两小球一初速度，以确定都可以在竖直平面内做圆周运动。由于阻力作用，两小球的在转动过程中机械能都会减小。

实验现象：细线连接的小球在未到达最高点前的某个位置，速度虽较大，但会做斜抛运动，细线松弛。吸管连接的小球虽速度越来越小，到最高点速度几乎为 0，吸管支撑着它依然可以做完整的圆周运动。

教学意图：实验是学物理的基础，通过这两个实验能很好地帮助学生把握圆周运动的临界状态、临界条件及其受力特点。

6.12.4　持续变式追问，理解知识本质

复习课教学离不开对变式训练和持续的提问与追问，变式可以变条件、变问题、变模型等，追问一定要及时和深入，只有这样才能活化学生的思维，理解知识本质，提升思维的深刻性。

典型例题 6-2：如图 6.61 所示，两个质量均为 m 的小物块 a 和 b(可视为质点)，静止在倾斜的匀质圆盘上，圆盘可绕垂直于盘面的固定轴转动，a 到转轴的距离为 l，b 到转轴的距离为 $2l$，物块与盘面间的动摩擦因数为$\frac{\sqrt{3}}{2}$，盘面与水平面的夹角为 30°。设最大静摩擦力等于滑动摩擦力，重力加速度大小为 g。若 a、b 随圆盘以角速度 ω 匀速转动，下列说法中正确的是(　　)。

A. a 在最高点时所受摩擦力可能为 0

B. a 在最低点时所受摩擦力可能为 0

C. $\omega=\sqrt{\frac{g}{8l}}$是 a 开始滑动的临界角速度

D. $\omega=\sqrt{\frac{g}{8l}}$是 b 开始滑动的临界角速度

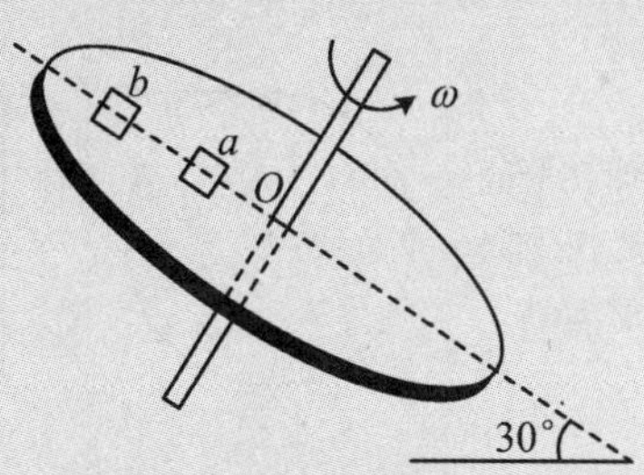

图 6.61

这是一道易错题，正确答案是 D 选项，学生很容易错选 A。因为定性分析发现在最高点重力和支持力的合力沿斜面向下，提供向心力，不需要摩擦力，学生没有经过定量计算和进一步分析。

追问 1：尝试计算 a 物块在最高点不受摩擦力时的角速度为多大？

学生计算得到：$\omega_1=\sqrt{\frac{g}{2l}}$。

追问 2：尝试计算 a 物块在最低点开始滑动的临界角速度为多大？

学生计算得到 $\omega_2=\sqrt{\frac{g}{4l}}$。

追问 3：通过这两个角速度的比较你发现了什么？

发现：$\omega_1>\omega_2$，如果物块 a 在最高点不受摩擦力，在最低点早已相对盘面滑动，离开轨道。

变式：要使物块在最高点不受摩擦力，且在最低点又不发生相对滑动，则盘面的倾角 θ 应该满足什么条件？

学生计算得到 $\mu\geqslant 2\tan\theta$。

教学意图：通过问题引导让学生发现自己错误的原因，而不是直接告知。通过变式使学生对问题的认识更加深刻。

6.12.5　及时小结反馈，不断反思提升

高三复习课需要及时的反馈，对研究和思考的成果进行小结，不一定是要在课堂结束时才小结，在课堂中的某一个关键阶段也可以，能起到承上启下的作用。在

引导学生不断地自我反思中提升能力。

在研究完“竖直平面内圆周运动的临界问题”后，利用表 6. 16 及时进行小结反馈。

表 6. 16　“竖直平面内圆周运动临界问题”小结

物理情境	图示	F_N(或 T)与 v^2 的关系	最高点的临界特点	做圆周运动条件
小球在竖直的光滑圆环内侧运动	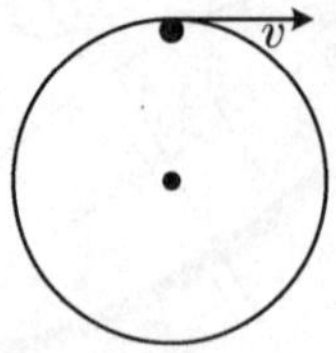	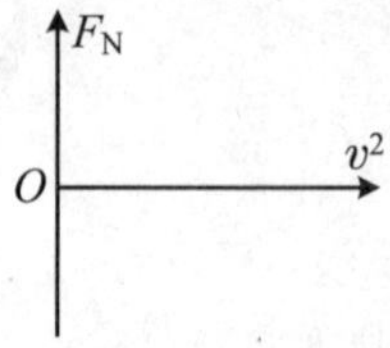		在最高点速度应不小于______
细绳拉小球在竖直平面内运动	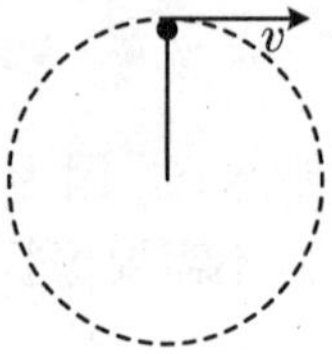	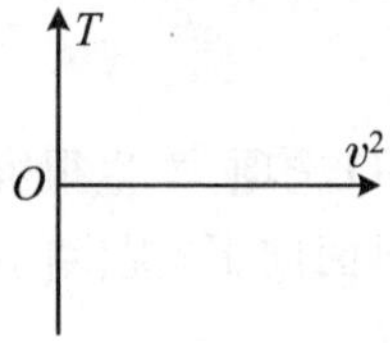		在最高点速度应不小于______
小球固定在轻杆上在竖直面内运动		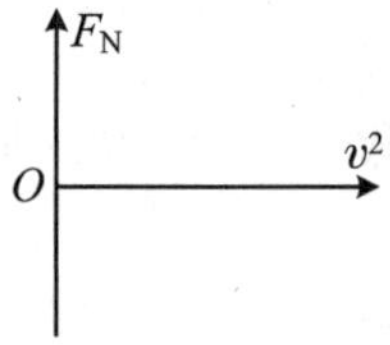		在最高点速度应大于______
小球在竖直放置的光滑管中运动	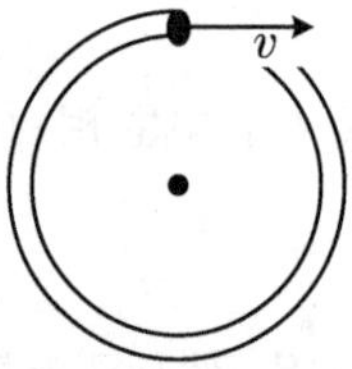	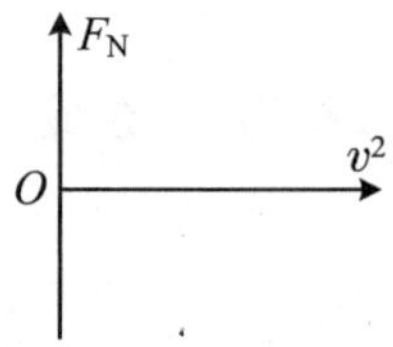		在最高点速度应大于______

教学意图：通过列表的形式容易进行比较，并增进理解，让学生作 F_N(或 T)与 v^2 关系图，便于对比和分析一般情况与临界(特殊)情况间的关系。

6.13　指向深度学习的物理单元整体教学及案例分析

单元整体教学是为解决课时之间的零散性、知识之间的孤立性、单元之间的割裂性和学科之间的无关性等问题，以系统论和整体思维为指导，强调教学的整体与部分之间的关联和统整，是从长远视野的角度进行教学规划和贯通设计。单元教学目标是在对课程标准的深入解读、单元核心内容和学生学情深入分析的基础上确定的，每课时的教学目标和内容都是从单元的目标和内容拆分而来，每一课时承担单元整体教学的一个阶段。单元整体教学具有层进性、关联性、结构性、系统性和发展性等特征。

6.13.1　指向深度学习的高中物理单元整体教学实施模型

指向深度学习的单元整体教学是以整合的知识为内容，以提升思维品质和高阶思维为目标，发展学生跨学科视野和综合运用知识处理问题的能力，进行某一单元或主题的整体规划和贯通式教学设计。强调知识结构的整体理解、学生学情的整体把握、学习环境的整体设计、教学过程的整体构建。

Nelson Laird 等学者基于深度学习量表分析，发现深度学习包括高阶性学习、整合性学习、反思性学习三个相互关联的部分，单元整体教学是促进高阶性学习、整合性学习和反思性学习的必然选择。

首先，单元整体学习是在对一章内容的综合考虑和整体分析的基础上确定每一课时的教学目标和内容，这样就体现出了层进性和沉浸性，学生经历这样的学习过程有助于促进思维从低级向高级进阶，属于高阶学习过程。

其次，单元整体教学以整合本章内或不同章节间的知识为教学内容，学生经历这样的学习过程有助于促进核心概念和物理观念的形成，属于整合性学习过程。

再次，单元整体学习的每一课时逻辑联系紧密，贯通性强，学生经历这样的学习过程有助于促进批判反思和问题解决能力的发展，属于反思性学习过程。

指向深度学习的单元整体教学可以分为分析阶段、设计阶段、实施阶段和评价阶段，实施模型如图 6.62 所示。

分析阶段是单元整体教学的基石，这个阶段首先需要了解和分析学生的学情和学习兴趣，以确定单元整体学习的起点；其次需要分析课程标准和解析本单元的核心内容，最终确定本单元的研究主题。

设计阶段是单元整体教学的关键，这个阶段需要确定单元学习目标和核心内容，并细化每一课时的目标和学习内容，在此基础上整合教学内容，进行整体建构

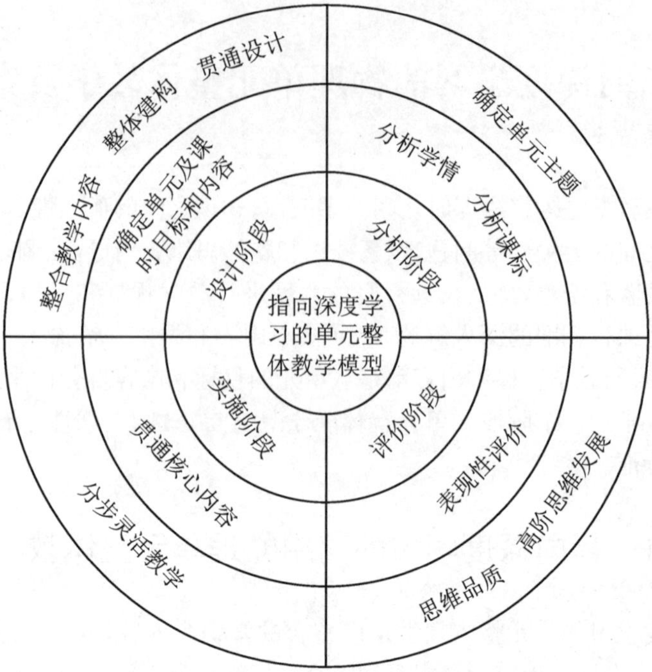

图 6.62　指向深度学习的单元整体教学模型

和教学设计。

实施阶段是单元整体教学的核心,这个阶段首先需要明晰每一课时在单元整体教学中充当的"角色"和定位,然后分步灵活地实施课时教学,以贯通单元核心知识和内容。

评价阶段是单元整体教学的导向,这个阶段需要注重表现性评价,关注学生在每一课时学习过程中的行为表现和思维发展情况,发挥评价的激励作用,促进思维品质和高阶思维能力的发展。

6.13.2　指向深度学习的高中物理单元整体教学设计案例

高中物理新版教材对原来的教学内容进行了整合和重构,从目录看,新版教材的章节安排非常适合进行单元整体教学,估计这也是编写者的初心。下面就以选择性必修 2 第一章"安培力与洛伦兹力"教学为例,探讨指向深度学习的高中物理单元整体教学的实施过程。教材中"安培力与洛伦兹力"一章包含磁场对通电导线的作用力、磁场对运动电荷的作用力、带电粒子在匀强磁场中的运动、质谱仪与回旋加速器四节内容,在进行单元整体教学时可细化为 6 课时内容,基于物理学科核心素养的单元目标、课时内容和目标、主要教学活动如表 6.17 所示。

表 6.17　选择性必修 2“安培力与洛伦兹力”单元整体教学分析

单元目标	课时内容	课时目标	主要教学活动
(1) 物理观念：理解磁场对电流和运动电荷力的作用及两者间的联系；学会分析带电粒子在匀强磁场和复合场中的运动规律，深化相互作用观、力与运动观。 (2) 科学思维：体会和内化分析推理、模型建构、批判反思等高阶思维方法。 (3) 科学探究：让学生切身体验磁场对导体棒、阴极射线的作用和洛伦兹演示仪等，探究物理规律，增进认识和理解。 (4) 科学态度：学习质谱仪和回旋加速器的发展史，了解物理知识和技术对社会的巨大推动作用，培养学生严谨、为人类服务的科学家精神。	磁场对通电导线的作用力	(1) 知道安培力及安培力的公式（包括一般公式）。 (2) 知道左手定则的内容，并会用它判断安培力的方向。 (3) 了解磁电式电流表的工作原理。	(1) 基于磁感应强度的定义式引出安培力，推导安培力大小计算公式。 (2) 通过学生分组实验探究磁场对导体棒的安培力方向与磁场方向和电流方向的关系，构建物理模型，归纳得出左手定则。 (3) 引导学生推导安培力的一般公式。 (4) 展示并介绍磁电式电流表的内部构造，让学生解释其工作原理。
	磁场对运动电荷的作用力	(1) 知道洛伦兹力及其大小推导过程。 (2) 能用左手定则判断洛伦兹力的方向。 (3) 了解电视机显像管的工作原理。	(1) 演示“旋转的液体”实验，让学生体验磁场对运动电荷的作用。 (2) 基于“旋转的液体”实验，改变磁场的方向，结合电流的形成归纳洛伦兹力方向的判定方法。 (3) 回顾电流的微观表达式，引导学生推导洛伦兹力大小的计算公式。 (4) 演示电视机的工作过程，观察现象，让学生解释其工作原理。
	带电粒子在匀强磁场中的运动	(1) 知道带电粒子以不同速度方向进入匀强磁场时的运动轨迹特点。 (2) 会推导运动电荷在匀强磁场中做匀速圆周运动的半径和周期公式，并能进行计算。	(1) 通过创设情境让学生理论分析运动电荷在匀强磁场中的三种运动情况：匀速直线运动、匀速圆周运动和螺旋线运动。 (2) 借助洛伦兹演示仪观察现象并验证上面的理论推导。

续表

单元目标	课时内容	课时目标	主要教学活动
			(3) 引导学生推导运动电荷在匀强磁场中做匀速圆周运动的半径和周期公式,并借助洛伦兹演示仪,改变励磁线圈的电流和加速电压,验证上述理论公式。
	带电粒子在有界匀强磁场中的运动	(1) 知道什么是有界磁场。 (2) 结合数学知识能解决运动电荷在有界匀强磁场中运动的相关问题。	(1) 结合实际情境,介绍单边界、双边界和圆边界的有界磁场。 (2) 基于具体问题,结合数学知识引导学生分析运动电荷在有界磁场中的运动并进行长度和时间的计算。 (3) 引导学生反思和归纳解决运动电荷在有界匀强磁场中运动问题的一般方法和步骤。
	带电粒子在复合场中的运动,磁流体发电机和霍尔效应	(1) 会分析带电粒子在复合场中的运动。 (2) 了解磁流体发电机的工作原理和霍尔效应的产生原因及应用。	(1) 基于具体问题,引导学生分析带电粒子在复合场中的运动并进行相关计算。 (2) 创设问题情境和问题串,让学生分析磁流体发电机的工作原理和霍尔效应的产生原因,并推导霍尔元件两端的电压公式。 (3) 引导学生反思和归纳解决带电粒子在复合场中运动问题的一般方法和步骤。
	质谱仪和回旋加速器	(1) 了解质谱仪和回旋加速器的发展史。 (2) 知道质谱仪和回旋加速器的工作原理。	(1) 基于带电粒子在复合场中的运动,分析速度选择器的工作原理,接下来分析质谱仪的工作原理。呈现历史资料,帮助学生了解其在测量带电粒子质量和分析同位素的重要作用。

续表

单元目标	课时内容	课时目标	主要教学活动
			(2) 创设情境让学生思考获得高能量粒子的方法，了解多级加速器。通过问题驱动引出回旋加速器，分析其工作原理，并推导带电粒子能加速的最大动能。呈现历史资料，帮助学生了解回旋加速器的优势和不足。

上面 6 课时内容间有很好的关联性和统整性，这为单元整体教学设计提供了很好的基础。第一课时内容以前面章节所学的"磁感应强度"为基础；第二课时以第一课时为基础，安培力是洛仑兹力的宏观表现，洛仑兹力是安培力的微观本质；第三、四课时是第二课时的延伸和拓展；第五课时是重力场、静电场和磁场的综合应用，有承上启下的作用；第六课时介绍了两个仪器，是物理知识在工程技术中具体应用，这充分体现了新课标 STSE 的理念。

单元整体教学强调的层进性、关联性、结构性、系统性等特征有助于学生对核心知识、核心概念的深度理解和把握，是促进深度学习和培育物理学科核心素养的的必然路径，单元整体教学也能有效提升教师的知识整合能力和课程开发能力。新版教材的内容安排非常便于教师进行单元整体教学，希望广大同仁精诚合作共同研究探讨单元整体教学的范式，并建立相应的教学资源库。

6.14　基于物理文化促进深度学习的教学探讨

物理学是一种文化，新课标明确指出要充分发挥物理课程的育人价值，也就是要做到以"物"化"人"，充分发挥物理文化的"真、善、美"功能，这一过程需要以学生的深度学习为基础，同时物理文化的熏陶有助于促进学生的深度学习。本文基于 Igal Gallili 教授的"内核—躯体—外缘"学科文化要素，构建深度学习的"核心知识理解—内部关联迁移—外部拓展迁移"模型，形成设置有效问题群、解决真实性问题、遵循教学重演律的教学策略。

深度学习是当下教育界研究的热点话题，虽然一些教师对促进深度学习的教学方式做了一些研究，但从学科文化视角探讨深度学习的极少。著名教育心理学家迈耶认为深度学习的过程包括建立事实、概念、程序、策略、信念五类知识的相关网络，其中信念就上升到了学科文化层次，实现科学与人文的融合。因此从物理文化视角探讨促进高中物理深度学习的路径和策略很有必要和价值。

6.14.1　物理文化和深度学习

1. 物理文化

国内对物理文化还没有统一的定义，有的学者认为，物理文化是世界历代物理学家在创建物理学过程中，发现、创造和形成的物理思想、物理方法、物理概念、物理定律、物理语言符号、价值标准、科学精神、物理仪器设备以及约定俗成的工作方法的总和。有的学者认为，物理文化是由物理科学家群体在认识物理世界和相互交往中自觉形成的一种相对独立、相对稳定的、且能被广泛的群体所共享的社会意义网络。

可见，物理学作为一种特殊的文化，是信念、理想、价值、思维方式和行为规范的总和，并深深植根于民族文化之中。

从物理文化和深度学习内涵对比中不难发现，两者都强调学科核心内容学习；强调思维方式，尤其是高阶思维和思维品质；强调体验等行为方式；强调价值观念和意义网络的形成。

2. 基于物理文化促进深度学习的理解

Igal Gallili 教授认为物理文化是一个具有结构的整体，其结构由“内核—躯体—外缘”三要素组成，三要素的关系如图 6.63 所示。物理文化形成的内在标志是物理文化结构的形成。

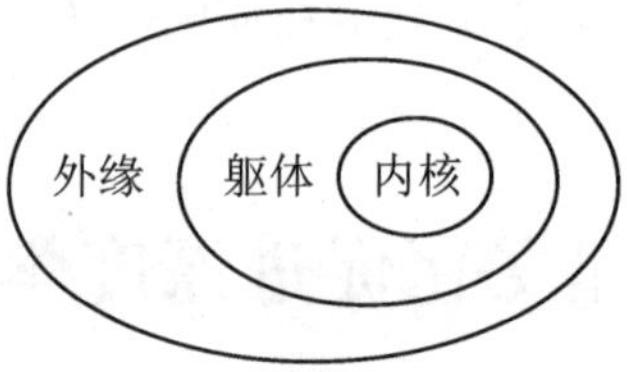

图 6.63　物理文化三要素

(1) 内核。包括物理概念、规律、思想方法以及物理语言符号，及其内隐的哲学观念，这是物理文化的“真”。

(2) 躯体。是对内核的应用，包括迁移应用解决实际问题，成功解释生活和自然现象，实验以及实验仪器，这是物理文化的“善”。

(3) 外缘。包括与内核相矛盾的物理观念，可供选择的解释，可供选择的认识论，过去的和超前的理论，还有那些应用该理论不能解决的问题等。这是物理文化的“美”。这部分知识在目前的物理教学中常常被忽略。

基于物理文化三要素，结合深度学习的注重理解、迁移应用和高阶思维的特征，笔者构建了如图 6.64 所示教学模型。

核心内容理解：知识是思维发展的载体，深度学习需要对核心内容深度理解，这里包括对物理核心知识、物理思想方法和核心概念的批判性反思与理解。

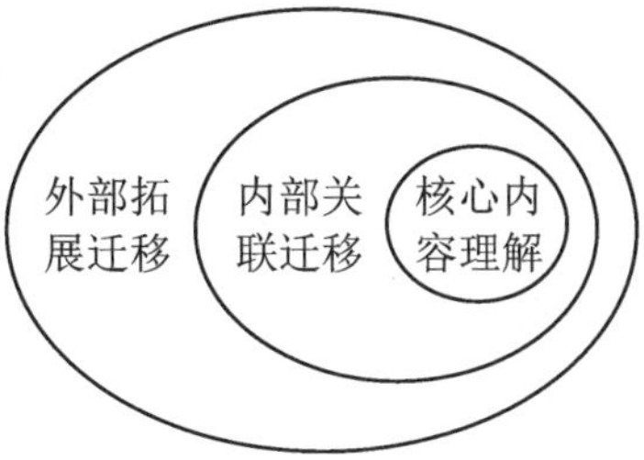

图 6.64　教学模型

内部关联迁移：应用物理核心内容以及核心内容学习过程中蕴含的一些思想方法解决生活中的实际问题，从而进一步深化对物理学科的理解和认识。

外部拓展迁移：通过纵向拓展挖掘物理学史，体会物理学发展的关键环节和不同的思想碰撞；通过横向拓展对不同学科进行对比与整合，综合应用跨学科知识研究问题。

6.14.2　基于物理文化促进深度学习的策略

基于以上认识，结合教学实践，笔者形成了三个相应的教学策略。

1. 设置有效问题群：促进对核心内容的深度理解，体悟“真”

有效问题是教学的心脏，有效问题也是点亮学生思维的火种。当下“问题串”或“问题链”的提法较多，但由于学生思维的发展具有跳跃性以及避免教学过程的程序化和呆板性，所以笔者认为应该基于核心内容，突出核心问题并灵活设置多个辅助问题，组建有效问题群，问题群要突出清晰度、深刻度和统整度，促进对核心内容的深度理解，体悟物理文化中的“真”。

2. 解决真实性问题：灵活迁移应用物理知识方法，领会“善”

基于实际情境和真实问题解决的教学是促进深度学习的基石。物理学与生活息息相关，生活中许多复杂的实际问题都可以作为教学材料，在实际问题解决过程中感受模型建构、批判反思等高阶思维能力，同时引导和鼓励学生在体验和理解的基础上，综合运用多种知识、方法和技能解决实际问题，提升学生综合应用跨学科知识解决问题的能力，突出物理学对社会和谐发展的作用，领会物理文化中的“善”。

3. 遵循教学重演律：体会物理史发展的关键环节，鉴赏“美”

遵循教学重演律就是以浓缩时空和必然的形式，让学生重蹈科学知识发现过程中的一些关键步子，重走科学家的探索之路。如果把科学家从事科学研究的过程视为科学知识的原生产过程，那么，学生学习知识的过程可以理解为科学知识的再生产过程。学生学习物理的心理顺序差不多就是物理学家探索的历史进程，学生学习科学知识的进程可以看成是人类探索科学进程认知意义上的重演。在物理知识重演的教学过程中,突出物理学史发展的关键环节,实现物理文化的重演,鉴赏物理文化中的“美”,表现为逻辑美、简洁美、对称美和和谐美等。

6.15 基于学科大概念促进物理深度学习的教学策略

6.15.1 学科大概念能促进物理深度学习原因

1. 学科大概念是物理深度学习的逻辑起点

物理深度学习是为解决知识结构的碎片化,知识理解的浅层化,知识探究的去情境、去背景等问题而提出的,回归以实验为基础、以思维为中心。学科大概念是基于事实的抽象、“生长”过程,是超越知识,理解知识本质,把握知识背后的思想方法、意义和价值观念的过程,这与物理深度学习的初衷不谋而合。

2. 学科大概念是物理深度学习的过程保障

学科大概念不仅是核心的概念,还是一种思维工具,发挥着概念“文件夹”和“透镜”的作用,有助于使新的、不熟悉的概念看起来更熟悉。大概念能实现学科内纵向、学科间横向核心内容的有机整合,优化物理学习路径,为单元、课时教学设计指明方向,保障深度学习真实发生。

3. 学科大概念是物理深度学习的必然结果

物理深度学习的结果为能灵活应用所学物理知识和方法解决实际问题,知识只有上升达到概念层面才能被迁移,学科大概念作为概念的概念有强大的解释能力和迁移能力。所以掌握处于学科中心、最有价值的大概念是物理深度学习的价值体现和必然结果。

6.15.2 基于学科大概念促进物理深度学习的途径

1. 从整体到局部,明确学习目标

传统教学中教师较多关注课时层面的设计与实施,较少从整体出发关注单元层面的设计与实施,即关注局部忽视整体,这样很难落实新课标的理念和培育学科核心素养。教学设计要兼顾整体和局部,要处理好“森林与树木”的关系,基于大概念从整体到局部明确具体的学习目标。

新课标提出“在机械运动情境下培养学生运动与相互作用的观念”,即本章需要揭示和理解的大概念。其中“牛顿第一定律”的学习是为了加深学生对运动与相互作用关系的认识,初步形成正确的运动与相互作用观,从整体到局部的内容结构分析如图 6.65 所示。学生学习的过程就是要由表及里、从外向内，逐步抽象概括大概念。

图 6.65　“牛顿第一定律”的内容结构

2. 基于探究整合，促进概念转变

学科大概念对学科专家来说是清晰和有用的，但对初学者来说是模糊和抽象的，需要在现象和事实的基础上不断探究整合、不断抽象概括、不断理解升华，实现从迷思概念到科学概念的转变，使概念持续“变大”。

教学中，用一个正方形的硬塑料板，中间有一个可通气圆柱桩，通过圆柱桩气流可以从上面到硬塑料板下面，如图 6.66 所示。刚开始让学生在桌面上尝试用力持续轻推该装置，装置向前运动，当力撤去后，随即静止。据此大家能得出什么结论？

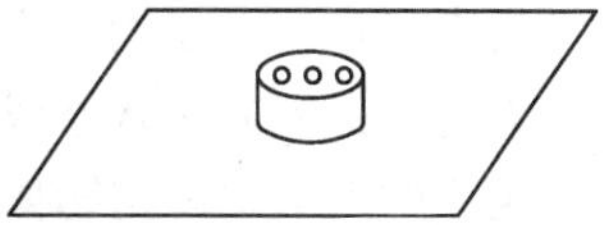

图 6.66　自制装置

学生 1：运动需要力来维持。

教师：这正是亚里士多德 2000 多年前的观点，接下来请大家用力猛推该装置，观察现象。

学生 2：发现离开手后，还会向前运动一段距离才静止？

教师：这说明了什么？

学生 3：桌面对其的摩擦力反而阻碍了运动，运动不需要力来维持。

教师：这里如何减小摩擦力的影响，让其在离开手后运动的距离更远一些呢？

学生4:可以在桌面上涂润滑油。

教师:很好,老师现在给每一小组再提供一个气球,大家结合装置讨论可以采取什么措施呢。

学生想到将气球吹大后直接套在通气圆柱桩上,这样气球内的气体通过小孔流到塑料板和接触面间,形成一个气垫,有效地减少了摩擦。为了使现象明显,可以将加气球后的装置放在教室地面上进行实验,推一下发现可以运动很长一段距离才停止。

接下来用伽利略的斜面实验仪器进行探究,如图6.67所示。第一次在轨道上铺一层毛面的棉布,将小球从某一高处自由释放,小球滚到另一侧上一小段距离;第二次在轨道上铺一层丝绸,将小球从同一高处自由释放,小球滚到另一侧比第一次更远的距离;第三次轨道擦干净,将小球从同一高处自由释放,小球可以滚到另一侧接近等高的地方,通过这一组对比实验,合理外推:当没有摩擦阻力的影响,小球将来到等高的位置。第四次将另一侧轨道倾角调小,发现小球仍差不多滚到和原来等高位置,但运动距离更远一些。继续外推:当另一侧放置水平,由于小球找不到等高的位置将永远运动下去。这就是伽利略的观点:物体一旦具有某一速度,如果没有摩擦阻力,物体将保持这个速度一直运动下去。

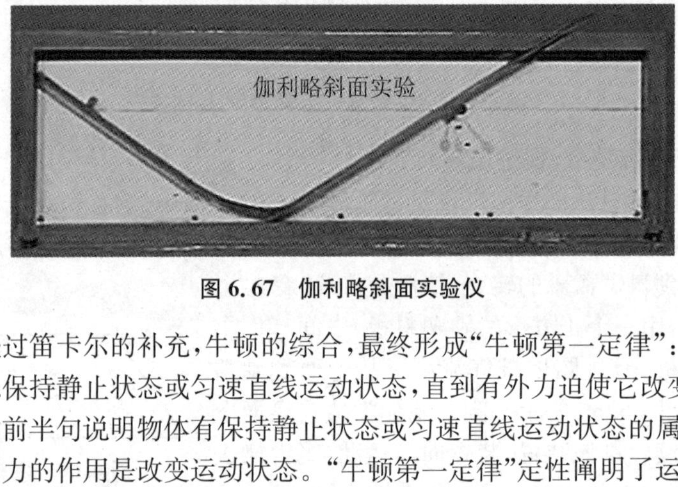

图6.67　伽利略斜面实验仪

后来经过笛卡尔的补充,牛顿的综合,最终形成“牛顿第一定律”:一切物体在不受力时总保持静止状态或匀速直线运动状态,直到有外力迫使它改变这种状态。

定律的前半句说明物体有保持静止状态或匀速直线运动状态的属性,即惯性,后半句说明力的作用是改变运动状态。“牛顿第一定律”定性阐明了运动与相互作用的关系。

3. 注重科学论证,达成意义理解

物理学科以理性思维为中心,科学论证就是建立在思维之上,是学习共同体围绕某一问题,收集证据并运用一定的论证方法解释、评价自己及他人的观点,促进思维的交锋,最终达成双方可接受结论的活动。科学论证是促进深度学习和学科大概念发展的重要途径。

首先,让学生观看汽车在安全测试过程中没系安全带和系安全带的对比视频,然后提出问题。

教师:通过这个短片,说说实际行车过程中为了避免不安全事故的发生,应该如何做。

学生 1:应该避免酒后驾驶、系好安全带、不能超载、不能超速。

教师:从这个问题中请大家猜想惯性与那些因素有关。

学生 2:与质量和速度有关,质量越大,速度越大,惯性就应该越大。

教师:请大家现在小组讨论论证惯性与质量、惯性与速度的关系。

学生 3:如图 6.68 所示,当在水平面上用一恒力拉 A 物体,速度增加较快,当用细线在后面连接另一物体 B,此时整体一起运动,速度和之前相比增加的较慢,即运动状态越难改变,说明质量越大惯性越大。

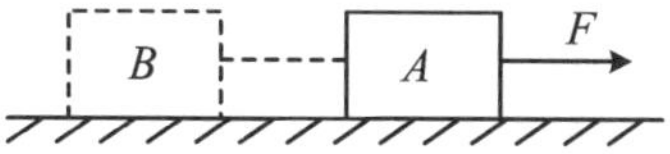

图 6.68

学生 4:如果惯性与速度有关,速度越大运动状态越难改变,那么自由落体运动的 v-t 图像是图 6.69 所示的曲线,而事实上是一条过原点倾斜的直线,所以惯性与速度大小无关。

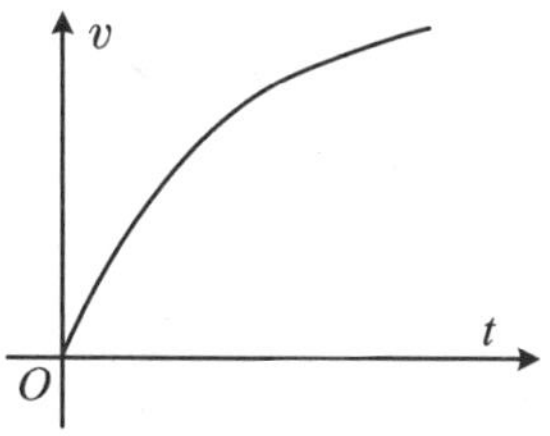

图 6.69

4. 设置挑战任务,实现迁移应用

真实的、挑战性的核心任务能促进对大概念的理解和迁移,教学中设计待解决的挑战性任务一方面能激发学生探究的热情和兴趣,另一方面能迁移和拓展所示知识解决实际问题,实现做中学、用中学。

图 6.70　矿泉水瓶水平放置图

挑战任务:将一瓶还没打开的矿泉水瓶水平放在书桌上,如图 6.70 所示。可以观察到瓶内有一个小气泡,让学生先思考:

当矿泉水瓶突然向前加速运动时,气泡相对水瓶向哪里运动?突然停下来呢?

大多数同学都认为:气泡由于惯性,突然加速时,气泡向后运动,突然停下来时,气泡向前运动,接下来同桌两人一组发一瓶没开过的矿泉水,体验这个过程。一个同学做,另一个同学观察并记录实验现象。同学们记录到的实验现象恰恰相反:矿泉水瓶突然加速时,气泡向前运动;突然停下来时,气泡向后运动。这个情境激发了学生强烈的认知冲突，学生已经自发的开始交流讨论了，老师此时只需顺水推舟，让学生讨论阐述为什么实际的现象是这样的呢？

6.16 基于生活经验，促进深度学习

生活经验源于生活实践，又高于生活实践，是促进深度学习的重要基础，知识的理解始于生活经验、思维的发展源于生活经验、观念的建构成于生活经验，在教学设计与实施时必须引起足够的重视。基于实际情境、提出真问题、促进深联结，设置挑战任务、实现真探究、促进深理解，回归生活背景、进行真应用、促进深迁移是基于生活经验促进深度学习的三个有效策略。

6.16.1 生活经验和深度学习的内涵

生活经验是生活主体在生活实践中通过观察、感受、体验、积累而丰富起来的知识总和，生活实践中积累起来的生活经验，对新知识的学习具有决定性的作用。生活经验包括直接经验和间接经验，前者指自身的所做、所见、所遇；后者指其从别人的言谈和著作中的所闻、所学。

深度学习是在教师引领下，学生围绕着具有挑战性的学习主题，全身心积极参与、体验成功、获得发展的有意义的学习过程。在这个过程中，强调理解学科的核心知识、把握学科的本质及思想方法、发展批判性等高阶思维能力，形成积极的内在学习动机、高级的社会性情感、正确的价值观，成为既具独立性、批判性、创造性又有合作精神、基础扎实的优秀的学习者和未来社会历史实践的主人。

6.16.2 基于生活经验能促进深度学习的原因

1. 知识的理解始于生活经验

深度学习是一种理解性的学习，强调对知识内涵和意义的深层次理解，奥苏贝尔的有意义学习理论认为：认知结构中的原有知识对新知识的学习起决定作用，其中生活经验就是原有知识的主要组成部分，新知识的学习最好与学生的生活经验相联系，帮助学生形成持久的理解。有的生活经验可能与科学的概念相矛盾，需要采用有效的策略进行突破。

2. 思维的发展源于生活经验

思维是大脑借助于语言对事物的概括和间接的反应过程，可见，思维是以感知为基础又超越感知的高级认知活动，其中对事物的概括、感知和映像就是生活经

验。深度学习以高阶思维活动为核心，而高阶思维的发展离不开生活经验之一基础的有力支撑

3. 观念的建构成于生活经验

观念是人们在长期生活和生产实践中形成的对事物总体的、综合的认识，同时它又反过来影响和支配着人们的行动。观念的建构依赖于生活经验，有些生活经验本身就是主体形成的观念，经过探究整合形成的观念又需要实际生活经验的检验。

6.16.3　如何基于生活经验促进深度学习

基于生活经验促进深度学习需要以真实性情境为条件、挑战性任务为基础、结构性知识为保障、迁移性应用为核心，下面以“力的分解”教学为例进行阐述。

1. 基于实际情境，提出真问题，促进深联结

实际情境是联结生活经验和物理知识的桥梁，是诱发学生自主提出问题的有效载体，教学中要给学生提出问题的机会、时间和空间，学生对于自己提出的问题会在接下来的探究中有更高的、持续性的情感投入，这是促进学生深度思维的基础，也是促进新旧知识关联整合的关键。

教学案例 6-20

课前让两个男生到讲台上完成一个小游戏：两个男生分别抓住绳子的两端，站在较远的位置，用力拔河，发现势均力敌，且绳子被拉紧呈水平状态。此时老师在中间挂一个质量为 5 kg 的秤砣，如图 6.71 所示，发现这两个学生再怎么用力，绳子都不能被拉平。

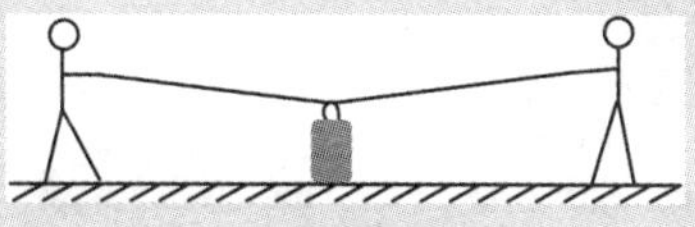

图 6.71　拉秤砣游戏

绳子为什么不能再被拉成平直状态？通过本节课的学习将揭开其中的奥秘。

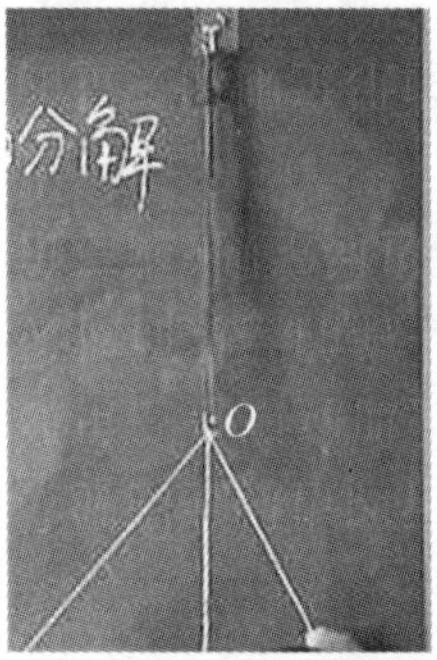

图 6.72　拉力演示

教师：上节课学习的“力的合成”的基本思想是什么？

学生 1：两个或多个力可以用一个力来等效替代。

教师：世界是对称统一的，大家能不能从这个视角出发提出一个对称的、反向的问题加以研究呢？

学生 2：一个力能不能用两个或多个力等效替代？

接下来借助力的合成的实验器材，老师先用一个细绳套将橡皮绳的节点拉到某一点 O，再让两个学生分别用两个细绳尝试将节点再次拉到 O 点，然后让三个同学分别用三根细绳尝试将节点也拉到 O 点，如图 6.72 所示，从而得

出“力的分解”概念。引导学生讨论:对于力的分解大家能不能提出一些想研究的问题呢?

学生3:如何分解一个已知力?要用到什么运算法则?

学生4:一个已知力与分解后的几个力有什么大小和方向上的关系?

学生提出的问题先让其他学生尝试进行解答,分析得出力的分解应该是力的合成的逆运算。

教师:既然力的分解是力的合成的逆运算,本节课还有什么好研究的呢?谁能帮助老师消除这个疑惑。

学生5:两个力只能合成一个合力,而一个力可以分解为大小和方向不同的无数组分力,在实际问题中究竟该如何分解一个已知力?

教师:这位同学提出的问题很好,这就是我们本节课所要解决的核心问题。

2. 设置挑战任务,实现真探究,促进深理解

挑战性的学习任务来自生活实践,又高于生活实践,需要学生借助已有的生活经验进行深入的探究,进而达到对所学知识的深度理解,可以通过以下三个有效环节实现:① 借助生活实例,促进体验感知;② 建构物理模型,促进探究整合;③ 基于审辩反思,促进意义理解。

(1) 借助生活实例,促进体验感知

图6.73　拖拉机拉耙

生活实例:现代化农业中通常用拖拉机拉着耙耕地,如图6.73所示,现要研究耙的运动以及其对陷入泥土中深度的影响,拉力 F 需要如何分解?

对于这个问题先让学生自主分析,发表自己的观点并说明分析依据。大多数同学感觉要向水平和竖直方向分解,但不是很确定,接下来通过一个体验帮助学生理解。

这个体验活动由两个学生合作完成,器材是一个透明玻璃砖(在一个面中间系一个细绳),将玻璃砖放在一个学生手上,手尽量保持水平,另一个同学斜向上逐渐增大拉力使玻璃砖运动起来,如图6.74所示。体验后分别让两个学生说说自己看到的现象和体会到的感受,进一步确认是向水平和竖直方向分解,最后分析:向水平和竖直方向分解是根据问题研究的需要,即按“需”分解。

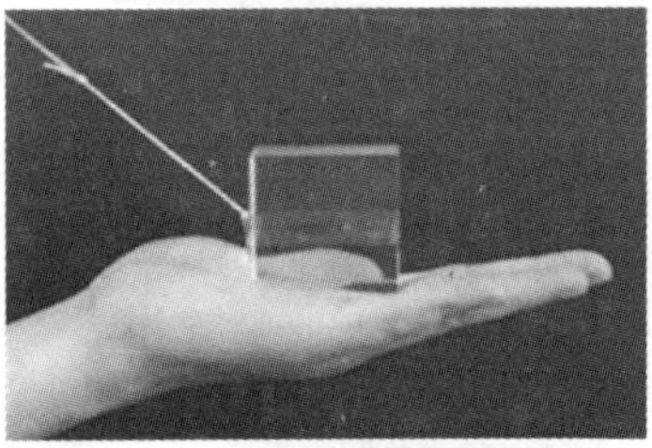

图6.74　合作体验

(2) 建构物理模型,促进探究整合

在刚才的体验中将手换为垫纸板,现在将玻璃砖放在垫纸板上,缓慢地增大垫纸板的倾角，发现增大到一定角度后，玻璃砖会下滑，学生能理解这是由于重力作用的缘故。建立模型如图 6.75 所示，对于斜面上重为 G 的物体，要研究重力 G 对物块沿平行于斜面方向和垂直于斜面方向的运动的影响，重力 G 需要沿哪两个方向分解？

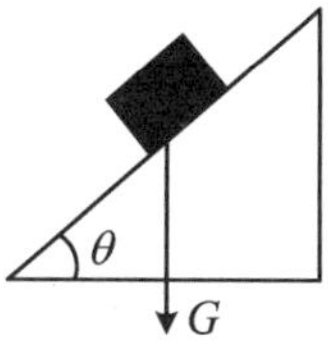

图 6.75　建立模型

沿斜面向下得到分力 F_1，垂直斜面向下得到分力 F_2，接下来提出问题：当增大斜面的倾角 θ 时，F_1、F_2的大小将如何变化？

首先，让学生用刚才的玻璃砖进行体验，这次由一名同学完成，一只手托在垫纸板正下方，另一只手拉着细线（细线平行于斜面），缓慢增大垫纸板的倾角，感受两只手受到的作用力大小，如图 6.76 所示，学生能通过体验感受到：F_1 增大，F_2 减小。

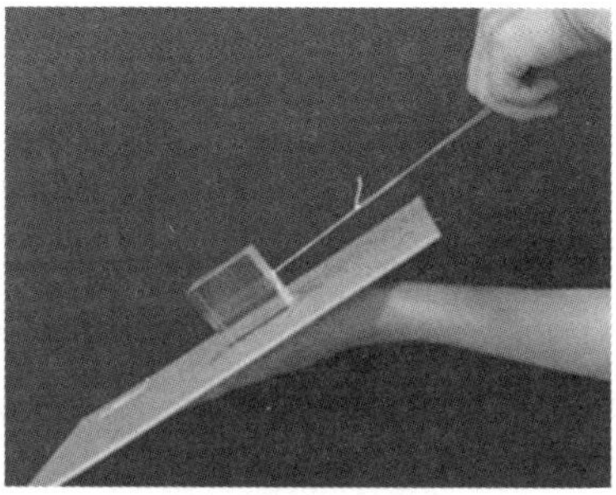

图 6.76　体验变化

其次，为了验证刚才的体验，可以利用数学知识，构建直角三角形，得到 $F_1 = G\sin\theta$、$F_2 = G\cos\theta$，当 θ 增大时，F_1增大、F_2减小。

最后，还可以借助 DIS 平台直接测出 F_1、F_2的变化，利用朗威的“力的分解演示仪”，如图 6.76 所示，从 0 到 90°增大倾角，直接观察 F_1、F_2的变化情况。

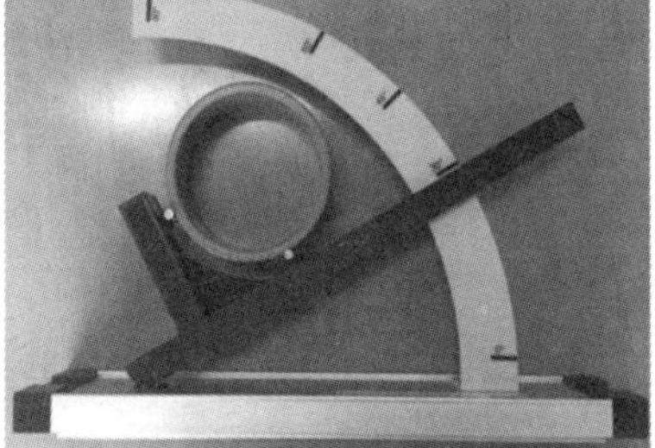

图 6.77　力的分解演示仪

(3) 基于审辩反思，促进意义理解

利用图 6.77 的“力的分解演示仪”还可以进一步验证力的分解遵循平行四边形定则，理论上分析：当 $G = 2.00$ N、$\theta = 30°$时，$F_1 = 1.00$ N、$F_2 = 1.73$ N。将力的分解演示仪倾角调到 30°，确实发现两个方向测力计的示数是 1.00 N 和 1.73 N，θ

可以调到 45°和 60°,进一步验证,这里不再赘述。

位移、速度和加速度也是矢量,它们的叠加是否也遵循平行四边形定则呢?可以用学生熟悉的位移进行验证,如图 6.78 所示,发现位移的叠加应该是三角形法则,经过平移后得到三角形定则与平行四边形定则实质上是一样的。从而对矢量有了全新的认识:既有大小又有方向,并且相加时遵从平行四边形定则(或三角形定则)的物理量叫做矢量。

这里通过对所学新、旧知识的反思整合,使学生对平行四边形定则和矢量的意义和内涵认识更加深刻与全面。

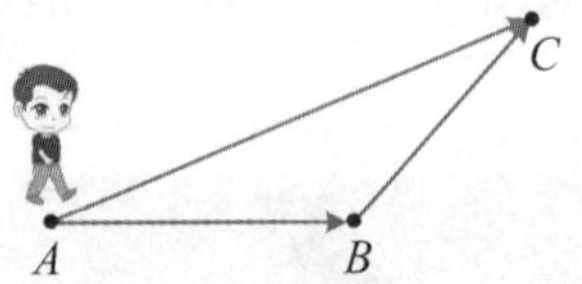

图 6.78　位移的叠加

3. 回归生活背景,进行真应用,促进深迁移

在生活经验的基础上,经过系列过程帮助学生建立物理观念,接下来又需要回到学生的生活世界,应用已掌握的知识和观念解决真实问题,促进所学知识和方法的深度迁移,实现学习的获得感、意义感和成就感。

真实问题 1　请分析课堂开始的游戏中绳子不能再被拉成平直状态的原因。

真实问题 2　如图 6.79 所示,生活中常常可以看到很多高大的桥,它们都建有长长的引桥,请解释其中的原因。

真实问题 3　课后查阅资料,分析无动力帆船能逆风航行的原理,并于下节课交流分享。

图 6.79　大桥的引桥

生活经验是实现深度学习的重要基础,促进深度学习的教学设计和实施过程必须将学生已有的生活经验作为一个重要的考量维度,将新知识的学习与学生的已有经验充分结合,组织有效的学习活动,促进意义建构、观念获得与高阶思维能力的发展。

第7章　基于学科思想方法促进学科大概念的教学

学科思想方法是人们在认识和改造客观世界的实践活动中总结出来的思维方式和行为方式。学科思想方法不仅是中学物理教学的重要内容，其本身就是学科大概念，学科思想方法还是获取物理核心知识的重要手段，更是培养学生关键能力的重要途径。

首先，学科思想方法具有同化价值，掌握了科学方法，才能更好地获取物理知识、理解物理知识，学科思想方法是同化新知识的“窗口”。例如，借助控制变量法和实验归纳法，实验探究加速度与合力与质量的关系，帮助学生深度理解“牛顿第二定律”的内涵。

其次，学科思想方法具有建构价值，学科思想方法能帮助学生建立知识结构，使知识体系化和观念化。例如，借助类比法，类比重力势能及其定义过程，学习弹性势能和电势能，形成对势能的观念化认识。

再次，学科思想方法具有实用价值，科学方法是实际问题解决的有效工具。例如，借助模型建构法，对一些实际问题抓住主要因素建立模型，寻找解决之道。

下面以对称破缺思想和倍增法的思想方法为例进行说明。

7.1　对称破缺思想对物理学发展的革命性影响

物理学家信奉的对称性思想对物理学发展起到了至关重要的引领作用，但在对称中的不对称性，即对称破缺对物理学发展也产生了革命性影响。

7.1.1　现代物理学的明星：对称性

美籍华裔物理学家徐一鸿曾说：“爱因斯坦理论的理性基础是对对称性威力的深刻理解，爱因斯坦真正辉煌的理性遗产，使对称性得以成为现代物理学的明星。”对称性思想对爱因斯坦提出相对论，尤其广义相对论发挥了关键作用。其实在爱因斯坦之前的麦克斯韦正是基于对称性思想对其之前提出的方程组进行修正，预言了位移电流和电磁波的存在,实现了电、磁、光的统一;狄拉克正是基于对称性思想,从狄拉克方程出发预言了正电子存在,开启了反物质研究的大门。

对称性思想符合基本的审美观,又有使用价值,所以伽利略、朗道、泡利等著名物理学家都是其坚定的拥护者。

7.1.2 更深层次的美:对称破缺

所谓对称破缺,是指物理规律在总体上呈现对称性,但在细节上却又不对称,也许正是对称性中显示出不对称,不对称中又在总体上对称,这才使得物理学色彩缤纷、丰富多彩,生气勃勃、曲径通幽,显示出一种深沉的美。这就好比阴阳图,是一个非对称分割的圆,并涂黑白(或黑红)两色,分别代表阴和阳。阴阳表示了自然界、社会以及人的一切对偶关系,如善恶、美丑、雌雄、左右、正负、天地、奇偶、生死,等等,无穷无尽。而且最妙的是一种颜色中有另一种颜色的小圆点这意思是指出阴中有阳、阳中有阴,丑中有美、美中有丑,奇中有偶、偶中有奇,生中有死、死中有生,对称中有不对称、不对称中有对称。

对称破缺并不意味着对称性原理不重要,只是说明,如果在对称性原理中加入对称破缺机制,那对称性原理的作用将会更有效、更普遍。可以说,对称破缺机制是对称性原理中的重要组成部分,正如法国著名物理学家皮埃尔居里所言:"非对称创造世界。"

7.1.3 三个物理学发展史上的实例

1. 开普勒对行星运动规律的研究

在开普勒提出椭圆轨道之前,人们一直认为行星的运动是完美的匀速圆周轨道,包括哥白尼和伽利略在内。

开普勒在研究行星运动规律时,他清醒地认识到有三个基本原则不能丢掉:一是哥白尼的"日心说";二是坚信第谷观测资料的准确性;三是毕达哥拉斯神秘的数学和谐。开始他也是相信行星运动的轨道是圆周,曾构建了五个多面体嵌套的模型来解释行星运动。

但当开普勒用圆轨道这一几千年来的传统观念研究火星运动时,结果理论与第谷的观测数据有 8′的误差(即 1°的 8/60)。在这种矛盾面前,开普勒坚信第谷的观测资料不会有问题,并且敢于怀疑圆轨道观念有问题,他坚信,第谷观测数据精确性。开普勒曾经写到:"我们应该仔细倾听第谷的意见。他花了 35 年的时间全心全意地进行观察,我完全信赖他,只有他才能向我解释行星轨道的排列顺序,第谷掌握了最好的观察资料,这就如座大厦的物质基础一样。"

1602 年,开普勒开始摒弃行星运动的圆形轨道,而视之为卵形,后来又花了 3

年时间，才确定实际轨道应该为椭圆。当提出这一想法后立刻遭到了当时很多人的批评和抨击，甚至连一向重视实验观测的伽利略都不相信椭圆轨道，他在 1632 年出版的《关于托勒密和哥白尼两大世界体系的对话》中写道："只有圆周运动能够自然地适宜于以最佳配置组成宇宙的各个组成部分。"

可以看出，伽利略是 17 世纪最坚定支持天体运动的圆周性和均匀性原理的天文学家之一，他没有把他的反传统的智慧和勇气延伸到这个问题上。也正是因为这点，他没有把他在地面上的运动学规律扩展到天体运动上。所以在高中物理教学中学生总觉得伽利略是对的，他在这个重要问题上也犯了错，所以要用辩证的眼光看待问题和历史人物。

哥白尼的学说曾用 34 个正圆解释了托勒密需要 77 个正圆才能解释的天体运动，而现在，开普勒只用 7 个椭圆，就把哥白尼用 34 个正圆都说不清的问题做出了成功的解释；而且他打破了旧有的数学和谐和对称关系，建立了更美妙的、新的数学和谐和对称—不对称关系。

2. 法拉第对电磁感应现象的研究

1820 年，奥斯特发现的电流磁效应迅速轰动了整个欧洲，物理学家开始思考：既然电流可以产生磁，那么从对称性原理出发，磁也应该可以产生电流。不少物理学家都有这种想法，而且不少人还试图通过实验证实这一点，其中包括法国的安培、阿拉戈和英国的法拉第等杰出的物理学家。但十几年的努力，没有获得任何成功。

在 1831 年以前，法拉第先后做过四次尝试以证实磁生电的猜测，结果都失败了。幸运的是法拉第不仅是一位杰出的实验物理学家，同时他还具有哲学家的头脑。他重视实验，但也同时重视理论思维，注意从自然学中汲取思想活力，以便作为实验的指南，因此，他深信自然界是统一的、和谐的、对称的。

1831 年 8 月，法拉第在一只软铁环上绕上两组线圈 A 和 B，如图 7.1 所示。据他的实验日记记载：铁环用 7～8 英寸①粗软铁棒弯成，外径为 6 英寸，A 和 B 线圈由铜导线绕成。这一装置，比他以前试过的各种装置在电磁耦合上要强得多。B 线圈两端用一较长铜导线连起来，在距铁环 3 英尺②远处，在连接导线下放一磁针。当法拉第把 A 线圈与电池接通时，他意外地发现，在接通的一瞬间，B 线圈连线下的磁针明显地摆动了一下，然后又迅即回到原来的位置上。

法拉第对此大吃一惊，这不是一种瞬时的电流效应吗？但是他以及几乎所有物理学家当时一直在寻找持续的、稳恒的电磁效应，他们都很自然地设想：把导体放在磁体附近将产生稳恒电流，或者若在一根导线通以强的电流，那么其近旁导线也将产生稳恒电流。正因为这种猜测，物理学家们都一心注意研究如何用磁产生

① 英寸，长度单位，1 英寸≈0.025 m，本书为尊重原文，保留此说法。

② 英尺，长度单位，1 英寸≈0.31 m，本书为尊重原文，保留此说法。

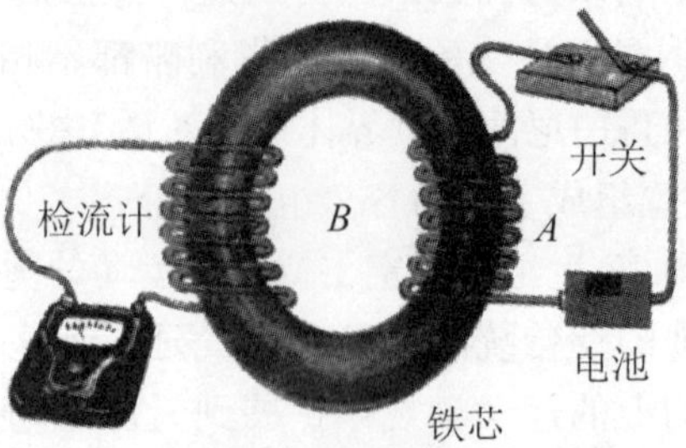

图 7.1　法拉第电磁感应实验

稳恒电流，忽视了对瞬时过程的观测；即便发现了瞬间效应，大约也认为那是不值得重视的，认为是实验出了瑕疵。

之前探索磁生电实验失败的关键在于错误地理解了大自然的对称性，包括法拉第在内，都吃了“绝对对称”的苦头。他们都是这样想的：既然奥斯特发现的是稳恒的电流产生稳恒的磁效应，那么，反过来，稳恒的磁场就应该产生稳恒的电流。这种设想该多么谐调、对称，该多么美。但大自然就是不喜欢这种绝对的对称。

法拉第的发现引起了物理学家们极度惊讶和不解。这其间的主要原因就是，当时科学家们对对称性的了解还十分肤浅。他们多半从表观上、形象上去认识它，还没有从更高的抽象的数学水平上了解它。直到后来的麦克斯韦，才把人们对对称性的理解向前推进了一大步，而且是十分关键的一步。

3. 杨振宁和李政道对弱相互作用下宇称不守恒的研究

物理学史上由于夸大了对称性的绝对性、夸大对称性的适用范围，认为对称性可以包打天下，“放之四海而皆准”在物理史上，由于这种偏向而导致研究困难的例子很多，其中最有戏剧性的是宇称守恒定律的遭遇。

宇称是指物理定律在左右之间完全对称。这种对称是一种分立的而不是连续的对称，即一个基本粒子遵循的运动规律，它的“镜像”粒子（即这个粒子在镜中的像）所遵循的运动规律完全一样。例如，一个粒子在做速率、半径一定的圆周运动，镜子中的那个“镜像”粒子也会做同样速率、同样半径的圆周运动，只不过如果一个左旋，另一个则右旋。这种对称在经典力学中却找不到相应的守恒量，因而不产生守恒定律。这样，左右对称在经典力学中就不具有十分重要的意义。但在量子力学中，存在分立变换下的对称性——宇称，因此可以形成一个守恒定律——宇称守恒定律。

由于实验发现在强相互作用下宇称守恒定律成立，所以当时物理学家们坚定地认为宇称守恒定律和能量守恒定律、动量守恒定律类似，是自然界的基本法则。

杨振宁和李政道的研究缘起“θ-τ 之谜”。，下面先简单介绍一下“θ-τ 之谜”。

在 1947 年，实验物理学家们发现，宇宙射线中有一种“θ 粒子”在衰变时，变成了两个 π 介子，即 $\theta \to \pi + \pi$。1949 年他们又发现一种“τ 粒子”，它可以衰变为 3 个 π 介子，即 $\tau \to \pi + \pi + \pi$。

人们发现 θ 粒子和 τ 粒子除了衰变的方式、结果不一样以外，其他方面的性质几乎完完全全一样。但从衰变的方式和结果来看，θ 粒子和 τ 粒子的宇称不同，θ 的宇称为偶，而 τ 则具有奇宇称。如果 θ 粒子和 τ 粒子真是同一个粒子，那就违背了宇称守恒定律，因为宇称守恒定律告诉我们：同一粒子只有同样的宇称；如果坚持宇称守恒定律是不能动摇，那就必须承认 θ 和 τ 是两种不同的粒子。于是，只能在两个选择中决定取舍，要么认为 θ 和 τ 粒子只能是不同的粒子，以拯救宇称守恒定律；要么承认 θ 和 τ 是同一个粒子，而宇称守恒定律在这种弱相互作用下不守恒。

1956 年 6 月，杨振宁和李政道合作的论文完成，并于当年 10 月在《物理评论》上发表了题为《弱相互作用中宇称守恒的问题》的论文。

当他们的结论被物理学界知道以后，大部分物理学家认为违反宇称守恒几乎是不可能的事情，像著名的物理学家维格纳、朗道、泡利都坚决反对。当时被人们认为最伟大的理论物理学家泡利在给韦斯科夫的一封信中说："我不相信上帝是一个没用的左撇子，我愿意打一个大赌，实验一定会给出一个守恒的结果。"

为了进行实验验证，李政道想起了哥伦比亚大学的同事吴健雄教授。当李政道找到吴健雄时，吴健雄已经是在 β 衰变物理实验研究领域最具权威的学者。当时吴健雄原本计划和丈夫袁家骝先到日内瓦出席一个高能物理会议，然后去东南亚去做一趟演讲旅行。这是她 1936 年离开中国以后，20 年来第一次回东亚。但凭着她极好的洞察力，觉得这是一个重要的实验，于是取消了自己的行程，专注于实验研究。

实验结果表明：弱相互作用下宇称不守恒。这项研究也使杨振宁和李政道获得了 1957 年的诺贝尔物理学奖。

7.1.4　自发性对称破缺

在 20 世纪 60 年代初，物理学家们由超导理论的发展中认识到一种重要的对称破缺方式，即"自发对称破缺"，是指某些物理系统实现对称性破缺的模式，当物理系统所遵守的自然定律具有某种对称性，而物理系统本身并不具有这种对称性，则称此现象为自发对称破缺。这是一种自发性过程，由于这过程本来具有这种对称性的物理系统，最终变得不再具有这种对称性，或不再表现出这种对称性，因此这种对称性被隐藏。

在宇宙学中，现在人们认为宇宙早期正、反物质是对称的，后来由于对称破缺，反物质大部分消失了。"大爆炸"理论提出了一种细致的模型，它假定大爆炸的最初瞬间温度高达 102 K，那时宇宙一片混沌，真可谓"普天对称"！当温度降到 10 K 以后，对称性逐渐自发破缺，四种相互作用逐渐互不相同，宇宙失去了大部分对称性。

可以说，对称破缺作为一种机制和一种思想方法，对过分强调对称的传统科学，犹如一场物理学思想和审美判断上的革命，为科学进步顺利发展带来了蓬勃的生机。

7.2 基于倍增法的高中物理教学

倍增法是高中物理实验教学的重要方法之一，基于倍增法进行实验设计是实验创新教学的有效路径。

物理学有简约美、对称美的特点，因此倍增法在物理实验教学中有其独特的优势。倍增法作为一种重要的思想方法，就是控制自变量成倍的增加或减少，测量因变量的变化情况，从而研究两物理量间的定量关系。采用倍增法不需要直接测量因变量的大小，这样一方面可以节约课堂实验探究的时间，另一方面对于一些由于硬件条件不易测量的物理量也可以探究定量关系，从而帮助学生把握物理问题的本质，促进学生深度学习。基于倍增法进行实验设计是实验创新教学的有效路径，下面就以高中物理中三个创新实验教学为例，说明倍增法的具体应用和优势。

7.2.1 倍增法在滑动摩擦力实验探究中的应用

滑动摩擦力的实验探究过程中，笔者实践不论采用弹簧测力计或力传感器时，每次都测滑块及所加砝码重力大小，还要调零等步骤，浪费大量时间，不利于其他学习任务的达成。基于倍增法设计如下的创新实验只需一次操作就可以测量实验数据，得到实验规律。

创新实验案例 7-1

实验装置如图 7.2 所示，在水平轨道的左边竖杆上固定一力传感器，一平板小车放在水平轨道上，小车上面放置 5 个质量相同的滑块，最下面的滑块通过细线和力传感器相连，小车的右端通过细线与一小电动机相连。

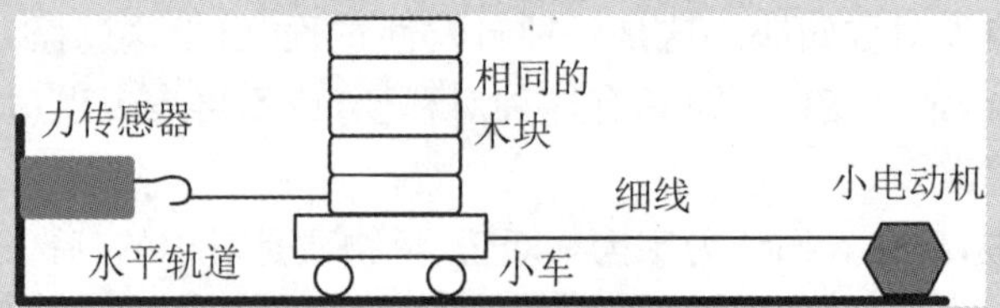

图 7.2 研究滑动摩擦力的实验

实验过程：先让电脑的软件开始记录数据，再打开小电动机开关，电动机拉着小车向右运动，当与滑块开始相对运动时，每隔一定时间拿掉小车上面的木块，每次取掉一个，这样就可以保证滑块与小车的正压力按比例减小。力传感器测得的滑动摩擦力作出的图像如图 7.3 所示，图像呈“台阶”状，通过软件中的数据分析，求得每个“台阶”水平部分的平均值，即为滑动摩擦力大小，探究滑动摩擦力和正压力的大小关系。

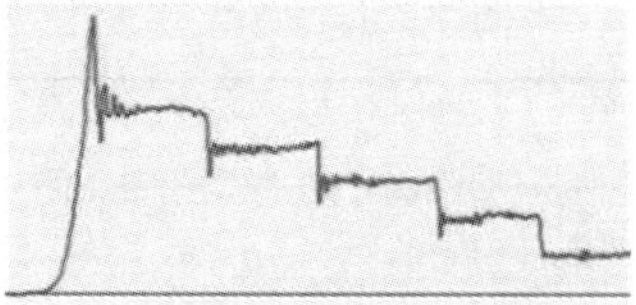

图 7.3　DIS 平台数据图像

7.2.2　倍增法在电容器电容实验探究中的应用

电容器是容纳电荷的仪器，其容纳电荷的多少与其两极板间的电势差有关系。但由于电容器充电和放电的时间比较短，并且充电电流和放电电流都是非线性变化的；在直接测量电荷量时遇到困难，即使采用电流传感器，得出 I-t 图像，借助“积分”功能求出电荷量，需要繁琐的过程，学生也不易理解。另外探究平行板电容器电容的决定式也是教学难点。基于倍增法设计如下两个创新实验能很好地帮助学生理解电容器容纳电荷的多少与其电势差的定量关系和平行板电容器的电容与两板间距和正对面积间的定量关系。

创新实验案例 7-2

实验装置如图 7.4 所示，电路中的电容器 A、B 是两个完全相同的电容器，S_1 为单刀双掷开关，实验中还需要一个数字式多用电表用来测量电容器 A 两端的电势差。

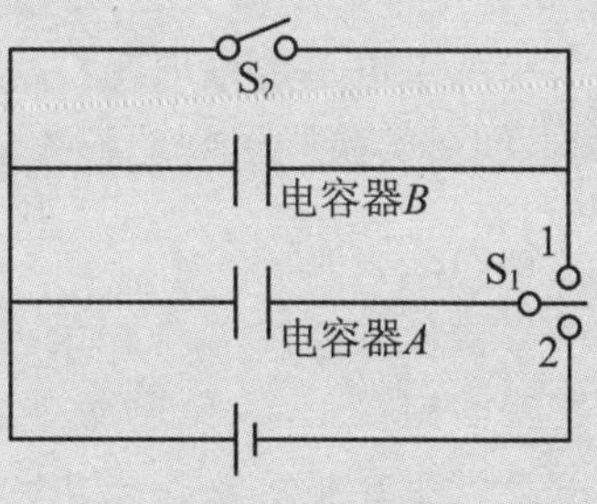

图 7.4　研究电容器的电路图

实验过程：

(1) 开关 S_2 断开，开关 S_1 接到 2 和电源相连给电容器 A 充电，一段时间后，用多用电表测量电容器 A 两端的电势差，记为 U_1。

(2) 开关 S_2 继续断开，将开关 S_1 接到 1，此时两个电容器将平分电荷量，一段时间后用多用电表测量电容器 A 两端的电势差，记为 U_2。

(3) 将开关 S_1 断开，闭合 S_2，让电容器 B 完全放电，然后断开 S_2，将开关 S_1 接到 1，此时两个电容器将再次平分电荷量，一段时间后再用多用电表测量电容器 A 两端的电势差，记为 U_3。

此后继续重复(2)(3) 步骤，根据平分关系，电容器 A 的电荷量将依次变为原来的 1/2、1/4、1/8、1/16 等，此时只需研究 U_1、U_2、U_3、U_4 之间的关系，从而得出结论。

创新实验案例 7-3

实验装置如图 7.5 所示，将两块相同的金属板正对，中间夹相同尺寸的有机玻璃板(实验中需要准备相同的玻璃板 4 块)，即做成一个平行板电容器，为了测量的准确性，金属板的长约为 100 cm，宽约为 40 cm，实验中需要一个数字式电容计用以测量平行板电容器电容的大小。

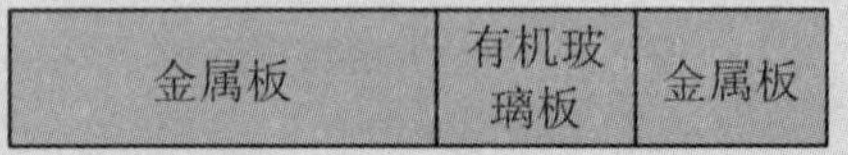

图 7.5　研究平行板电容器电容的实验

实验过程：先将两金属板正对，中间只夹一块玻璃板，将数字电容计调到“nF”档，测得 C_1，然后依次增加到 2 块、3 块、4 块玻璃板，测得 C_2、C_3、C_4，探究平行板电容器的电容与两板间距 d 之间的关系。对于探究平行板电容器的电容与两板正对面积 S 之间的关系，方法类似，这里不再赘述。

7.2.3　倍增法在库仑定律实验探究中的应用

库仑定律的定量实验探究历来是高中物理教学的难点问题，即使借助库仑扭称，实验结果也不是很理想，并且库仑扭称本身操作起来比较复杂。基于倍增法设计如下创新实验能很好地解决这一难题。

创新实验案例 7-4

实验装置如图 7.6 所示，万分之一分析天平(能精确到 0.0001 g)，底座和玻璃支架固定在一起，两玻璃支架中间留有一狭缝(保证让绝缘杆穿过)，金属片 A 与一绝缘粗杆相连放在分析天平上，金属片 A 与一较长绝缘细杆相连，绝缘细杆上固定一些与细杆垂直的“卡杆”，可以卡在狭缝上。当最上面的水平卡杆卡在狭缝上时，金属片 A、B 之间的距离分别与金属片 B 和第一个卡杆间距及每两个相邻卡杆间的距离都相等。

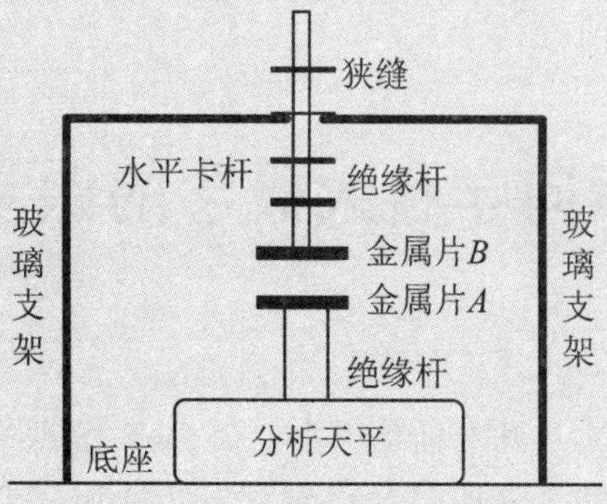

图 7.6　研究库仑定律的实验

实验过程：

(1) 在万分之一分析天平上放置联结金属片 A 的绝缘粗杆，然后将分析天平调零，再将联结金属片 B 的绝缘细杆最上面卡杆卡在狭缝上，让两金属片带电，然后记录分析天平测量的数值，接下来将水平卡杆从上到下依次卡在狭缝上（两金属片间的距离按比例减小），分别记录分析天平测量的数值，探究库仑力与距离之间的定量关系。

(2) 让最上面的水平卡杆卡在狭缝上时，并不再移动（控制两金属片间距离不变），让两金属片带电，记录分析天平测量的数值，然后用与金属片 B 完全相同的并不带电的金属片 C、D、E 依次与金属片 B 接触，则金属片 B 的带电量依次减半，分别记录分析天平测量的数值，探究库仑力与电荷量之间的定量关系。

本章列举了四个创新实验教学案例说明倍增法的具体应用，但这只是冰山一角，高中物理绝大多数定量实验都可以采用倍增法进行设计研究。如研究运动电荷在匀强磁场中的运动规律时，成倍增加磁感应强度大小（通过增加励磁线圈的电流实现），测量圆周轨迹半径的变化情况；探究安倍力的表达式时，成倍增加导线长度，测量安培力大小的变化情况等。

第 8 章　指向学科大概念的课堂教学研究

学科大概念是在事实基础上抽象出来的聚合概念，课堂教学是促进学科大概念内涵理解及自主迁移的主阵地。本章首先介绍促进学科大概念的教学策略，其次介绍基于思维型课堂获得学科大概念的教学实践，最后介绍促进结构化教学理解学科大概念。

8.1　指向学科大概念的课堂教学策略

在教学实践中，笔者构建了促进学科大概念理解与应用的教学策略，主要包括以下几个方面：① 激发认知冲突，突出核心任务；② 基于合作探究，实现思维进阶；③ 探寻现象本质，迁移解决问题。以下结合高中物理人教版新教材必修第三册“磁场 磁感线”进行教学具体说明。

基于课程标准中对该节课的要求和物理学科核心素养的分析，笔者认为“磁场 磁感线”这节课需要理解和应用的学科大概念是：磁场的物质性和磁现象的本质，以及描述磁场的方法。对于“磁场”，初中学习中学生已经知道磁铁和通电导线周围会产生磁场，可以通过磁感线来形象地描述磁场。高中阶段需要在此基础上进阶设计，逐步揭示这一学科大概念。

8.1.1　激发认知冲突，突出核心任务

将学生以小组为单位进行分组，并给每个小组提供一块天然磁铁矿石、一个消磁后的条形磁铁（外壳上标注有 N、S 极）和一盒回形针。首先，请学生回答上述物品中哪种物品能够将回形针吸起来，大家一致认为是“条形磁铁”；接下来，让学生动手试一试，结果发现不起眼的磁铁矿石吸起了很多回形针，而“条形磁铁”一无所获，真是“磁不可貌相”。以上，说明磁铁矿石具有磁性，其周围存在磁场，磁场是磁体周围客观存在特殊物质。

磁场看不见、摸不着，那么，如何来研究和描述这种特殊物质的分布呢？这是该节课的核心问题。首先，引导学生思考“什么东西可以反映磁场是否存在”这一

问题。学生很容易想到“小磁针”，如果拨动小磁针后，N 极最终指向某一确定方向，说明该处存在磁场。也就是说，N 极指向即为该处磁场方向。其次，引导学生思考“什么可以反映磁场的分布情况”这一问题。学生会想到“细铁屑”。将天然磁铁矿放在一个塑料平板上，在其周围均匀地洒一层细铁屑，轻敲塑料平板，会发现细铁屑按照一定纹路规则排列；再用一个透明玻璃板轻轻覆盖在细铁屑上面，用记号笔画线；最后再放上小磁针，确定磁场的方向，如图 8.1 所示。得到的曲线上如果每一点的切线方向都跟这点的磁场方向一致，即为磁感线，磁感线是一个理想化模型。

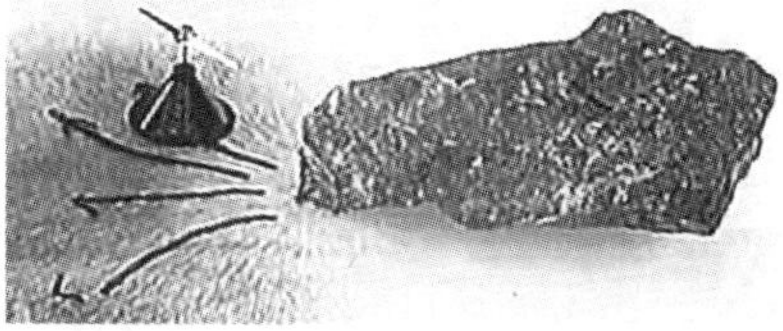

图 8.1　磁石周围的磁感线

8.1.2　基于合作探究，实现思维进阶

1. 探究条形磁铁周围的磁场分布

引导各小组利用所给的器材研究条形磁铁周围空间磁场的分布情况，如图 8.2 所示，每个小组分别研究 4 个互成 45°角的特殊平面内磁场分布情况，俯视图如图 8.3 所示。

图 8.2　小组合作探究

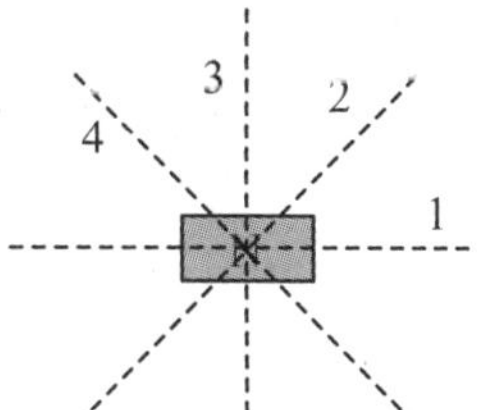

图 8.3　4 个特殊平面俯视图

将学生研究画出的 4 个平面内的磁感线用事先制作好的底座竖起来固定，得到条形磁铁周围立体空间中的磁感线分布情况。

2. 探究通电直导线周围的磁场分布

1820 年，丹麦物理学家奥斯特发现通电导线周围也存在磁场。

首先，教师通过实验进行验证：直导线先不通电，在直导线上方和下方各方两个小磁针，让两个小磁针 N、S 极指向与导线平行，但通电后小磁针的指针偏转到与导线垂直，并且上下两个小磁针的方向相反，如图 8.4 所示，先让学生猜想通电直导线周围的磁场分布特点。

接下来，引导学生设计描绘通电直导线周围磁感线的实验方案。然后用细铁屑和小磁针进行实验探究，如图 8.5 所示，引导学生仔细观察和分析磁场的分布特点，画出通电直导线周围空间的磁感线，其方法和画条形磁铁周围磁感线的方法类似。如何得到某一个与导线垂直的平面内的磁感线情况？为了帮助学生形象直观的理解磁场分布情况，可以制作一个实物模型进行演示。

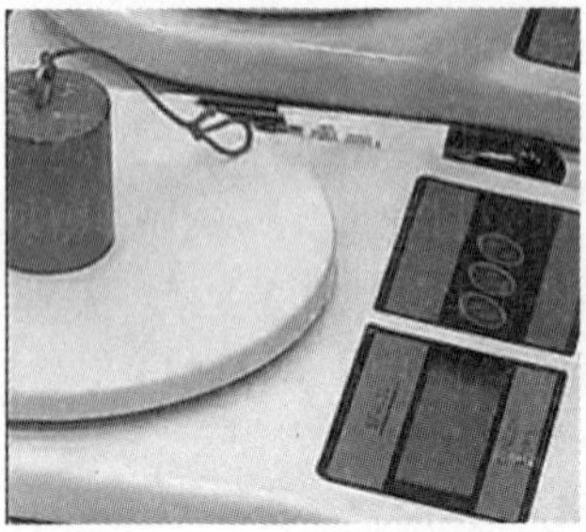

图 8.4　通电直导线产生磁场

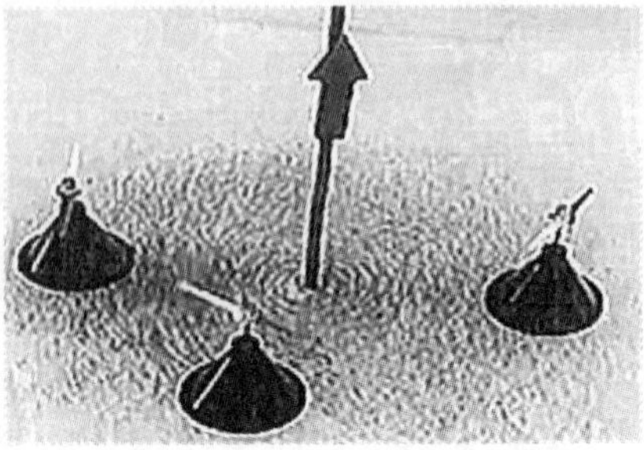

图 8.5　通电直导线的磁场分布

让学生仔细分析直导线中电流方向与周围磁场方向的关系，总结规律，得到安培定则：用右手握住直导线，让伸直的拇指所指的方向与电流方向一致，弯曲的四指所指的方向就是磁感线环绕的方向。

3. 探究通电螺线管周围的磁场分布

将上述制作的实物模型弯曲，变成一个环形，让学生分析通电后其周围磁场的分布情况。学生提出可以将环形导线分割成很多小段，每一小段近似为直导线，即用微元法处理，再用安培定则判断磁场方向。这是很好的分析方法。接下来，教师用细铁屑和小磁针进行验证（图 8.6）。引导学生观察磁场的分布特点，分析并推理得到环形电流周围的磁感线。接着，将很多个环形电流串联，构成通电螺线管，进行实验探究，如图 8.7 所示，进一步分析得到其周围空间的磁感线分布。

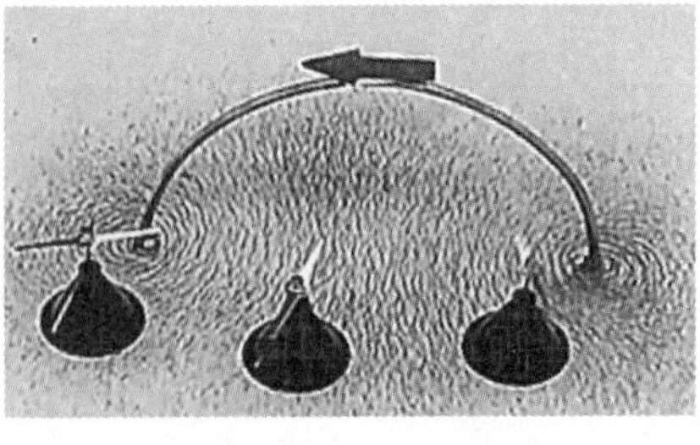

图 8.6　环形电流的磁场分布

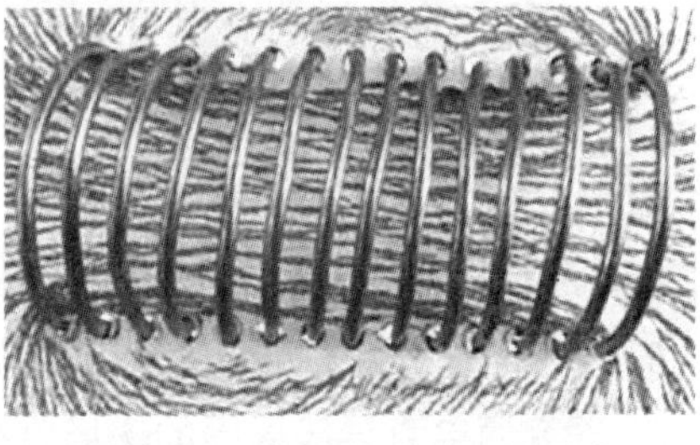

图 8.7　通电螺线管的磁场分布

通过对条形磁铁、通电直导线、环形电流和通电螺线管周围磁场分布和磁感线的研究，不仅实现了知识的进阶，更重要的是，通过观察体验、分析推理，实现思维的逐步进阶，体会引入磁感线这个理想化模型的重要意义。

8.1.3　探寻现象本质，迁移解决问题

通过比较发现：通电螺线管周围的磁感线与条形磁铁的非常相似。根据结构决定功能，通过螺线管的磁场是一个个环形电流有序排列而产生的，那么条形磁铁内部是否也存在相似的结构呢？引导学生分析物质的组成，想到原子内部的电子围绕原子核高速旋转，从而形成环形电流，这些环形电流如果像螺线管一样有序排列，则对外显示出磁性，如果杂乱排列，内部会相互抵消，对外不显磁性。这就是历史上有名的安培分子电流假说，它将电和磁有机地联系在一起，帮助学生理解磁现象本质，初步建立统一性观念。

对于没有磁性的物体如何让它拥有磁性呢？根据安培分子电流假说，只要让内部电子旋转的方向大致相同即可，电子形成的环形电流相当于一个小磁针，因此，可以通过外界强磁场的作用实现内部环形电流的取向大致相同。用一个通电大线圈进行实验，将前文提到的消磁的条形磁铁放在大线圈内部边缘，一个同学用手拿着，通电后发现消磁的条形磁铁被一个较大的力拉进去。过一会儿取出后，结果发现其能吸起大量的回形针，这说明在这个过程中条形磁铁被磁化了。

最后，让学生应用所理解的学科大概念解决一个实际问题：科学研究发现地球表面带负电，根据地球的自转情况说明地球为什么会有磁场，以及地球磁场的北极为什么在南极附近。

8.2　基于思维型课堂获得学科大概念的教学策略

思维型课堂是以提升学生思维品质和发展学生的高阶思维能力为核心的课堂教学形式。它强调以诱发认知冲突为特征的教学引入、以自主建构为特征的教学过程、以思维监控为特征的教学反思和以灵活运用为特征的教学迁移。

8.2.1　思维型课堂是获得学科大概念的有效路径

学科大概念是在事实基础上抽象出来的聚合概念，对其的学习需要经历持续探究、深刻反思和不断进阶的过程，课堂教学是促进学科大概念内涵理解及自主迁移的主阵地，思维型的课堂教学是促进学科大概念内涵理解和自主迁移的有效路径，如图 8.8 所示。

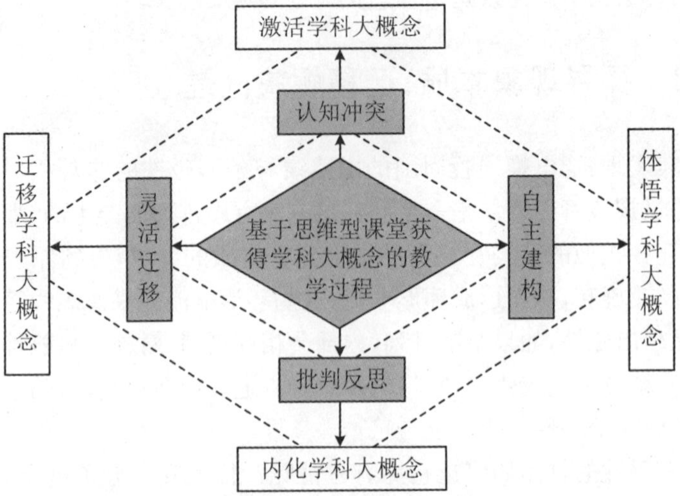

图 8.8　基于思维型课堂获得学科大概念的教学过程

1. 诱发认知冲突能有效激活学科大概念

通过认知冲突，激发已有观念与要理解的学科大概念之间的暂时矛盾，促进对矛盾冲突点的强烈兴趣，激活对学科大概念学习的积极情感。

2. 基于自主建构能有效体悟学科大概念

自主建构包括认知建构和社会建构，认知建构强调学习是学习者积极主动建构的过程；社会建构强调师生互动、生生互动，互动不仅应关注情感互动、行为互动，更应关注思维互动，通过互动帮助学生体验和感悟学科大概念的内涵。

3. 自我批判反思能有效内化学科大概念

批判性的自我反思是指学习者对学科大概念获得的过程与方式进行反思和评价，这将有助于理解和内化学科大概念的意义。

4. 解决实际问题能有效迁移学科大概念

灵活应用所学知识与方法解决复杂实际问题的过程就是迁移学科大概念的过程，最好是跨时间、跨情境、跨文化的高通路迁移，在迁移的过程中进一步加深对学科大概念的理解。

8.2.2　指向学科大概念的高中物理思维型课堂教学策略

"牛顿第一定律"的学习过程蕴含着对运动与相互作用关系认识的曲折历史，通过这一节课的学习将帮助学生理解运动与相互作用的关系，初步形成正确的运动与相互作用观，并能用其解决实际问题。

1. 诱发认知冲突，激活学科大概念

在"牛顿第一定律"教学的引入环节，提出一个生活问题：如果将两个大小相同的生鸡蛋发生碰撞，其中一个静止，另外一个主动撞击，哪个鸡蛋更容易破裂呢？

学生们认为两个鸡蛋会同时破裂，理由是：相同的鸡蛋相同的部位硬度相同，根据“牛顿第三定律”，两个的相互作用力大小相等。教师让学生两人一组，利用所给器材进行实验（图 8.9），并对实验结果进行统计。实验发现，90%的小组中，静止的鸡蛋破裂了。这一结果使学生产生了强烈的认知冲突。

图 8.9　鸡蛋碰撞实验

接下来，教师引导学生进行深入分析：鸡蛋的破裂与否，是由它在这个过程中受到的作用力决定的。由于碰撞之前两个鸡蛋的运动状态不同，说明需要深入研究运动与相互作用间的关系。

让学生在桌面上用手慢慢推课本，作用一段时间后撤去手。学生会发现，当手作用在课本上时，课本运动；当撤去手后，课本停止运动。根据这个现象大家能不能得出一个结论？2000 多年前亚里士多德也观察到生活中类似的现象从而得出结论：力是维持运动的原因。通过这个环节充分暴露学生的错误前概念，明确运动与相互作用这一主题，激活学科大概念。

2. 基于自主建构，体悟学科大概念

对于亚里士多德的结论，2000 多年后的伽利略根据图 8.10 中的装置，发现小球从斜面的一侧滑落的规律是：下坡，加速；上坡，减速。于是他推测：在水平面上运动时既不会加速也不减速，将永远运动下去。他在《关于两门新科学的对话》一本书中对这一想法做了说明。

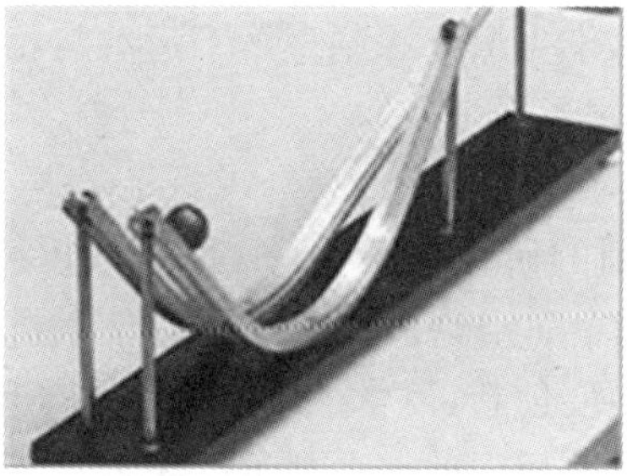

图 8.10　斜面实验

接下来，教师利用自制实验教具进行体验探究：在一个正方形的硬塑料板中间放置一个可通气的圆柱桩，气流可通过圆柱桩从塑料板上面穿到下面，如图 8.11 所示。刚开始时，让学生在水平桌面上尝试用力持续轻推该装置，该装置会向前运动；当力撤去后，该装置向前运动一段距离后即停止。实验证明，物体在水平面上的运动不是永久的。这是什么原因导致的呢？

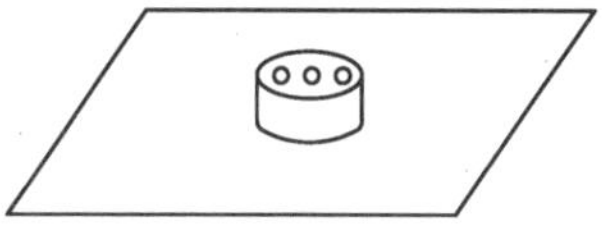

图 8.11　装置示意图

学生认为，是摩擦力阻碍了物体运动。为了有效减小摩擦，教师给每一小组一个气球，将气球吹大后直接套在通气圆柱桩上，这样气球内的气体通过小孔流到塑料板和圆柱体接触面之间，形成一个气垫。推一下塑料板，发现装置可以运动很长一段距离后才停止（图 8.12）。由此进行合理猜想:如果没有摩擦阻力,塑料平板将永远运动下去。

最后借助伽利略的斜面实验仪,发现小球从一侧无加速度滚下来,到另一侧的最高点接近等高的位置,让学生思考如何更接近等高点。答案是:减小小球与轨道间的摩擦力。利用一个 PVC 管,一侧堵住,另外一侧用气泵吹气,在管子弯曲部分有小孔,上面放一个塑料半圆柱壳,制成一个简易的气垫导轨将半圆柱壳从左侧红线位置释放,发现它正好能到与原来等高的右侧红线处,如图 8.13 所示。这是现代的实验装置,300 多年前伽利略是以单摆与斜面实验对比(利用细线拉力代替轨道支持力,有效减小阻力)得出结论的。

图 8.12　平板实验

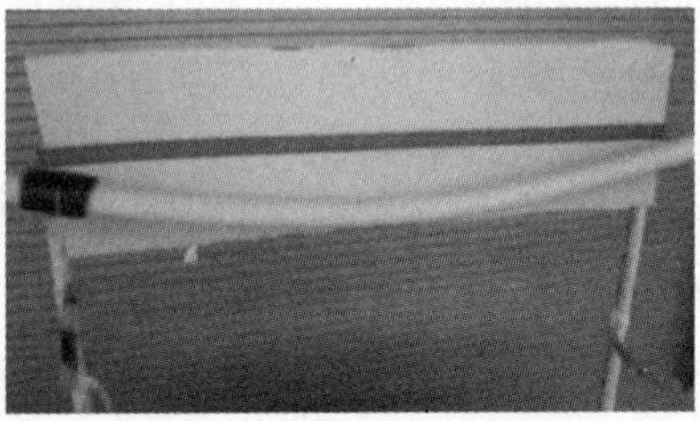

图 8.13　自制气垫导轨装置

经过一系列实验和推理,伽利略得出结论:当斜面另一侧放置水平,由于小球找不到等高的位置将永远运动下去。后来经过笛卡尔的补充,牛顿综合前人的研究最终得到"牛顿第一定律"。

在这一系列的学生实验、观察和思考过程中,学生最终深刻理解了运动与相互作用的关系,体验和感悟到这一学科大概念的来之不易。

3. 自我批判反思,内化学科大概念

对伽利略的研究过程进行反思,发现他用到的研究方法是:观察—猜想—实验—推理—结论。而亚里士多德研究方法是:观察—结论。在这里要对学生进行正确的观念教育,正如诺贝尔奖得主李政道所说:要创新,需学问,只学答,非学问,问愈透,创更新。正是亚里士多德提出了问题,才有后面的一系列争论和研究。

在对"牛顿第一定律"理解的基础上,让学生解释前面提到的鸡蛋碰撞问题:为什么静止的鸡蛋破的概率更大?这是由于里面蛋液惯性的缘故,在碰撞过程给运动鸡蛋蛋壳向外的作用力,与静止鸡蛋对其所施加的作用力方向相反,会抵消一部分,所以运动的鸡蛋不容易破。很多学生存在"速度越大,惯性越大"这一错误前概念;因此,可以让学生以小组讨论,通过反思论证,帮助学生进行概念转变。

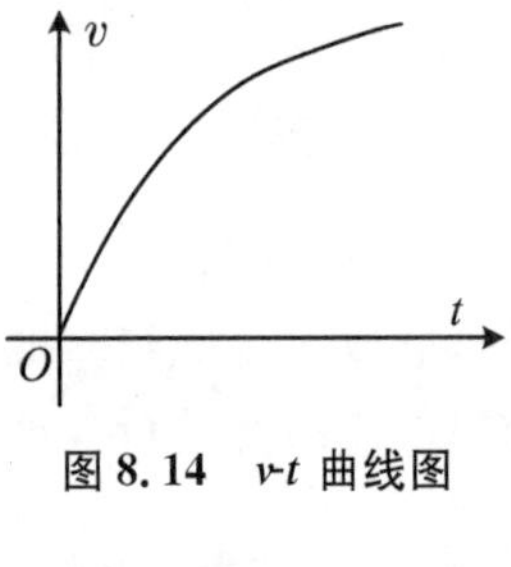

图 8.14　v-t 曲线图

如果惯性与速度有关,速度越大运动状态越难改变,那么自由落体运动的 v-t 图像是图 8.14 所示的曲线,而事实上是一条过原点倾斜的直线,所以惯性与速度大小无关,仅与质量有关。

通过对研究过程与思想方法的反思,对现象的解释和对前概念的论证过程,不断深化对运动与相互作用关系的认识。

4. 解决实际问题,迁移学科大概念

理论上来说,当人从地面上跳起来腾空时,由于地球自转的原因,会导致人落到地面的时候会偏离原来的位置,但实际上,还是落回到起跳点,这是为什么呢?为了解决这个实际问题,可以通过一个玩具火车实验进行模拟。玩具火车如果静止不动,一个小球由固定在火车上的弹簧枪射出,小球将做竖直上抛。如果玩具火车向右匀速直线运动,一个小球由弹簧枪射出,如图 8.15 所示,在空中划过一道抛物线后落回抛出点。通过这个模拟实验很好地说明了小球在水平方向上的运动是由于其惯性,人跳离地面是同样的道理。

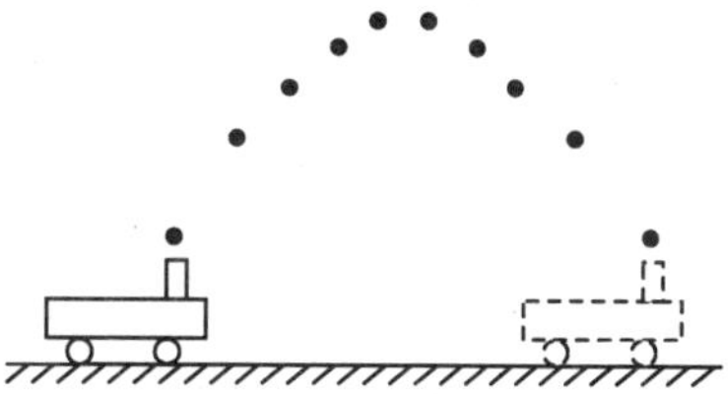

图 8.15　小球的运动轨迹

这个小实验不仅可以用来说明小球的惯性问题,也可以用来说明研究斜抛运动的思想方法——运动的分解:水平方向上不受力而做匀速直线运动,竖直方向上受到重力而做匀变速直线运动。由此,迁移学科大概念解决一"类"问题,实现"更少即更多"的新课程理念。

8.3　基于课堂教学结构化理解学科大概念

帮助学生实现知识的结构化、思维的结构化、能力的结构化是理解学科大概念路径和归宿。课堂教学的结构化是结构化教学的基本单位和基础,它在课堂教学中以关系性的理解、意义性的建构和灵活性的应用为目的,重视知识的纵向拓展和横向关联,帮助学生形成网络化的知识体系,系统化的高阶思维、综合化的关键能力,即实现知识的结构化、思维的结构化、能力的结构化。

8.3.1　课堂教学结构化能促进学科大概念理解的原因

1. 课堂教学结构化能促进深度关联

课堂教学结构化首先要实现知识的结构化,知识的结构化就是建立知识的横向、纵向关联,结构化的过程就是探寻知识内在逻辑关系的过程,并且结构化程度越高,这种关联就越紧密。

2. 课堂教学结构化能促进深度探究

课堂教学结构化过程需要教师延迟判断,首先让学生自主寻找知识或方法上的联系点，然后进行小组合作，讨论设计探究方案，并对方案进行可行性和科学性分析与评价，最后实施探究过程。

3. 课堂教学结构化能促进深度思维

课堂教学结构化过程就是新知识、方法与原有认知结构发生相互作用，或同化、或顺应，实现新平衡的思维过程，这个过程中有助于促进分析、综合、评价和批判性等高阶思维发展。

8.3.2 课堂教学结构化的有效策略

1. 以“类”聚合 促进关系性理解

结构化教学过程就是要探寻知识的本质，深刻理解知识的来龙去脉和相互关系，找到知识间的有效连接点，形成稳定的关系结构，构建“类”的知识，达到纲举目张和举一反三的效果，避免知识结构的零散性、知识理解的浅层性。

教学案例 8-1

在人教版新教材“电容器的电容”教学过程中，教材中提供了探究电容器带电量和两极板间电势差定量关系的方案，但是没有说明为什么可以采用这个方案，此时需要教师深入挖掘，建立新、旧知识间的有效联系，充分体现“用教材教”的理念。

要研究电容器储存电荷量与两板间电势差的定量关系，电荷量 Q 不好测，怎么办？提示：在前面的学习过程中也遇到过类似的问题，在库仑扭秤实验中，用相同不带电的金属小球与带电小球接触，均分电荷，是如何处理的？

采用倍减法，先让一个电容器带上电，再用相同的不带电的电容器与它接触，均分电荷，电容器所带电量依次为 Q、$Q/2$、$Q/4$、$Q/8$，测量电容器两端的电势差，原理如图 8.16 所示，对应的自制实验装置如图 8.17 所示，由于电容器会通过电压表放电，这里用数字万用表通过试触法测量电容器 A 两端的电势差。

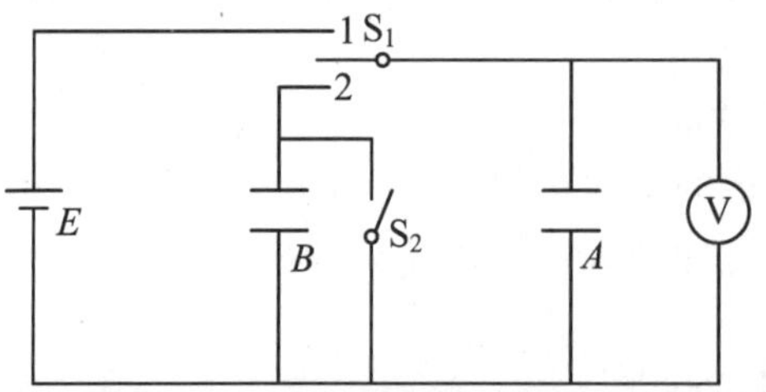

图 8.16 倍减法的实验方案电路图

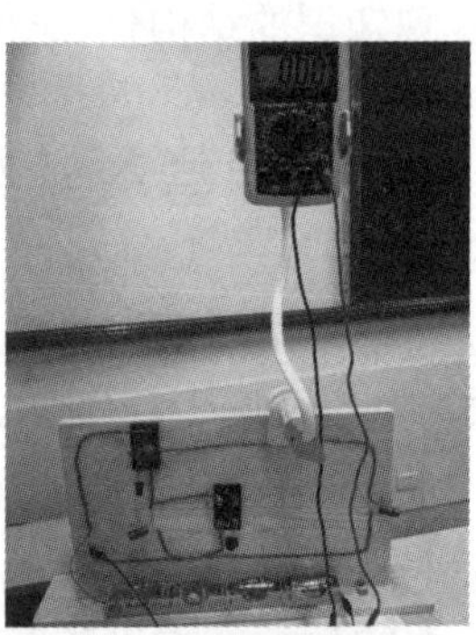

图 8.17 自制倍减实验教具

教学中引导学生分析如何操作实现电容器 A 所带电荷量依次倍减：① S_1 先接 1，给电容器 A 充电，再接 2，电容器 B 和 A 均分 A 原来所带电荷量，实现 A 的带电量减半；② 断开 S_1，闭合 S_2，让 B 完全放电（B 又变成了一个不带电的电容器）；③ 断开 S_2，S_1 再接 2，电容器 B 和 A 又均分 A 所带电荷量，再次减半。后面不断重复②③步骤，实现依次减半。

这里通过倍增（减）的思想方法将新、旧知识联系在一起，倍增（减）法在探究法拉第电磁感应定律中也有应用，这里用思想方法将它们串在一起，实现课堂教学的结构化。

2. 以"大"重组 促进意义性建构

学科大概念是在事实基础上抽象出来的深层次、有意义、结构化和可迁移的聚合概念，在学科中发挥着概念"文件夹"和"透镜"的作用，大概念能纵向统领学科内核心内容、横向联结学科间相关知识，有助于使新的、不熟悉的概念看起来更熟悉。结构化教学过程需要在教学设计时明确需要揭示和理解的大概念，以大概念重组教学内容，促进意义性建构。

教学案例 8-2

楞次定律的探究过程及其内涵理解是高中物理教学过程中的一个难点，根据楞次定律的内容：感应电流具有这样的方向，即感应电流的磁场总要阻碍引起感应电流的磁通量的变化。对其的理解可以从两个角度入手。

角度 1：不同学科间横向重组。不难发现，楞次定律和化学上的勒夏特列原理十分相似，勒夏特列原理：如果改变可逆反应的条件（如浓度、压强、温度等），化学平衡就被破坏，并向减弱这种改变的方向移动。语文学科："天之道，损有余而补不足。"（《老子》）一个稳定系统具有保持自身稳定状态的性质，这和"牛顿第一定律"十分类似，它们的本质是相同的，即惯性定理，这就是一个大概念，从而打通学科间的界限，理解知识的意义，促进深度学习。

角度 2：同一学科的纵向整合。课堂上演示"跳环实验"，器材为：动态楞次定律演示仪（内部有一个大电容器，开关打开先充电，开关闭合后瞬间，产生的大电流通过线圈）、线圈、铁芯和一个闭合铝环（其内径比铁芯大，比线圈的外径小），如图 8.18 所示。

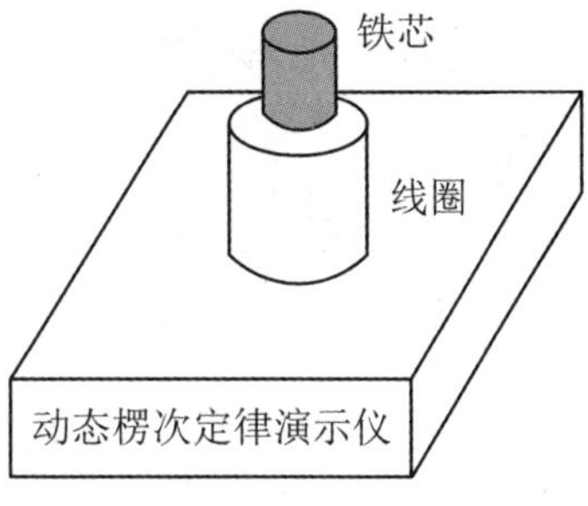

图 8.18　跳环实验

先将铝环套在铁芯上，先给大电容器充电，然后让电容器对线圈放电，发现铝环神奇的跳起 20 多厘米高。接下来让学生分析和解释产生这一现象的原因。

学生在讨论后得出：电容器的放电电流通过线圈时，在铁芯作用下，产生一个很大的磁场,从而使穿过闭合铝环的磁通量增加。根据楞次定律,铝环将产生感应电流,感应电流的方向与线圈中的电流方向相反,因此与原线圈相斥,相斥的力大于铝环重力使得铝环跳起。

铝环通过远离线圈,实现了阻碍磁通量的增加,铝环跳起时其机械能增加,让学生分析"跳环实验"中的能量是如何转化的。通过分析帮助学生理解楞次定律的本质:电磁感应现象中能量守恒,也就是从能量守恒这一大概念出发理解楞次定律。

3. 以"境"迁移 促进灵活性应用

以"情境"为载体促进知识的应用和迁移是新课程改革倡导的重要理念,创设促进迁移应用的大情境是课堂教学的重要任务之一。大情境是指在简化、剪辑与凝练生产生活实践、学生的生活体验基础上,设置适合学生学习、具有较大程度的综合性、与大量物理知识相关的问题情境。教学中通过设置待解决的问题情境,促进对物理知识还原和下沉,让学生亲身经历物理模型的建立过程,经历实验探究、逻辑推理、分析综合和信息加工解决问题的过程,帮助学生理解不同知识间的联系,实现知识、思维和能力的结构化。

教学案例 8-3

在应用所学知识解决问题时,如果采用习题教学,一方面学生得不到建构物理模型的机会,另一方面容易陷入就题论题的题海战术泥淖,对学生物理学科核心素养的提升没有多大帮助,此时创设待解决的真实问题大情境,促进上拓下联,实现课堂教学的结构化。

图 8.19　拉拉杆箱行走

在"牛顿第二定律"的学习过程中,创设一个拉拉杆箱行走的真实情境,如图 8.19 所示,试分析拉杆箱的受力情况。

这是一个开放性的问题情境,因为不知道拉杆箱的运动状态。首先让学生构建物理模型,如图8.20 所示,将拉杆箱看成 A 物块。当 A 向右匀速运动时,受到重力、地面支持力、向左的滑动摩擦力和拉力 F 作用;当 A 向右加速运动时,当加速度比较小,和匀速运动相同,受到 4 个力作用,当加速度较大时,可能只受到重力和拉力 F 共两个力作用;当 A 向右减速运动时,也受到和匀速运动相同的 4 个力作用。并且做变速运动时,力的大小与加速度的大小有关。

通过这个开放性问题情境的解决帮助学生活化思维,并形成结构化知识:运动状态影响物体的受力情况,进一步凝练升华拓展对运动和相互作用观的认识。

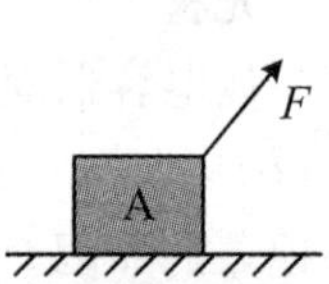

图 8.20　物理模型

参考文献

[1] 威金斯，麦克泰格. 追求理解的教学设计[M]. 2版. 上海：华东师范大学出版社，2017.

[2] 威金斯，麦克泰格. 理解为先模式：单元教学设计指南(一)[M]. 福州：福建教育出版社，2018.

[3] 郭玉英，姚建欣，张静. 整合与发展：科学课程中概念体系的建构及其学习进阶[J]. 课程·教材·教法，2013(2)：44-49.

[4] 李刚，吕立杰. 大概念课程设计：指向学科核心素养落实的课程架构[J]. 教育发展研究，2018(8)：35-41.

[5] 李刚，吕立杰. 国外围绕大概念进行课程设计模式探析及其启示[J]. 比较教育研究，2018(9)：35-42.

[6] 邵朝友，崔允漷. 指向核心素养的教学方案设计：大观念的视角[J]. 全球教育展望，2017(6)：11-19.

[7] 邵朝友，韩文杰，张雨强. 试论以大观念为中心的单元设计[J]. 全球教育展望，2019(6)：74-82.

[8] 中华人民共和国教育部. 普通高中物理课程标准(2017年版)[S]. 北京：人民教育出版社，2018.

[9] 何彩霞. 化学学科核心素养导向的大概念单元教学探讨[J]. 化学教学，2019(11)：44-48.

[10] 顿继安，何彩霞. 大概念统摄下的单元教学设计[J]. 基础教育课程，2019(9)：6-11.

[11] 任虎虎. 指向深度学习的高中物理教学研究[M]. 合肥：中国科学技术大学出版社，2019.

[12] 任虎虎. 促进深度学习的多版本物理教材整合教学：以"运动的合成与分解"教学为例[J]. 教学与管理，2019(3)：48-49.

[13] 任虎虎. 基于多维体验促进深度学习的教学实践："生活中的圆周运动"展示课回眸[J]. 物理通报，2021(5)：20-22.

[14] 曹红梅，任虎虎. 促进科学思维发展的思维型课堂教学实践与反思[J]. 物理教师，2021(2)：26-29.

[15] 任虎虎. 倍增法在高中物理实验探究中的应用[J]. 物理教学探讨，2021(1)，51-52，55.

[16] 任虎虎. 促进逆向教学的教师专业素养探讨[J]. 中学物理，2020(21)：17-19.

[17] 任虎虎. 指向深度学习的高中物理大概念教学策略：以"牛顿第一定律"教学为例[J]. 物理通报，2020(10)：19-22.

[18] 任虎虎. 指向大概念的高中物理微专题教学策略：以"传送带问题"教学为例[J]，物理之友，2020(8)：12-14.

[19] 任虎虎. 指向深度学习的任务驱动教学研究：以人教版"力的分解"为例[J]. 物理教师，2020(7)：28-30.

[20] 任虎虎."万有引力与宇宙航行"单元教学目标设计与思路[J]. 中学物理,2020(13):26-29.
[21] 任虎虎. 指向物理深度学习的逆向教学设计与实施:以"变压器"教学为例 [J]. 教学月刊·中学版(教学参考),2020(6):12-16.
[22] 任虎虎. 大概念的基本特征及教学设计策略[J]. 中学物理,2020(9):18-21.
[23] 任虎虎. 基于大概念的高中物理单元逆向教学研究[J]. 基础教育课程,2020(8):62-68.
[24] 任虎虎. 指向深度学习的单元整体教学设计[J]. 物理之友,2020(4):18-20.
[25] 任虎虎. 指向深度学习的高三复习课教学策略:以微专题"圆周运动的临界问题"教学为例[J]. 物理教学,2020(2):55,66-68.
[26] 任虎虎. 基于大概念的高中物理单元整合教学:以"圆周运动及其应用"单元为例[J]. 中学物理教学参考,2021(5):24-26.
[27] 任虎虎. 指向物理观念的逆向设计与实施策略:以新教材必修 1"超重和失重"教学为例[J]. 物理教师,2021(6):18-20.
[28] 魏昕. 中学物理能量学习进阶研究[M]. 南宁:广西教育出版社,2016.
[29] 张玉峰. 基于学习进阶的科学概念教学内容整合[J]. 课程·教材·教法,2019(1):99-105.
[30] 马云鹏. 深度学习视阈下的课堂变革[J]. 全球教育展望,2018(10).
[31] 李松林. 深度学习究竟是什么样的学习[J]. 教育科学研究,2018(10).
[32] 杨清. 课堂深度学习:内涵、过程和策略[J]. 当代教育科学,2018(09).
[33] 曾家延,董泽华. 学生深度学习的内涵与培养路径研究[J]. 基础教育,2017(08).
[34] 李璇律. 指向课堂对话的深度学习模型[J]. 教育导刊,2018(07).
[35] 张思琦,张文兰,李宝. 国外近十年深度学习的研究现状与发展趋势:基于引文分析及共词矩阵的知识图谱分析[J]. 远程教育杂志,2016,35(2):64-72.
[36] 张浩,吴秀娟. 深度学习的内涵及认知理论基础探析[J]. 中国电化教育,2012(10):7-11,21.
[37] 温雪. 深度学习研究述评:内涵、教学与评价[J]. 全球教育展望,2017,46(11):39-54.
[38] 戴歆紫,王祖浩. 国外深度学习的分析视角及评价方法[J]. 外国教育研究,2017,44(10):45-58.
[39] 张浩,吴秀娟,王静. 深度学习的目标与评价体系构建[J]. 中国电化教育研究,2014(7):51-55.
[40] 杨子舟. 从浅层学习走向深度学习[J]. 教育探索,2016(7):32-35.
[41] 祝智庭,彭红超. 深度学习:智慧教育的核心支柱[J]. 中国教育学刊,2017(5):36-45.
[42] 郭华. 深度学习及其意义[J]. 课程·教材·教法,2016,36(11):25-32.
[43] 康淑敏. 基于学科素养培育的深度学习研究[J]. 教育研究,2016,37(7):111-118.
[44] 付亦宁. 深度学习的教学范式[J]. 全球教育展望,2017,46(7):47-56.
[45] 郭元祥. 论深度教学:源起、基础与理念[J]. 教育研究与实验,2017(3):1-11.
[46] 安富海,陈玉莲. 深度教学及其路径研究[J],教育探索,2017(5):6-10.
[47] 殷明,刘电芝. 身心融合学习:具身认知及其教育意蕴[J]. 课程·教材·教法,2015,35(7):57-65.
[48] 董芬,彭亮. 身体视域下的体验学习与具身学习[J],教育导刊,2016(4):5-8.

[49] 郑旭东,王美倩,饶景阳.论具身学习及其设计:基于具身认知的视角[J],电化教育研究,2019,40(1):25-32.

[50] 李松林.回归课堂原点的深度教学[M].北京:科学出版社,2017.

[51] 包丽丽,许丽芬,黄小莲.生活经验课程之"衣"主题课程的开发与实施[J].基础教育课程,2021(2):72-80.

[52] 何秀敏.凸显源于学生生活经验的思维主线:"电能表和电功"的教学实践与思考[J].物理教师,2021(1):42-45.

[53] 刘晟,刘恩山.学习进阶:关注学生认知发展和生活经验[J].教育学报,2021(2):81-87.

[54] 李松林.以大概念为核心的整合性教学[J].课程·教材·教法,2020(10):56-61.

[55] 曹宝龙.用大概念教育促进高中物理观念的形成与发展[J].物理教学探讨,2019(1):1-6,11.

[56] 李松林.深度学习设计模板与示例[M].成都:四川师范大学电子出版社,2020.